[POP SONG] ⑤ 팝송영어 에세이 ENGLISH ESSAY

서용득

팝송 영어 에세이 ⑤

초판인쇄	2018년 12월 10일
초판발행	2018년 12월 15일
저자	서용득
발행인	나영옥
발행처	**도서출판 영**
주소	경기도 고양시 일산서구 탄현로 133, 113동 1404호(탄현동, 일산임광진흥아파트)
전화	031) 904-7905~6
팩스	031) 904-7907
등록번호	825-90-00389
E-mail	youngpub@naver.com
ISBN	979-11-88743-49-0 93740

정가 15,000원

CONTENS

들어가면서

우리가 살아가면서 듣게 되는 소리에는 여러 가지가 있습니다. 우리는 자연의 소리, 인간을 포함한 동물의 소리와 악기를 포함한 기구나 기계 소리 등 다양한 소리에 대해 크게 의식하지 못하지만 소리는 무의식적으로 우리의 삶에 영향을 끼치고 있습니다. 이 가운데 가장 소중한 소리는 인간의 목소리일 것입니다. 소리 가운데 아름다운 소리를 음악이라고 일컫습니다. 인간의 목소리에 한정해서 생각해볼 수 있는 노래에는 혼자서 부르는 노래, 둘 이상이 부르는 노래 그리고 여럿이 함께 부르는 합창도 있습니다.

노래를 들으면서 우리는 각자에게 주어진 삶의 여정을 이어갑니다. 우리말로 된 노래도 감동을 주고 다른 언어로 된 노래도 감동을 줍니다. 감동이 노래가 주는 가장 큰 느낌일 것입니다. 이 감동은 노래를 듣는 사람의 살아오면서 겪은 경험과 그 사람이 처한 상황 등이 복합적으로 작용하여 나타날 것입니다. 노래는 다양한 호흡의 일부분이긴 하지만 노래에는 느낌이 담겨져 있습니다. 이런 느낌은 인간의 정서를 그대로 반영하고 있다고 볼 수 있습니다. 이런 노래 가운데 우리가 흔히 듣고 있는 영어로 된 노래 가운데 대표적인 노래가 팝송일 것입니다. 다양한 팝송들이 시대의 변천에도 계속 이어져 오고 있습니다. 팝송은 인간이 살아가면서 부닥치면서 겪게 되는 인간의 생각과 느낌들이 반영된 결과일 것입니다.

우리가 영어로 된 팝송을 들을 때 단순히 노래의 흐름으로 듣는 경우가 많습니다. 그렇지만 노래의 흐름뿐만 아니라 노래 가사의 뜻을 함께 생각하면서 노래를 듣게 되면 훨씬 더 팝송 속으로 빠져들게 될 것입니다. 시도 마찬가지이지만 팝송의 소리와 의미는 손등과 손바닥과의 관계와 마찬가지로 뗄레야 뗄 수 없는 공생관계입니다.

이 책은 '사랑'을 주제로 한 팝송의 의미를 생각하면서 동시에 영어 발음으로서의 소리를 이해한 후 제대로 팝송이 들릴 수 있도록 친절하게 설명하고 있습니다. 더 나아가 이 책에서는 팝송에 나타난 영어 표현을 제대로 이해하고 다양하게 활용할 수 있는 길도 제시되고 있습니다. 팝송을 소리로 제대로 이해하고, 뜻으로 제대로 이해하면서 영어 이해도 하는 것이 이 책의 목적입니다. 그리고 팝송을 영어로서 다루고 있으면서 제대로 된 영어 소리를 들을 수 있는 방법과 동시에 주어진 팝송을 통해 이런 저런 생각을 해볼 수 있는 기회를 갖기 위해 에세이 형식으로 팝송에 대해 줄글을 덧붙여 놓았습니다. 우리가 팝송을 제대로 듣고 이해하면서 그 팝송이 나의 삶의 과정에 어떤 의미를 제공할 때 비로소 제대로 팝송을 듣는다고 할 수 있습니다.

팝송을 제대로 듣기 위해 처음에는 노래의 전체 분위기를 알기 위해 처음부터 끝까지 한 번 들어봅니다. 그리고 나서 두 번째 들을 때는 영어 소리를 제대로 듣고, 내용을 파악하는데 중요한 내용낱말(content words) 중심으로 듣습니다. 마지막에 영어 소리와 노래 가사를 동시에 음미하면서 노래의 분위기에 흠뻑 빠져보는 것입니다. 그러니까 적어도 하나의 팝송을 세 번은 관심을 갖고 주의깊게 들어야 팝송을 제대로 감상할 수 있습니다.

아울러 팝송을 영어 수업 시간에 적용하면 영어 학습에 대한 동기유발도 가져올 수 있고, 영어에 대한 관심도 더 높일 수 있을 것입니다. 유튜브(youtube)에 접속하여 팝송을 듣게 되면 영상과 함께 팝송을 더 재미있게 그리고 잘 즐길 수 있을 것입니다.

책속에 나오는 sb는 somebody(어떤 사람, 누구)를 나타내고 sth은 something(어떤 것, 무엇)을 나타냅니다. 그리고 팝송의 한글 옮김에서 구두점(句讀點)은 노래의 자연스러운 흐름을 고려하여 표기하지 않았습니다.

pop song English essay ⑤

PART

팝송영어 소리를 제대로 듣는 요령

영어는 음절언어(syllable language)인 한국어와 달리 고저언어(pitch language)입니다. 음절언어는 낱말의 길고 짧은 형식으로 이어져가는 반면, 고저언어는 낱말의 높낮이로 이어져갑니다. 한국 사람들이 영어로 소리를 내거나 영어 소리를 들을 때 이 점을 놓치고 있기 때문에 제대로 영어 발음을 하거나 영어 듣기를 할 때 어려움이 뒤따르는 것입니다. 시작부터 제대로 영어 소리를 들어야 하는데, 그렇지 못한 경우가 대부분이어서 저는 안타깝게 생각합니다.

영어를 들을 때 들려오는 내용을 모두 들으려고 하면 번번히 실패하게 되고, 나중에는 듣는 것 자체를 포기하는 경우가 더러 있습니다. 고저언어인 영어의 내용을 파악하기 위해 크게 들려오는 소리인 내용낱말(content words)를 중심으로 내용을 파악하려고 해야 합니다. 그래야만 영어를 들을 때 지치거나 포기하지 않게 되고 반복적으로 영어를 듣는 습관을 갖게 되면 차츰 영어의 내용을 이해하게 됩니다.

우리가 영어 소리를 듣거나 말을 할 때 우리의 예측－표기된대로 듣거나 말해야 될 것으로 생각하고 있는 현상－을 벗어난 경우에는 우리로 하여금 영어 소리를 이해하는데 큰 어려움이 뒤따릅니다. 그러니까 눈으로 보이는 영어와 귀로 듣고 말로 하는 영어가 차이가 나는 현상을 규칙으로 만들어 놓았는데, 그것을 음변화 또는 음운변화(sound changes)라고 합니다.

영어 소리를 들을 때 정상적인 속도나 조금 빨리 들리는 소리의 경우 어떤 소리는 이웃 철자와 닮기도 하고, 이어지기도 하고, 없어지기도 하고 또한 주의해서 소리를 들어야 할 경우도 있습니다. 이런 현상을 음변화 또는 음운변화라고 합니다. 영어의 음변화에는 이어지는 소리(연결), 닮는 소리(동화)와 없어지는 소리(탈락)가 있습니다. 그 외에 영어를 듣거나 발음해야 할 때 유의해야 할 것으로 줄어진 소리(축약)와 주의해서 듣거나 발음을 해야 하는 경우로 나누어 볼 수 있습니다. 음변화는 규칙이기 때문에 다음에 설명하는 내용을 이해하고 스스로 연습을 하게 되면 영어를 제대로 들을 수 있게 됩니다.

01 이어지는 소리(연음)

영어에서 두 가지 이상의 낱말이 이어져 나올 경우에 두 개의 낱말이 서로 붙어서 소리가 나는 경우가 많습니다. 두 개의 낱말이 서로 붙어서 소리가 나게 되는 이어지는 소리 즉, 연음(連音; linking, liaison) 또는 연결(連結)에는 자음이동과 약모음이동의 두 종류가 있습니다. 두 개가 한 개로 붙어서 소리가 나기 때문에 영어가 외국어인 우리나라 영어 발음 학습자들에게는 이런 소리를 이해하는데 힘들 수밖에 없습니다. 특히 중요하지 않은 낱말의 철자가 붙어서 소리가 나는 것 때문에 중요한 내용 낱말을 놓치는 경우가 대부분입니다.

이어지는 소리 현상은 대부분의 한국 영어 학습자들에게 힘들게 하는 영어 발음이라고 할 수 있습니다. 그런데 이 현상도 규칙이기 때문에 현상을 이해하고 어느 정도 연습만 하고 나면 그렇게 힘든 것이 아님을 알게 될 것입니다.

1) 자음이동

자음이동(子音移動; consonant transfer)은 가까이 있는 두 개의 낱말이 이어져 나올 경우 앞 낱말의 끝 철자가 뒤에 있는 낱말의 앞에 가서 붙어 소리가 나는 현상입니다. She works in London.에서 works의 끝에 있는 자음 's'가 그 뒤에 있는 in의 앞으로 가서 붙어 소리가 나는 현상입니다. 그러니까 '웍스 인'이 아닌 '웍 신'으로 발음됩니다. 이런 예문들은 다음과 같습니다.

It's ↷ on sale today.
That's very kind ↷ of you.
It depends ↷ on the weather.
Is ↷ it all right if ↷ I smoke?
A nurse works ↷ in ↷ a hospital.

그런데 'kind of'의 경우, 자음이동이 되어 '카인더브'로 되는 경우도 있고, 나중에 설명이 되겠지만 'nd'에서 'd'가 'n'을 닮아 콧소리가 되는 현상으로 '카이너브'로 발음이 되는 경우도 있습니다. 그리고 앞 낱말의 끝부분이 모음인 경우－대개 모음 e가 나오는데－e가 거의 약하게 들리게 되어 무시된 채 모음 e 앞에 있는 자음이 뒤에 나오는 낱말 앞에 가서 붙어 소리가 나는 경우도 더러 있습니다. 자음이동은 곧이어 나올 약모음이동과 방향이 반대입니다.

2) 약모음이동

약모음이동(弱母音移動; weak vowel shift)은 두 개의 낱말이 이어져 나올 경우, 가까이 있는 두 개의 낱말에서 뒤에 있는 낱말의 앞부분에 있는 철자인 약모음[ə]이 앞에 있는 낱말의 뒤에 가서 붙어 소리가 나는 현상입니다. 자음이동과 방향이 반대입니다. Are you i**n** **a** hurry?에서 뒤에 있는 낱말의 약모음 a[ə]가 앞에 있는 낱말에 붙어서 '인어'가 아닌 '이너'로 소리가 나는 현상입니다.

I ha**ve** ↷ **a** headache.
Children cannot swi**m** ↷ **a**lone.
Why don't we ta**ke** ↷ **a** break?
Should I li**ve** ↷ **a**lone or wi**th** ↷ **a** roommate?
Sorry I didn't answer the phone righ**t** ↷ **a**way.

02 닮는 소리(동화)

닮는 소리는 동화(同化; assimilation)라고 합니다. 닮은 소리는 가까이 있는 두 개의 소리가 서로 닮아서 다른 소리로 나는 것을 일컫습니다. 닮는 소리에는 네 가지 현상 즉, 단타음화, 구개음화, 비음화와 역행동화가 있습니다. 모든 영어 소리가 이런 현상이 있는 것은 아니지만 미국영어(American English)에서 두드러지게 나타나는 현상입니다.

1) 짧게 치고 나오는 소리되기

짧게 치고 나오는 소리되기는 단타음화(單打音化; Flapped "t")라고 불리어지기도 합니다. 짧게 치고 나오는 소리되기는 철자 t(tt)나 d(dd)가 강한 모음(강모음)과 약한 모음(약모음) 사이에 놓이게 되면 t도, d도, r도 아닌 소리가 납니다. 강한 모음은 기본 모음인 a, e, i, o, u가 제대로 음을 내어 소리를 내는 것입니다. 약한 모음은 기본 모음이 약하게 소리를 내는 것으로 주로 [ə]로 소리를 내는 것입니다. 한 개의 영어 낱말에서 모음에 강세를 받게 되는데, 여러 개의 모음이 있다할지라도 한 개만 강하게 소리를 내고 다른 모음은 약하게 소리를 냅니다. I walk much better than I ride!에서 better는 '베터'가 아닌 '베러'에 가깝게 발음됩니다. 그리고 He is climbing a ladder.에서 ladder는 '래더'가 아닌 '래러'에 가깝게 발음됩니다. 짧게 치고 나오는 소리인 경우 한글로 표기할 수 없는 발음이지만, 영어로는 'r'로 표시합니다. 이런 음변화는 미국영어에서 자주 나오는 현상입니다. 이 현상을 익히려면 소리를 내어 발음연습을 해보고 듣는 방법 이외에는 다른 길이 없습니다.

Drink a lot of water (wat ⌒ er).
I got ⌒ a job in a clothing factory.
I get ⌒ up early to catch the first train.
I'm looking for a battery (bat ⌒ tery) for this camera.
Are you getting (get ⌒ ting) ready for the party (part ⌒ y)?

2) 구개음화

닮은 소리 가운데 하나인 구개음화(口蓋音化; palatalization)는 두 가지 즉, d[d]와 y[j]가 합쳐지면 [ʤ]로 소리가 나는 경우([d]+[j]=[ʤ])와 t[t]와 y[j]가 합쳐지면 [ʧ]로 소리가 나는 경우([t]+[j]=[ʧ])가 있습니다. 그런데 이 두 가지의 경우로만 발음되는 것은 아니고 따로 따로 발음을 하는 경우도 있습니다. Did you have a good weekend?에서 Did you의 d[d]와 y[j]가 이어져 나오면서 합쳐져 소리가 나게 되면 '디 더 유'로 발음되기 보다 '디쥬'에 가깝게 발음됩니다. 그리고 What about you?에서 about you의 t[t]와 y[j]가 이어져 나오면서 합쳐져 소리가 나게 되면 '어바웃 유'로 발음되기 보다 '어바우츄'에 가깝게 발음됩니다. 이런 현상은 미국영어(American English)에 좀 더 두드러진 현상입니다. 특히 팝송의 경우 대부분 이 소리 현상이 지켜지는 경우가 대부분입니다.

Did ⌒ you see that?
How did ⌒ you get there?
Could ⌒ you tell me where the bank is?
What kind of bread would ⌒ you like?
When did ⌒ you go to the gym on Saturday?

I know what ⌒ you mean.
Why don't ⌒ you call her?
You play football, don't ⌒ you?
I'll meet ⌒ you at your house.
Aren't ⌒ you going to see a movie tomorrow?

3) 콧소리 되기

닮는 소리에서 콧소리 되기 즉, 비음화(鼻音化; nasalization)는 철자 nt가 붙어 있는 경우에 해당됩니다. What kind of art?에서 콧소리 되기는 'nt'에서 뒷소리 't' 앞에 있는 콧소리 'n'닮아 콧소리로 되는 현상입니다. 'nt'에서 't'는 앞에 있는 콧소리

'n'을 닮아서 'n'으로 변하여 'nn'이 된다. 'nn' 'n'이 두 번 겹쳐 나오기 때문에, 앞의 'n'은 탈락됩니다. 따라서 'nt'는 'n'으로 발음된다. 'nt'음이 반드시 이렇게 되는 것은 아니지만, 일상적인 구어체에서 많이 들을 수 있는 현상입니다.

그런데 'nt'만이 콧소리로 되는 것은 아니고 'nd'도 콧소리로 되는 경우가 가끔씩 있습니다. 그 이유는 't'나 'd'는 같은 위치에서 소리가 나는 무성음과 유성음이기 때문입니다. 그리고 don't나 doesn't의 경우 바로 뒤에 자음으로 시작되는 낱말이 놓이기 때문에 't'가 탈락될 수도 있습니다.

It was disappoi**nt**ing.

The man is pai**nt**ing a picture.

You've always wa**nt**ed to work overseas.

I have an appoi**nt**ment every week at this time.

This is a nice party, is**n't** it? Everyone is so friendly.

What ki**nd** of work do you do?

She's ki**nd** of tall with brown hair.

I'm not desperate to fi**nd** a job at the moment.

Do you mind le**nd**ing me this book? I'd like to read it.

Yeah I do a lot of cooking. I ki**nd** of enjoy it. It helps me relax.

4) 역행동화

닮는 소리 현상 가운데 역행동화(逆行同化; retro-assimilation)는 뒷소리의 영향을 받아 앞의 소리가 바뀌면서 닮는 현상입니다. 여기에는 let me~와 give me~의 경우가 있습니다.

(1) let me~의 경우

Let me introduce myself.에서 let me의 경우에는 let의 't'가 me에 있는 'm'의 영향을 받아 'lem'으로 변합니다. 따라서 lemme로 되는 현상입니다. 이

상태에서 표기되기도 하지만, 소리는 'mm'이 겹치기 때문에 앞의 'm'이 탈락되어 '레미'에 가깝게 발음됩니다.

Let me see.Let me see your receipt.
Let me get you some aspirin.
I don't know, let me take a look.
Just let me have a look at her schedule.

(2) give me~의 경우

Can you give me his phone number?에서 give me의 경우에는 give에서 끝에 있는 모음 e는 본래 소리가 약해 잘 들리지 않습니다. 그래서 give의 'v'가 me에 있는 'm'의 영향을 받아 'gim'으로 변합니다. 따라서 gimme로 변하는 현상입니다. 이 상태에서 표기되기도 하지만, 소리는 'mm'이 겹치기 때문에 앞의 'm' 이 탈락되어 '기미'에 가깝게 발음됩니다.

Give me another part.
Could you give me a ride?
Could you give me the address?
Just give me a tuna fish sandwich.
Can you give me an example of that?

03 없어지는 소리(탈락)

없어지는 소리는 탈락(脫落; deletion)이라고 합니다. 없어지는 소리는 네 가지 경우에 일어납니다. 첫째, k/g, p/b, t/d가 자음과 자음 사이에 놓이면 없어져 버립니다. 둘째, 가까이 있는 두 개의 낱말 또는 한 개의 낱말에서 같은 철자가 이어져 나오게 되면 앞에 있는 철자가 없어집니다. 셋째, 두 개의 낱말에서 가까이 있는 두 개의 철자 발음이 비슷하면 앞에 있는 철자가 없어집니다. 넷째, 두 개의 낱말에서 가까이 있는 두 개의 철자가 다르지만 발음이 같으면 앞에 있는 철자가 없어집니다. 이 네 가지가 없어지는 소리 현상입니다.

1) k/g, p/b, t/d가 자음과 자음 사이에 있는 경우

It depends.에서 depends의 경우에는 뒷부분에 있는 'd'가 소리나지 않습니다. 영어 소리를 낼 때 여섯 개의 철자 k/g, p/b, t/d가 자음과 자음 사이에 놓이면 없어집니다. k/g, p/b, t/d가 파열음(破裂音)으로 발음을 할 때 갑자기 터져 나오는 소리이기 때문에, 발음을 할 때 철자와 철자 사이에 공기를 넣어줄 시간이 없게 됩니다. 대부분의 자음은 모음과 더불어 사이좋게 가까이 놓여 있어 자음과 모음 모두 제대로 소리를 낼 수 있는데, 세 개의 자음이 연이어 나오는 경우에는 결국 사이에 있는 자음이 치일 수밖에 없습니다. 더더구나 이 여섯 개의 철자의 왼쪽과 오른쪽에 자음이 있기 때문에 어쩔 도리가 없이 소리내기가 힘들어져 아예 소리를 내지 못하게 됩니다. 이런 음변화는 영어 발음에서 자주 나오는 것이기 때문에 꼭 알고 있어야 합니다.

Than**k**s!
I visited my gran**d**children.
Could I take nex**t** Monday off?
Some of the studen**t**s did very well.
We hope you all have a very merry Chris**t**mas.

2) 가까이 있는 두 개의 낱말 또는 한 개의 낱말에서 같은 철자가 겹치게 되는 경우

I think I went twice.에서 went의 't'와 twice의 't'의 경우에 앞의 't'는 탈락이 됩니다. 이와 같이 가까이 있는 두 개의 낱말 또는 한 개의 낱말에서 같은 철자가 이어져

나오게 되면 앞에 있는 철자가 없어집니다. 영어에서 똑같은 두 개의 철자가 이어져 나올 때 앞의 철자가 생략하여 발음하게 됩니다. 한국어의 된소리는 영어에서 제대로 소리가 나지 않는다는 뜻이 됩니다. 이런 탈락은 한 낱말 안에서도 있을 수 있겠지만, 두 낱말이 이어져 나올 경우에도 해당이 됩니다.

We went swi**m**ming.
The lamp is nex**t** to the table.
Jane stays at home wi**th** the baby.
Wha**t** time was the conference call?
I wan**t** to know the results of the election.

3) 두 개의 낱말에서 가까이 있는 철자의 발음이 비슷한 경우

When did the package arrive?에서 did와 the의 경우에 did의 'd'[d]와 the[ðə] 의 [ð]가 발음이 비슷하여 앞의 the가 탈락됩니다. 두 개의 낱말에서 가까이 있는 철자의 발음이 비슷하면 앞에 있는 철자가 없어집니다. 이런 경우 단순히 철자가 비슷한 경우가 많지만, 결과적으로 소리가 비슷한 경우에 해당된다고 보는 것이 더 알맞을 것 입니다. 이런 탈락 현상은 주로 자음 두 개가 연이어 있을 때 일어나는 경우가 대부분입니다.

Why i**s sh**e happy?
They ha**d t**o leave yesterday.
Have you me**t the** new manager?
I just me**t the** new board members.
The cleaner's is nex**t d**oor to the bank.

4) 두 개의 낱말에서 가까이 있는 철자가 다르지만 발음이 같은 경우

Police say.에서 Police의 'ce'[s]가 발음되고, say의 's'와 같은 발음이 되기 때문에, 앞의 'ce'가 탈락되어 '폴리 세이'에 가깝게 발음됩니다. 이와 같은 현상은 영어에서 드문 경우입니다. 이 경우는 두 개의 낱말에서 가까이 있는 철자가 다르지만 발음이 같으면 앞에 있는 철자가 없어집니다. 이런 경우는 없어지는 소리 현상인 탈락이 긴 하지만 영어에서 드물게 나옵니다.

I've lived here sin**ce S**eptember 1st.
He has not seen her sin**ce S**aturday.
I stayed home and watch**ed t**elevision.
They've been so kind to me sin**ce S**ara died.
I'm sure he will have arriv**ed d**owntown by now.

04 줄어진 소리(축약)

일반적으로 우리가 영어의 모든 음을 하나하나 분리하야 또렷하고 분명하게 소리를 내는 것은 아닙니다. 이런 경우 언어의 경제성 때문에 줄여서 소리를 내는 경우가 많습니다. 줄어진 소리 또는 줄인 소리는 축약(縮約; contraction)이라고도 합니다. 이것은 낱말의 일부를 아포스트로피(')(apostrophe)를 찍고 줄여서 소리를 내는 현상입니다.
줄어진 소리의 경우, 우리가 잘 아는 경우와 같이 Be 동사, Have 동사나 부정형 등과 같이 일반적으로 줄이는 경우—I am=I'm, You are=You're, He is=He's, She is=She's, I/He/She was not=I/He/She wasn't, You/We/They were not=You/We/They weren't, He has=He's, She has=She's, He have=He've, She have=She've, They have=They've, Here is not=Here isn't, There is not=There isn't, Here are not=Here aren't, There are not=There aren't, I/You do not=I/You don't, She/He does not=She/He doesn't—등이 있고, 낱말의 일부를 줄이는 경우— because='cause, madam 또는 madame=ma'am —등 또는 소리가 나는대로 발음하는 경우—I don't know-I

dunno— 등과 이어지는 발음을 하는데 어려움이 있기 때문에 줄이는 경우— doing=doin', and='n, I miss them=I miss 'em—등과 도우미동사(조동사)를 줄이는 경우—I/He/She/We/They will=I/He/She/We/They'll, He will not=He won't, I could not=I couldn't, She should not=She shouldn't—등이 있습니다.

줄어진 소리 가운데 가장 어려운 발음은 '~'ll'의 경우입니다. 그 이유는 여기에 있는 철자 'l'이 우리나라 발음에는 없는 소리이면서, 영어에서 제대로 소리를 내려고 하면 혀를 입천장에 붙여서 소리를 내야 하기 때문에, 가장 어려운 축약 현상 가운데 하나가 되고 있습니다.

How'**re** you doing?
I'**d** like a single room, please.
That'**s** OK. Do**n't** worry about it.
I'**ll** pick you up on Friday, around 7:30.
Well, there'**s** a jazz concert at Jack'**s** Place.

05 주의해야 할 발음

영어에서 주의해야 할 발음으로 tr~과 dr~ 소리의 경우, wh~ 소리의 경우, can과 can't의 경우, have to, has to와 had to의 경우, used to의 경우, 허물없이 발음하는 경우, one of~ 등의 경우와 도우미동사(조동사)의 과거+have+동사의 과거분사의 경우에 주의해서 발음을 해야 하는 경우가 해당됩니다.

1) tr~과 dr~ 소리의 경우

(1) tr~발음의 경우

'tr~'의 발음은 '츠'와 '추'의 중간쯤 되는 소리로 '츄'에 가깝게 발음됩니다. 아마도 'tr~'은 두 자음이 이어져 나오기 때문에 발음을 하려다 보면 't'와 'r'의 거리가 상당히 멀리 떨어져 있기 때문에, 그 두 소리의 중간쯤을 발음하려고 하는 경향이 있을 것입니다. 우리나라에서 한글로 표기할 때는 '트ㄹ~'로 하고 있습니다. 가령 trip은 '츄립'이 아니라 '트립'으로 표기한다는 뜻입니다.

We planted a screen of tall **tr**ees.

Try to do without tobacco and alcohol.

Muscles con**tr**act and relax during physical activity.

I've been in **tr**ouble since I was eleven years of age.

EU citizens can now **tr**avel freely between member states.

(2) dr~발음의 경우

'dr~'의 발음은 '드'와 '주'의 중간쯤 되는 소리로 '쥬'에 가깝게 발음됩니다. 아마도 'dr~'은 두 자음이 이어져 나오기 때문에 발음을 하려다 보면 'd'와 'r'의 거리가 상당히 멀리 떨어져 있기 때문에, 그 두 소리의 중간쯤을 발음하려고 하는 경향이 있을 것입니다. 우리나라에서 한글로 표기할 때는 '드ㄹ~로 하고 있습니다. 가령 drip은 '쥬립'이 아니라 '드립'으로 표기한다는 뜻입니다.

Her face was **dr**ipping with sweat.

Would you care for another **dr**ink?

He crashed into a tree in **dr**iving rain.

The air smelled powerfully of **dr**y dust.

The money is safely locked in a **dr**awer.

2) wh~ 소리의 경우

'wh~'로 시작되는 영어 발음은 우리가 실제 알고 있는 것과 다르게 들립니다. 'wh~'로 시작되는 낱말은 'w' 뒤에 있는 'h'의 소리가 보통 들리지 않습니다. 그러니까 where의 발음은 '훼어'로 들린다기 보다 '웨어'에 가깝게 들린다는 뜻입니다. 여기에 해당되는 것으로 what, why, when, which와 white 등이 있습니다.

그러나 사람과 관련된 who, whose, whom은 예외로 'h'의 소리가 나서 who의 경우 '후'라고 발음하지 '우'라고 발음하지 않습니다.

Why did he do it?
Which is the shortest day of the year?
Stop bothering me **wh**en I'm working.
It will certainly be a **wh**ite Christmas for some.

Who does this watch belong to?
So **wh**ose party was it last night?
"I want to send a telegram."-"Fine, to **wh**om?"

3) can과 can't의 경우

can과 can't는 구별하여 소리를 내야 합니다. can과 can't는 기능낱말(기능어)이기 때문에 약하게 발음합니다. 그런데 can이 문장의 끝에 오는 경우에는 [kæn]으로 발음하고, 글의 중간에 들어가는 경우에는 [kən]과 같이 약하게 소리가 납니다. 그리고 can't의 뒤에 낱말이 오는 경우 can't에 있는 't'가 자음과 자음 사이에 놓이기 때문에 탈락하게 됩니다. 따라서 can과 구별하기 위해 can't는 [kæn]으로 발음하거나 [kænt] 로 발음됩니다. 일반적으로 can은 약간 짧게 발음되고, can't는 약간 길게 발음되는 경향이 있습니다.

Can I sit next to you?
Can I ask a favour of you?
I wonder if you can help me.

We **can't** be together all the time.
Don't tell me you can't remember.
You can't mix business with pleasure.

4) have to, has to와 had to의 경우

have to는 '~해야 한다'라는 뜻으로 발음은 [hæftə]로 하고, 과거형인 had to는 [hætə]로 발음해야 합니다. 특히 had 새의 최종 발음은 'd'와 't'가 비슷한 소리이기 때문에 앞의 'd'가 탈락되어 뒤의 't'만 발음됩니다. has to의 경우에는 [hæstə]로 발음이 됩니다.

You don't **have to** sing.
Did she have to pay a fine?
When do you have to let them know?

One of them **had to** leave.
They finally had to admit defeat.
The plan had to be abandoned on grounds of cost.

She **has to** do her homework tonight.
The design has to appeal to all ages and social groups.
The customer has to deposit a minimum of $100 monthly.

5) used to의 경우

used to는 '~하곤 했다'라는 뜻으로 발음은 [justə]입니다. 이것은 사람의 어떤 행위가 과거에 규칙적으로 이루어진 반복적인 어떤 것을 말하는데, 지금은 더 이상 하지 않는 행위나 상황을 말하거나 변한 과거의 상태에 관해 이야기할 때 쓰입니다. 이것은 과거에는 옳았던 그 무엇이 이제 더 이상 옳지 않음을 뜻합니다. used to 다음에 단순 동사가 뒤따릅니다.

She **used to** cook every day.
He **used to** play in the garden.
Kids **used to** trade baseball cards.
I admit I can't see as well as I **used to**.
They **used to** visit her grave twice a year.

6) 허물없이 발음하는 경우

허물없이 발음하는 경우에 세 가지가 있습니다. 이것은 want to를 wanna로, going to를 gonna로, 그리고 trying to를 tryna로 발음하는 경우입니다. 그런데 이 가운데 tryna는 그렇게 자주 사용되고 있지 않지만 앞의 다른 두 가지와 같은 현상이기 때문에 익혀 두면 도움이 될 것입니다.

(1) wanna의 경우

wanna는 want to가 음변화를 통해 미국영어에서 대부분의 사람들이 사용하고 있는 것입니다. want to에서 want의 'ť'가 뒤에 있는 to의 'ť'와 같은 철자이기 때문에 없어지게 되고(wan), to의 'ť'가 앞에 있는 wan에서 콧소리인 'n'을 닮아 'n' 으로 되고, 'o'는 약모음인 [ə]로 되는데, 약모음 [ə]가 표기하는데 불편함이 있어 a로 해놓은 것으로 볼 수 있습니다. 따라서 want to는 wanna로 된 것입니다. 이 변화 과정은 want to→wan to→wan nə→wannə→wanna입니다. 이 현상은 going to가 gonna로 되고, trying to가 tryna로 되는 것과 같습니다. 일반적으로 want to 로 표기되어 있어서 실제 발음을 하거나 입말체에서는 대부분 wanna로 발음합니다.

Do you **wanna** get a prize?
Do you **want to** go with me?
I don't **wanna** send the money.
What do you **wanna** do tonight?
Wanna play with me and my friends tonight?

(2) gonna의 경우

gonna는 going to가 음변화를 통해 이루어진 것입니다. going to에서 going의 'ing'는 발음상 하기 힘들기 때문에 줄여서 'in'으로 하여 'g'를 발음하지 않습니다. 그리고 to의 'ť'는 앞 goin'의 'n'과 만나면 콧소리인 'n'을 닮아 콧소리로 되기(비음화) 때문에 'n'으로 됩니다. 그 다음 goin' nə는 발음상 불편하기 때문에 gonne로 발음된다. 그리고 마지막 gonne에서 'e'는 일반적으로 표기하는데 불편하기 때문에 그냥 표기하기에 좋은 'a'로 남겨둔 것입니다. 일반적으로 going to로 표기되어 있어도 입말체에서는 대부분 gonna로 발음됩니다. 따라서 going to가 gonna 로 된 것입니다. 이 변화 과정은 going to→goin' to→goin' nə→gonnə→gonna입니다. 이 현상은 want to가 wanna로 되고, trying to가 tryna로 되는 것과 같습니다.

He's **gonna** be twelve.
I'm **gonna** call the cops.
I'm **going to** go to the post office.
She's **going to** go away next summer.
I'm **going to** ask my husband which one he wants!

(3) tryna의 경우

tryna는 trying to가 음변화를 통해 이루어진 것으로 격식을 차리지 않는 입말체에서 사용되는 것입니다. trying to에서 trying의 'ing'는 발음상 하기 힘들기 때문에 줄여서 'in'으로 하여 'g'를 발음하지 않습니다. 그리고 to의 't'는 앞 tryin'의 'n'과 만나면 콧소리인 'n'을 닮아 콧소리로 되기(비음화) 때문에 'n'으로 됩니다. 그 다음 tryin' nə는 발음상 불편하기 때문에 trynna로 발음됩니다. 그리고 마지막 tryna에서 'n'이 겹치기 때문에 앞의 'n'이 탈락되어 tryna로 됩니다. 아마도 이것은 발음을 하는데 자연스럽게 하기 위해 tryna로 한 것으로 생각해 볼 수 있습니다. 따라서 trying to가 tryna로 된 것입니다. 이 변화 과정은 trying to→tryin' to →tryin' nə→trynna→tryna입니다. 이 현상은 want to가 wanna로 되고, going to가 gonna로 되는 것과 같습니다. 그런데 tryna는 wanna나 gonna의 경우와 비교가 되지 않을 정도로 영어에서 드물게 나타납니다.

The man is **tryna** get a taxi.

Well, I'm **trying to** find a new job.

Are you **trying to** do a British accent?

I guess I see what you're **trying to** say. We're still **trying to** appraise the two firms.

7) one of~ 등의 경우

One of~의 경우 빨리 소리를 내게 되면 of의 'f'는 자음 앞에서 탈락하게 됩니다. 따라서 of의 발음이 '어브[əv]'이기 때문에 결과적으로 of의 발음은 '어[ə]'로 됩니다. 그리고 이와 같은 현상은 All of~, None of~, Some of~, Most of~나 Many of~경우에도 똑같이 적용될 수 있습니다.

It's **one of** my many mistakes.

This city is still **one of** the world's best.

I always think of you as **one of** the family.

These are trying times for **all of** us.

Some of these pills don't mix with drink.

Many of the stories are based on rumour.

None of us is entirely blameless in this matter.

8) 도우미동사(조동사)의 과거+have+동사의 과거분사의 경우

주의해야 할 발음 가운데 도우미동사(조동사)+have+과거분사(past principle)의 경우—주로 과거에 일어난 그 무엇에 대해 시기적으로 너무 늦어 상대방의 과거의 행위에 대해 충고가 별 도움이 되지 않을 경우—처럼 겉으로 보기에 세 개의 낱말이 나열되어 있다 할지라고, 한 박자에 맞추어야 하기 때문에 have를 ''ve'로 줄여서 약하게 발음해야 합니다. 또는 표기는 줄여져 있지 않더라도 실제 발음을 할 때는 줄여서 발음해야 합니다. 예를 들면 could have been은 could've been, must have taken은 must've taken, might have been은 might've been, ought to have known은 ought to've known으로 그리고 should have listened는 should've listened 등으로 소리를 내야 합니다.

You must have met my older brother.
(=You **must've met** my older brother.)
You ought to have asked John to help.
(=You **ought to've** asked John to help.)
He could have said that, I don't remember.
(=He **could've said** that, I don't remember.)
I might have gotten here on time, if the bus hadn't been late.
(=I **might've gotten** here on time, if the bus hadn't been late.)
If I had seen the advertisement in time I would have applied for the job.
(=If I had seen the advertisement in time I **would've applied** for the job.)

이 책의 각 팝송에서 '* 영어 발음 제대로 듣거나 말하기' 코너는 1. 이어지는 소리(연음)의 경우—1) 약모음 이동, 2) 자음 이동—, 2. 없어지는 소리(탈락)의 경우, 3. 닮는소리(동화)의 경우, 4. 줄어드는 소리(축약)의 경우, 5. 주의해야 할 발음과 6. 기타의 순서로 소개되고 있습니다.

이 책의 각 팝송에서 '* 영어 발음 제대로 듣거나 말하기' 코너에서 한글로 설명을 할 때 '가깝게 발음된다'라는 뜻은 한국말에는 없지만 영어로는 발음이 된다는 뜻입니다. 소리 내어 영어로 하면 제대로 발음할 수 있지만, 한글로 정확하게 표기할 수 없다는 뜻으로 이해하면 될 것입니다. 특히 영어에는 있지만 한국말에 없는 소리나 발음은 대부분의 한국 영어 학습자들은 제대로 교육을 받지 않으면 틀리는 경우가 대부분입니다.

pop song English essay ⑤

PART

마주 치는 팝송

Diamonds

Sung by Rihanna

Shine bright like a diamonds
Shine bright like a diamonds

Find light in the beautiful sea
I choose to be happy
You and I, you and I
We're like diamonds in the sky

You're a shooting star I see
A vision of ecstasy
When you hold me, I'm alive
We're like diamonds in the sky

I knew that we'd become one right away
Oh right away
At first sight I felt the energy of sun rays
I saw the life inside your eyes

So shine bright, tonight you and I
We're beautiful like diamonds in the sky
Eye to eye, so alive
We're beautiful like diamonds in the sky

Shine bright like a diamond
Shine bright like a diamond
Shine bright like a diamond
We're beautiful like diamonds in the sky

Shine bright like a diamond
Shine bright like a diamond

Shine bright like a diamond
We're beautiful like diamonds in the sky

Palms rise to the universe
As we moonshine and molly
Feel the warmth we'll never die
We're like diamonds in the sky

You're a shooting star I see
A vision of ecstasy
When you hold me, I'm alive
We're like diamonds in the sky

At first sight i felt the energy of sun rays
I saw the life inside your eyes

So shine bright, tonight you and I
We're beautiful like diamonds in the sky
Eye to eye, so alive
We're beautiful like diamonds in the sky

Shine bright like a diamond
Shine bright like a diamond
Shine bright like a diamond
We're beautiful like diamonds in the sky

Shine bright like a diamond
Shine bright like a diamond
Shine bright like a diamond
We're beautiful like diamonds in the sky

Shine bright like a diamond
Shine bright like a diamond
Shine bright like a diamond

So shine bright, tonight you and I
We're beautiful like diamonds in the sky
Eye to eye, so alive
We're beautiful like diamonds in the sky

Shine bright like a diamond
Shine bright like a diamond
Shine bright like a diamond

Shine bright like a diamond
Shine bright like a diamond
Shine bright like a diamond
Shine bright like a diamond

다이아몬드

리허너의 노래

다이아몬드처럼 밝게 빛나
다이아몬드처럼 밝게 빛나

아름다운 바다 안에서 빛을 찾아봐
나는 행복해지는 걸 택했지
너와 나, 너와 나
우리는 마치 하늘에 있는 다이아몬드와 같아

넌 내가 보고 있는 유성이야
황홀한 환상이지
네가 날 안아줄 때, 난 살아있음을 느껴
우리는 마치 하늘에 있는 다이아몬드와 같아

난 우리가 곧바로 하나가 될 거란 걸 알아
오 지금 당장 말이야
처음 봤을 때 나는 태양빛과 같은 에너지를 느꼈어
난 너의 눈망울 속에서 인생(생명)을 보았어

그래서 오늘 밤 너와 내가 밝게 빛나
우리는 마치 하늘에 있는 다이아몬드처럼 아름다워
서로 눈을 마주하고 있을 때, 그래서 살아있음을 느껴
우리는 마치 하늘에 있는 다이아몬드처럼 아름다워

다이아몬드처럼 밝게 빛나
다이아몬드처럼 밝게 빛나
다이아몬드처럼 밝게 빛나
우리는 마치 하늘에 있는 다이아몬드처럼 아름다워

다이아몬드처럼 밝게 빛나
다이아몬드처럼 밝게 빛나
다이아몬드처럼 밝게 빛나
우리는 하늘에 있는 다이아몬드처럼 아름다워

우주를 향해 손을 뻗어
우리가 밀주를 마시고 허튼 소리를 하면서
온기를 느껴봐, 우린 절대 죽지 않을 거야
우리는 마치 하늘에 있는 다이아몬드와 같아

넌 내가 보고 있는 유성이야
황홀한 환상이지
네가 날 안아줄 때, 난 살아있음을 느껴
우리는 마치 하늘에 있는 다이이몬드와 같아

처음 봤을 때 나는 태양빛과 같은 에너지를 느꼈어
난 너의 눈망울 속에서 인생을 보았어

그래서 오늘 밤 너와 내가 밝게 빛나
우리는 하늘에 있는 다이아몬드처럼 아름다워
서로 눈을 마주하고 있을 때, 그래서 살아있음을 느껴
우리는 하늘에 있는 다이아몬드처럼 아름다워

다이아몬드처럼 밝게 빛나
다이아몬드처럼 밝게 빛나
다이아몬드처럼 밝게 빛나
우리는 하늘에 있는 다이아몬드처럼 아름다워

다이아몬드처럼 밝게 빛나
다이아몬드처럼 밝게 빛나
다이아몬드처럼 밝게 빛나
우리는 하늘에 있는 다이아몬드처럼 아름다워

다이아몬드처럼 밝게 빛나.
다이아몬드처럼 밝게 빛나.
다이아몬드처럼 밝게 빛나

그래서 오늘 밤 너와 내가 밝게 빛나
우리는 하늘에 있는 다이아몬드처럼 아름다워
서로 눈을 마주하고 있을 때, 난 살아있음을 느껴
우리는 하늘에 있는 다이아몬드처럼 아름다워

다이아몬드처럼 밝게 빛나
다이아몬드처럼 밝게 빛나
다이아몬드처럼 밝게 빛나

다이아몬드처럼 밝게 빛나
다이아몬드처럼 밝게 빛나
다이아몬드처럼 밝게 빛나
다이아몬드처럼 밝게 빛나

* 영어 발음 제대로 듣거나 말하기

1) 이어지는 소리(연음)의 경우

(1) 약모음 이동

li**ke a**, I'**m al**ive, righ**t aw**ay, **so a**live

li**ke a**에서 a는 약모음 [ə]가 되어 앞 낱말 끝부분에 가서 붙어 '라이커'로 발음된다. I'**m a**live에서 alive의 a는 약모음 [ə]가 되어 앞 낱말 끝부분에 가서 붙어 '아이머라이브'로 발음된다. **so a**live도 마찬가지 경우이다. righ**t a**way에서 away의 a는 약 모음 [ə]가 되어 앞 낱말 끝부분에 가서 붙어 '라이러 웨이'에 가깝게 발음된다.

(2) 자음 이동

visio**n o**f, ener**gy o**f

visio**n o**f에서 vision의 자음 n은 뒤에 있는 낱말 앞부분에 가서 붙어 '비저너브'로 발음된다. 이 경우 of는 기능어이기 때문에 [əv]나 [ə]로 발음된다. ener**gy o**f도 마찬가지 경우이다.

2) 없어지는 소리(탈락)의 경우

diamon**d**s, Fin**d** light, hol**d** me, firs**t** sight, fel**t** the, mo**l**ly

diamon**ds**에서 뒤에 있는 d는 자음 n과 자음 s 사이에 놓이기 때문에 탈락되어 '다이어먼즈'로 발음된다. 이와 같이 자음과 자음 사이에 놓이는 여섯 개의 파열음인 철자—k/g, p/b, t/d—가 탈락되는 예로 Fin**d** light, hol**d** me와 firs**t** sight가 해당된다.

fel**t** the에서 felt의 t는 the의 th[ð]와 비슷한 발음이기 때문에 앞의 t는 탈락되어 '휄더'에 가깝게 발음된다.

mo**l**ly에서 ll의 l은 같은 철자이기 때문에 앞의 l이 탈락되어 '모리'로 발음된다.

3) 닮는 소리(동화)의 경우

(1) 단타음화

beautiful, shooting, right away

beautiful에서 t가 강모음과 약모음 사이에 놓이면 단타음(單打音)으로 되어 t도, d도,r도 아닌 발음이 된다. beautiful은 '비유리훌'에 가깝게 발음된다. 이 소리는 한글로 표기할 수 없으며 오직 소리로만 익힐 수밖에 없다. 특히 미국영어(American English)에서 두드러진 현상이다. shooting와 right away도 마찬가지 경우이다.

4) 줄어진 소리(축약)의 경우

We're, You're, we'll

be 동사의 경우인 We're와 You're, 도우미동사(조동사)의 경우인 we'll이 있다. 이 가운데 we'll에서 'll이 한국인이 발음하기에 가장 힘든 예이다. 그 이유는 'll은 will의 줄인 형태인데 'll'이 한국어에 없는 발음으로, 'l'은 혀를 입천장에 붙여서 소리를 내야 하는데, 한국어에는 이렇게 소리를 내는 것이 없기 때문이다.

5) 주의해야 할 발음

sky, star, When

sky와 star에서 s+k/p/t가 되면 된소리에 가깝게 소리가 난다. 대부분 k/p/t가 들어간 낱말은 h가 들어가는 소리를 내게 되는데, s+k/p/t의 경우는 h 소리가 들어가지 않고 된소리에 가깝게 발음된다. 그러니까 sky는 '스까이'에 가깝게, star는 '스따'에 가깝게 발음된다.

When에서 wh~로 시작되는 낱말은 'w' 뒤에 있는 'h'의 소리가 보통 들리지 않는다. 그러니까 When은 '휀'이라기 보다 '웬'에 가깝게 발음된다. 그러나 사람과 관련된 who, whose와 whom은 예외로 'h' 소리가 그대로 난다.

* 팝송에 들어 있는 쓸모 있는 영어 표현들

1. You're a shooting star I see: **shooting star**는 '유성(流星), 별똥별'이란 뜻이다. 예문들은 다음과 같다.

Shooting stars fall down over our heads during summer nights.
(여름밤 동안에 별똥별이 우리 머리위로 쏟아집니다.)

This causes the shooting stars that we can see on a clear night.
(이것은 우리가 맑은 밤하늘에서 보는 유성들을 만들어내요.)

Sitting on the grass, they "saw a beautiful shooting star in the sky.
(풀밭에 앉아, 그들은 하늘에서 아름다운 유성(流星) 한 개를 보았다.)

2. I knew that we'd become one right away: **right away**는 '즉시[곧바로], 곧'이라는 뜻이다. 예문들은 다음과 같다.

I want it sent **right away**.
(나는 즉시 그걸 보내 주길 바래요.)

Please ship the parts right away.
(부품 선적을 즉시 부탁드리는 바입니다.)

Mick wants to see you in his office right away.
(믹이 즉시 자기 사무실에서 너를 만나고 싶어 한다.)

3. At first sight I felt the energy of sun rays: **at first sight**는 1) '처음에[언뜻 보기에]'와 2) '첫눈에'라는 뜻으로 쓰인다. 이 노래에서는 2)의 뜻으로 쓰이고 있다. 1)의 예문들은 다음과 같다.

She looks coy **at first sight**.
(그녀는 언뜻 보면 새침데기 같다.)

The theory is not as simple as you might think at first sight.
(그 이론은 네가 언뜻 보았던 생각처럼 간단하지는 않다.)

At first sight it looked less like a capital city than a mining camp.
(처음에 그곳은 수도라기보다는 광산촌처럼 보였다.)

At first sight, I cannot see that it has much to do with me.

(언뜻 봐서는 내가 해줄 수 있는 게 없어보인다.)

2)의 예문들은 다음과 같다.

They fell in love **at first sight**.

(그들은 첫눈에 사랑에 빠졌다.)

I know it sounds corny, but it really was love at first sight!

(진부하게 들린다는 거 내가 알아. 하지만 그건 정말 첫눈에 반한 사랑이었어!)

It was love at first sight when they met, but it didn't last long.

(그들은 첫눈에 반했는데 그것은 오래 가지 못했다.)

4. Palms rise to the universe: **rise**는 명사로 '증가[상승[, 인상, 오르기, 오르막'이란 뜻 으로 쓰인다. **rise**는 동사로 '오르다, 올라가다[오다], 일어나다, 뜨다[솟다], 증가하다, 커지다, 고조되다 등' 다양하게 쓰인다. 이 노래에서 rise는 높은 곳으로 올라간다는 뜻으로 쓰이고 있다. 그러니까 '손이 우주를 향해 올린다'는 것을 '우주를 향해 손을 뻗는다'는 뜻으로 이해하면 될 것이다.

5. As we moonshine and molly: **moonshine**은 명사로 1) '밀주(특히 위스키), 밀수한 술'과 2) '터무니없는 말, 허튼 소리, 헛소리'라는 뜻이다. **moonshine**은 동사로 '밀주를 담그다'라는 뜻이다.
   molly는 '과잉보호하다, 지나치게 귀여워하다, 온갖 응석을 다 받아 주다'(=molly coddle) 라는 뜻과 '나약한 남자'라는 뜻으로도 쓰인다. 따라서 As we moonshine and molly는 '우리가 밀주를 마시고 허튼 소리를 하면서'로 옮길 수 있다.

6. A vision of ecstasy: **vision**은 '시력, 눈, 시야, 시각'이란 뜻과 '환상, 상상'과 '(특히 종교적인) 환영'이란 뜻으로 쓰인다. **ecstasy**는 '황홀감, 황홀경'이란 뜻과 '엑스터시(특히 젊은이들이 파티 클럽 등에서 먹는 마약의 일종)'이란 뜻으로 쓰인다.

기억할 만한 영어 문장

1. When you hold me, I'm alive.
   (네가 날 안아줄 때, 난 살아있음을 느껴.)
2. I saw the life inside your eyes.
   (난 너의 눈망울 속에서 인생을 보았어.)
3. We're like diamonds in the sky.
   (우리는 마치 하늘에 있는 다이아몬드와 같아.)

* 팝송 에세이

다이아몬드는 가장 인기 있는 보석 가운데 하나이고 광채가 뛰어난 대표적인 보석으로 자리매김하고 있고 보석의 황제로 불리어지기도 한다. 그래서 연인들이 자신들을 또는 상대방은 다이아몬드에 비유하는 경우가 자주 등장한다. 그런 비유는 충분히 이해되기도 한다. 이 세상에서 자기 자신 아닌 다른 사람을 그토록 온 몸으로 온 정성을 다해 마음을 쓰는 경우가 있을 까? 관계가 영원할 수 없는 데도 영원할 것이라는 기대와 믿음이 공존하면서 사랑은 시작되고 진행되어가는 것이다. 그러기에 가장 밝게 빛나고 아름답고 영속적인 그 무엇이 사랑이라는 믿음에 이르게 되면 사랑의 가치는 그 자체로 온전하게 남아 있게 되는 것이다.

함께 있는 것뿐만이 아닌 포근히 안아주는 것만으로 살아 있음을 느끼게 되고, 그런 느낌이 '마치 저 하늘에 있는 다이아몬드처럼 같다'고 생각하게 되는 것이다. 상대방을 처음 보았을 때 태양빛과 같은 에너지를 느끼고, 상대방의 눈망울 속에서 인생을 그리고 행복한 미래를 본다는 것은 이미 둘은 둘이 아니라 하나가 되어 있음을 확인시켜주는 심리적 보상이 된다. 둘이 하나가 된 밤에는 자신들이 훤히 밝게 빛날 것이고 마치 하늘에 있는 다이아몬드처럼 아름답게 느끼게 되는 것이다. 서로의 온기를 느끼며, 영원히 죽지 않을 것 같은 시간이 이어지면서 둘은 이미 하나가 되었음을 재차 삼차 확인하게 되는 것이다. 서로의 연인 관계는 어찌 보면 그렇게 복잡할 것 같지 않을 것 같은 생각도 든다. 그냥 상대방에 대한 관심을 갖고 눈망울을 빤히 바라보고 내 마음을 주고 가볍게 어루만져 주고 필요한 경우에는 사랑을 나눈다면 사랑은 확인되는 것이다. 단 제한된 시간 속에서.

사랑의 여럿이 공유할 수 없는 성질의 것이기에 둘만의 사랑은 서로 확인이 충분히 가능하고 시간과 공간을 공유할 수 있다. 서로의 느낌을 주고받을 수 있으며 그런 시간을 함께 여행하게 되면 즐겁기도 하기 때문에 사랑은 누구나 갈구하는 삶의 최고의 가치인 것이다.

Slow motion

Sung by Karina (Pasian)

I know that you've been calling me
And I'm happy that we met
Don't think that I'm not interested
I'm just playing hard to get

So much about this crazy game they call love
That I'm trying to understand
So would you be my best friend
Before you call yourself my man

Why can't I love you in slow motion
Take my time
Take away the pressure on my mind
Really get to know you
But rewind
Wanna love you in slow motion
Why can't I?

You seem to know just what you want
And I like your confidence
Some things a girl should never rush
Cause if you do you hurt yourself

So much about this crazy game they call love
I'm still trying to understand
So could you be my best friend
Before you call yourself my man

Why can't I love you in slow motion
Take my time

Take away the pressure on my mind
Really get to know you
But rewind
Wanna love you in slow motion
Why can't I?

I'm too young for tears in the night
And it's too soon for this to be right
Don't wanna mess with your pride
The question is not when but why

Why can't I love you in slow motion
Take my time
Take away the pressure on my mind
Really get to know you
But rewind
Wanna love you in slow motion
Why can't I?

천천히

커리너(되지언)의 노래

난 당신이 나에게 계속 전화해왔다는 걸 알아요
그리고 우리가 만났던 게 난 좋아요
내가 관심 없다고 생각하진 말아요
나는 살짝 튕기고 있는 거예요

사람들이 사랑이라고 하는 이 미친 게임에 관한 게 너무 많아서
내가 이해하려고 하고 있어요
그러니 당신이 나의 가장 좋은 친구가 되어줄 수 있어요
당신이 스스로를 내 남자라고 부르기 전에요

난 당신과 천천히 사랑을 할 수 없나요
시간을 좀 두고
내 마음속의 부담을 좀 버리고
당신을 정말 알게 되고
하지만 다시 되감아서
당신과 천천히 사랑을 하고 싶어요
내가 왜 할 수 없나요?

당신은 단지 당신이 원하는 것을 알고 있는 것 같아요
그리고 난 당신의 그런 자신감이 좋아요
여자는 절대 서두르면 안 되는 몇 가지들이 있는데
만약 그러면 당신이 스스로를 다치게 하기 때문이에요

사람들이 사랑이라고 하는 이 미친 게임에 관한 게 너무 많아서
내가 여전히 이해하려고 하고 있어요
그러니 당신이 나의 가장 친한 친구가 되어줄 수 있어요
당신이 스스로를 내 남자라고 부르기 전에요

당신과 천천히 사랑을 하면 안 되나요
시간을 좀 두고
내 마음속의 부담을 좀 버리고
당신을 정말 알게 되고
하지만 다시 되감아서
당신과 천천히 사랑을 하고 싶어요
내가 왜 할 수 없나요?

난 밤에 눈물을 흘리기에는 너무 어려요
그리고 이것이 옳은 일이 되기에는 너무 일러요

당신의 자존심을 구기고 싶지 않아요
내가 궁금한 건 시기가 아니라 이유에요

난 당신과 천천히 사랑을 할 수 없나요
시간을 좀 두고
내 마음속에 부담을 좀 버리고
당신을 정말 알게 되고
하지만 다시 되감아서
당신과 천천히 사랑을 하고 싶어요
내가 왜 할 수 없나요?

* 영어 발음 제대로 듣거나 말하기

1) 이어지는 소리(연음)의 경우

(1) 약모음 이동

Take away, things a

Take away에서 away의 a는 약모음 [ə]가 되어 앞 낱말 끝부분에 가서 붙어 '테이커 웨이'로 발음된다. things a에서 a는 약모음 [ə]가 되어 앞 낱말 끝부분에 가서 붙어 '싱저'에 가깝게 발음된다.

(2) 자음 이동

love you, tears in

love you에서 love의 e는 낱말 끝에 있기 때문에 약화되고 그 앞에 있는 v가 뒤에 있는 낱말 앞부분에 가서 붙어 '러뷰'로 발음된다. tears in에서 tears의 자음 s가 뒤에 있는 낱말 앞부분에 가서 붙어 '티어진'으로 발음된다.

2) 없어지는 소리(탈락)의 경우

calling, happy, Don't think, just playing, hard to, about this, call, best friend, pressure, Really, get to, Wanna, just what, should never, Don't wanna

calling에서 ll의 l은 같은 철자이기 때문에 앞의 l이 탈락되어 '코링'으로 발음된다.

happy, call, pressure, Really, get to와 Wanna도 마찬가지 경우이다.

Don't think에서 Don't의 t가 think의 th[θ]와 비슷한 발음이기 때문에 앞에 있는 t가 탈락되어 '돈 싱크'에 가깝게 발음된다.

just playing에서 hard to, best friend, just what, should never와 Don't wanna 가 해당된다.

about this에서 about의 t가 this의 th[ð]와 비슷한 발음이기 때문에 앞에 있는 t가 탈락되어 '어바우 디스'에 가깝게 발음된다.

3) 닮는 소리(동화)의 경우

(1) 구개음화

that you, could you, what you, hurt yourself

that you에서 that의 t[t]와 you의 y[j]가 합쳐지면 서로 닮아서 [ʧ]로 바뀌어 '대츄'에 가깝게 발음된다. 따라서 이런 현상은 영국영어(British English) 보다 미국 영어(American English)에서 자주 나타나는 현상이다. what you와 hurt yourself도 마찬가지 경우이다.

could you에서 could의 d[d]와 you의 y[j]가 합쳐지면 서로 닮아서 [ʤ]로 바뀌어 '쿠쥬'에 가깝게 발음된다. 발음된다. 이런 현상은 영국영어(British English) 보다 미국영어(American English)에서 자주 나타나는 현상이다.

(2) 비음화

interested

미국영어(American English)의 경우 interested에서 t가 바로 앞에 있는 콧소리[비음] n을 닮아서 n으로 되었다가, n이 겹치기 때문에 앞의 n이 탈락되어 '이너레스티드'로 발음된다. 그런데 영국영어(British English)에서는 t를 그대로 발음하는 경우가 대부분이다.

4) 줄어진 소리(축약)의 경우

you've, I'm, Don't, can't,

have 동사의 경우인 you've, be 동사의 경우인 I'm, 부정형인 Don't와 can't가 있다.

5) 주의해야 할 발음

trying, Why, can't, what

trying에서 'tr~'의 발음은 '츠'와 '추'의 중간쯤 되는 소리로 '츄'에 가깝게 발음된다. trying은 '트라잉'이라기 보다 '츄라잉'에 가깝게 발음된다.

Why와 **what**에서 wh~로 시작되는 낱말은 'w' 뒤에 있는 'h'의 소리가 보통 들리지 않는다. 그러니까 why는 '화이'라기 보다 '와이'에 가깝게, what은 '홧'이라기 보다 '왓'에 가깝게 발음된다. 그러나 사람과 관련된 who, whose와 whom은 예외로 'h' 소리가 그대로 난다.

can't는 can과 마찬가지로 도우미동사로 기능낱말이기 때문에 약하게 발음한다. 그런데 can't 다음에 자음이 나오기 때문에 탈락되는 경우가 대부분이어서 can은 [kən]으로 can't는 [kæn]으로 발음하기로 약속이 되어 있다. 그런데 can이 문장 가운데 들어가는 경우가 [kən]으로 주로 발음되고 문장의 끝에 들어가는 경우에는 [kæn]으로 발음되는 경우가 대부분이다. can't는 기본적으로 [kæn]으로 발음되면서 can 보다 약간 길게 발음되는 경향이 있다.

6) 기타

Wanna

Wanna는 허물없이 발음하는 경우의 예이다. wanna는 want to인데 입말체에서 '완터투'로 발음하지 않고 '와너'로 발음하고, want to로 표기가 되어 있더라고 말을 할 때는 wanna로 발음하는 경우가 대부분이다. want to에서 wanna로 바뀌는 과정은 '팝송 영어 소리를 제대로 듣는 요령'에 나와 있는 설명을 참고하기 바란다.

* 팝송에 들어 있는 쓸모 있는 영어 표현들

1. Take my time: **take one's time**은 '시간을 들이다, 천천히 하다, 서두르지 않고 하다'라는 뜻이다. take my time은 글자 그대로 '내 시간을 갖다' 또는 '내 시간을 내다'라는 뜻이지만 '내가 천천히 (사랑을) 하게 해 달라'라고 이해하면 될 것이다. 예문들은 다음과 같다.

Take your time. I don't want to rush you.

(천천히 먹어. 서두를 필요 없어.)

"Take your time," Ted told him. "I'm in no hurry."

("천천히 해." 테드가 그에게 말했다. "나 안 급해.")

Yes, it makes shopping easier, and I can take my time.

(네, 그것으로 인해 장보기가 훨씬 편해지고 또 서두르지 않아도 되니까요.)

2. Take away the pressure on my mind: **take away**는 1) '(감정 · 통증 · 아픔 등을) 없애 주다', 2) '제거하다; 치우다; 줄이다', 3) '죽이다, 떠나가다', 4) '서둘러서 떠나다', 5) '(성공·평판 등을) 손상하다, 흠내다'와 6) '(음식물 등을) 가지고 돌아가다'(=take out) 라는 뜻이다. 이 노래에서는 1)의 뜻으로 쓰이고 있다.

1)의 예문들은 다음과 같다.

I was given some pills to **take away** the pain.

(나는 그 통증을 없애 주는 알약을 좀 받았다.)

It helps take away pain in the fingers or knees.

(그것은 손가락이나 무릎의 고통을 없애주도록 도와준다.)

I wish I could take away your pain and wipe away your tears.

(나는 내가 너의 고통을 없애주고 너의 눈물을 닦아줄 수 있기를 원한다.)

2)의 예문들은 다음과 같다.

Here, **take away** the dishes.

(자, 그릇을 치워요.)

Who will take away those empty bottles?

(누가 저 빈 병을 치울 거야?)

The policeman disarmed the criminal by taking away his gun.

(그 경찰관은 범인의 총을 빼앗고 무장 해제했다.)

3)의 예문들은 다음과 같다.

He contracted the illness which **took** him **away**.

(그는 병에 걸려서 결국 죽고 말았다.)

4)의 예문들은 다음과 같다.

Please **take** me **away** from here.

(제발 여기서 벗어나게 해주세요.)|

The rioters were taken away by force.

(폭도들은 물리력에 의해 끌려갔다.)

More than 100 protesters were taken away in military trucks.

(백 명이상의 시위꾼들이 군용트럭에 실려갔다.)

5)의 예문들은 다음과 같다.

Take away his pride, and he's got nothing left.

(그 사람은 자존심 빼면 시체다.)

They took away his freedom and broke his spirit.

(그들은 그의 자유를 앗아갔고 그의 기백을 꺾어 놓았다.)

His refusal to accept the prize does not take away from his success in writing it.

(그의 수상 거부는 글을 쓰는데 있어서의 그의 성공을 손상시키지는 않는다.)

6)의 예문들은 다음과 같다.

I'll **take** them **away**.

(저가 가지고 갈 겁니다.)

Two burgers to take away, please.

(햄버거 두 개 포장해 주세요.)

I don't want any more bread. Please take it away.

(저는 빵을 더 먹지 않겠습니다. 가져가세요.)

on one's mind는 '마음에 걸려; 신경이 쓰여; 머리속에 박혀; …으로 머리가 가득하여; 우선 마음에 걸리는 일이 있어'라는 뜻이다. 예문들은 다음과 같다.

What's **on your mind**?

(무슨 생각 중이야?)

He's overworking and has a lot on his mind.

(그는 과로를 하고 있고 많은 심적 부담을 지고 있다.)

The burden of guilt weighed heavily on his mind.

(죄책감이 그의 마음을 무겁게 짓눌렀다.)

3. Really get to know you: **get to**는 1) get to sb로 쓰여 '~를[~에게] 괴롭히다[영향을 미치다]', 2) '…에 도착하다, 닿다'와 3) '[어떤 결과]에 이르다, 되다'라는 뜻이다. 이 노래에서는 3)의 뜻으로 쓰이고 있다.

1)의 예문들은 다음과 같다.

How can I **get to** him?

(내가 그 사람을 어떻게 괴롭힐 수 있지?)

I think it's starting to get to her.

(내 생각엔 그일 땜에 그 여자가 괴로워해.)

The pressure of work is beginning to get to him.

(업무 부담이 그를 괴롭히기 시작하고 있다.)

2)의 예문들은 다음과 같다.

There was ample time to **get to** the airport.

(공항까지 갈 시간은 충분했다.)

She rushed to get to the post office before it closed.

(그녀는 우체국이 문을 닫기 전에 그곳에 닿기 위해 달려갔다.)

What do you intend doing when you get to this place?

(여기 오면 무엇을 하려고 하니?)

3)의 예문들은 다음과 같다.

Do you **get to** see him often?

(그를 자주 보게 됩니까?)

He's really very human when you get to know him.

(그는 알고 보면 정말 대단히 인간적인 사람이다.)

Can you give me something to help me get to sleep?

(제가 잠드는 데 도움이 될 만한 걸 뭐 좀 주실 수 있으세요?)

4. Cause if you do you hurt yourself: **Cause**는 Because(… 때문에, 왜냐하면, …하다고 해서)를 줄인 낱말이다. 특히 노래 가사에서는 because로 나오는 경우 보다 두 음절을 한 음절로 줄여 cause, cos 또는 cuz로 대부분 나온다.

hurt oneself는 '다치다'(=get hurt)라는 뜻이다. 예문들은 다음과 같다.

Did you **hurt yourself**?
(다쳤니?)
I wonder (that) he didn't hurt himself jumping over that wall.
(그가 그 담을 뛰어넘고도 다치지 않았다니 나는 놀랍다.)
Yasin had seriously hurt himself while trying to escape from the police.
(야신은 경찰에게서 도망치려 하다가 심하게 다쳤다.)

5. I'm too young for tears in the night: **too young for tears**에서 too ~ for …는 too ~ to …와 뜻은 비슷하지만－too ~ to …의 뜻 두 가지('…(to 동사원형) 하기에는 …한'과 '너무 ~해서 …할 수 없다' 가운데 후자－to 동사원형 대신에 for 명사로 나온 형태이다. 따라서 too young for tears는 '눈물을 흘리기에는 너무 어려요'로도 옮길 수 있지만, 약간의 뉘앙스 차이로 '너무 어려서 눈물을 흘릴 수 없어요'로 옮기는 것이 나을 것이다. 예문들은 다음과 같다.

The scenery is **too** beautiful **for** words.
(경치가 말로 다할 수 없을 만큼 아름답다.)
You are too young for such a responsible position.
(너는 그런 책임이 무거운 자리로는 너무 어린 나이다.)
His powerful serve was too much for the defending champion.
(그의 서브는 전 챔피언도 감당할 수 없을 정도로 강력했다.)

6. And it's too soon for this to be right: **too soon for this to be right**에서 too ~ for － to …는 too ~ to …(너무 ~해서 …할 수 없다')와 같은 뜻인데 '…할 수 없다'의 주체를 제시해 놓은 경우이다. to …는 to 부정사 구문이기 때문에 to 부정사 구문의 주체를 제시해 놓은 경우이다. to 부정사의 주체는 목적어로 나타낸다. 따라서 too

soon for this to be right는 '그리고 이것이 옳은 일이 되기에는 너무 일러요'로 옮길 수 있지만, 뉘앙스의 차이로 '너무 일러서 이게 옳게 될 수 없어요'로 옮기는 것이 나을 것이다. 예문들은 다음과 같다.

The box is **too** heavy **for** me **to** lift.

(그 상자가 너무 무거워서 들 수 없다.)

I walked too fast for him to keep up with me.

(내가 너무 빨리 걸어서 그는 쫓아오지 못했다.)

The steep sidewalk was too narrow for them to walk abreast.

(가파른 인도가 너무 비좁아서 그들이 나란히 걸을 수가 없었다.)

7. Don't wanna mess with your pride: **mess with**는 1) '(보통 부정문에 쓰여) (해로울지도 모르는) ~와 관계를 맺다[~에 얽혀 들다]'와 2) '…을[를] 방해하다'라는 뜻으로 쓰인다. 이 노래에서는 2)의 뜻으로 쓰이고 있다. 1)의 예문들은 다음과 같다.

Do NOT **mess with** the Iranian people.

(이란 사람들과 얽히지 말아라.)

I wouldn't mess with him if I were you.

(내가 너라면 그와 상종하지 않겠어.)

That's why I didn't want you to mess with her.

(그게 바로 내가 너한테 그녀와 관계를 맺지 말라고 했던 이유야.)

2)의 예문들은 다음과 같다.

No one will **mess with** me.

(아무도 나를 방해할 순 없을 것이다.)

It is not supposed to mess with the viewers.

(그것이 구경꾼들로 엉망이 되게 해서는 안 된다.)

It really starts to mess with your self-esteem.

(그게 정말 네 자존심을 망치기 시작했어.)

8. The question is not when but why: **not when but why**는 not A but B의 형태로, 'A가 아니라 B'라는 뜻이다. 예문들은 다음과 같다.

She is **not** timid **but** careful.

(그녀는 소심한 것이 아니라 주도면밀하다.)

He is not a philosopher but a scientist.

(그는 철학자가 아니라 과학자이다.)

It wasn't the red one but the blue one.

(그건 빨간색이 아니라 파란색이었어.)

여기서 **when**과 **why**는 둘 다 명사로 쓰이고 있다. 그러니까 why는 '시기, 때'라는 뜻이고, why는 '이유'라는 뜻이다.

기억할 만한 영어 문장

1. Could you be my best friend?

   (당신이 나의 가장 좋은 친구가 되어줄 수 있어요?)

2. I'm too young for tears in the night.

   (나는 밤에 눈물을 흘리기에는 너무 어려요.)

3. Why can't I love you in slow motion?

   (나는 당신과 천천히 사랑을 할 수 없나요?)

* 팝송 에세이

사랑의 속도는 있는 것일까? 사랑의 속도는 조절할 수 있는가? 사랑의 속도를 조절하는 사람은 누구인가? 만남은 사랑을 미리 예약하기 위해 필요한 행동이다. 만나지 않고 사랑을 할 수 있는 기회를 잡을 수가 없기 때문이다. 만남을 통해 서로의 마음을 확인하고 친구로서 지내다가 친구 관계가 발전되어 연인 관계로도 진전될 수 있는 것이다. 우리나라의 경우 오빠라고 부르다가 연인 관계가 되듯이. 만남을 통해 이미 상대방의 진실한 마음을 확인한 경우 계속되는 만남을 위한 전화가 걸려온 것도 자연스럽게 알 수밖에 없다. 상대방에 대한 관심도 갖고 있지만, 설령 진심으로 '나는 살짝 튕기고 있는 거예요'는 아닐 지라도 상대방에 대한 사랑 게임에 급하게 뛰어들고 싶지 않은 것은 여러 사람들의 사랑 게임을 보아왔기 때문이다. 그래서 사랑의 속도를 조절하고 싶은 것이다.

좀 더 서로에 대한 부담감을 줄이기 위해 천천히 서로를 더 알아보고 또 다시 생각해 보면서 사랑을 하게 나누게 되면 사랑이 제대로 그 길을 찾아가게 될 것이다. 몰라서 속도 조절을 하자는 것이 아닌 이미 마음을 읽고 있기 때문에 서두르지 않으면 만약의 경우 사랑으로 인해 상처받는 것을 미리 예방할 수 있다. 그래서 일단 친구로서 관계를 유지하자고 제안하는 것이다. 만남은 이어가지만 서두르지 않고 사랑을 하기 위한 준비 작업을 하자는 것이다. '난 눈물을 흘리기에는 너무 어려요'라는 것은 아직까지 사랑을 익혀가기 위한 시간이 충분히 있다는 것을 내비치는 것이다. 사랑하려는 마음도 있고, 사랑할 수 있는 시간 여유도 충분하기 때문에 사랑을 서두를 필요가 없다는 것이다. 또한 주위에서 서둘러 사랑을 함으로써 너무 많은 미친 사랑 게임을 보아 왔기 때문에 서두르지 않아도 된다고 생각하는 것이다. 상대방의 자존심을 구기지 않은 범위 내에서 사랑의 속도를 조절하고자 하는 또 다른 사람의 깊은 생각을 읽어내는 데는 별 어려움이 없어 보인다.

★ 덧붙이는 글 ★

둘째 연의 세 번째 줄의 가사 So would you be my best friend는 would가 아닌 could로 가사가 소개된 경우가 많은 데, 노래를 들어보면 would가 맞다. 의미상으로는 would의 경우인 '그러니 내 가장 좋은 친구가 되어줄래요?'와 could인 경우인 '그러니 내 가장 좋은 친구가 되어줄 수 있어요?'가 큰 차이는 없지만 가수가 부른 노래 중심으로 제시하고 있다.

넷째 연의 세 번째 줄의 가사 Some things a girl should never rush는 Some things가 아닌 Some thing이나 Something's로 소개되는 경우가 있는데, 여기서는 여자 또는 아가씨가 결코 서두르지 않아야 할 몇 가지들이라고 하는 것이 맞다. 우선 Something's는 문법상 맞지 않고, Some thing는 띄어 쓸 수도 없지만, 붙여서 쓴다고 할지라고 서두르지 않아야 할 내용이 한 가지만 되는 것은 아닐 수 있기 때문이다.

Hurt

Sung by Christina Aguilera

Seems like it was yesterday
When I saw your face
You told me how proud you were
But I walked away
If only I knew what I know today
Ooh, ooh

I would hold you in my arms
I would take the pain away
Thank you for all you've done
Forgive all your mistakes
There's nothing I wouldn't do
To hear your voice again
Sometimes I wanna call you
But I know you won't be there

Oh, I'm sorry for blaming you
For everything I just couldn't do
And I've hurt myself by hurting you

Some days I feel broke inside
But I won't admit
Sometimes I just wanna hide
'Cause it's you I miss
And it's so hard to say goodbye
When it comes to this, ooh

Would you tell me I was wrong?
Would you help me understand?
Are you looking down upon me?
Are you proud of who I am?

There's nothing I wouldn't do
To have just one more chance
To look into your eyes
And see you looking back

Oh, I'm sorry for blaming you
For everything I just couldn't do
And I've hurt myself, oh

If I had just one more day
I would tell you how much that I've missed you
Since you've been away
Ooh, it's dangerous
It's so out of line
To try and turn back time

I'm sorry for blaming you
For everything I just couldn't do
And I've hurt myself
By hurting you

힘들었어요

크리스티나 아귈레라의 노래

바로 어제 같아요
당신의 얼굴을 본 때가
당신의 자존심이 얼마나 강한지를 당신이 나에게 말했어요
하지만 저는 돌아섰죠
오늘 내가 알고 있는 것을 알았더라면
아, 아

난 당신을 꼭 안아보고 싶어요
난 그 고통을 덜어주고 싶어요
당신이 해주신 모든 것들에 감사드려요
당신의 모든 실수를 용서할 게요
내가 할 수 없는 일이 하나도 없어요
당신의 목소리를 다시 한 번 듣기 위해
가끔 나는 당신에게 전화하고 싶어요
하지만 당신은 대답하지 않을 거란 걸 난 알아요

아, 당신을 탓하고 있는데 대해 난 미안해요
제가 단지 해드릴 수 없었던 모든 것에 대해
그리고 당신에게 마음의 상처를 주면서 저 스스로를 힘들게 해 왔어요

가끔 내 마음속이 너무 아픈 나날들
하지만 난 인정하지 않으려고 해요
가끔 난 그냥 숨고 싶어요
왜냐하면 내가 그리워하는 당신 때문에
그리고 작별 인사를 하는 게 너무 힘들어요
이렇게 헤어져야 할 때가 왔을 땐, 아

제가 틀렸었다고 말해 주실 수 있겠어요?
당신이 저가 이해할 수 있도록 도와주실 수 있겠어요?
당신이 저를 얕보시고 계시나요?
당신은 저의 있는 그대로의 모습이 자랑스러우신가요?

내가 할 수 없는 일이 하나도 없어요
단지 한 번 더 기회를 가질 수 있기 위해
당신과 두 눈을 마주 볼 수 있기 위해
그리고 당신이 돌아보는 것을 볼 수 있기 위해

아, 당신만 탓하고 있는데 대해 난 미안해요
제가 단지 해드릴 수 없었던 모든 것에 대해
그리고 저 스스로를 힘들게 해 왔어요, 아

제가 단지 하루만 더 가질 수 있다면
제가 얼마나 많이 당신을 그리워해 왔는지를 당신에게 말할 수 있을 텐데
당신이 떠나고부터
아, 그건 위험해요
그게 너무 지나치죠
시간을 되돌리려고 시도하는 것은

아, 당신을 탓하고 있는데 대해 난 미안해요
제가 단지 해드릴 수 없었던 모든 것에 대해
그리고 저 스스로를 힘들게 해 왔어요
당신에게 마음의 상처를 줌으로써

* 영어 발음 제대로 듣거나 말하기

1) 이어지는 소리(연음)의 경우

(1) 약모음 이동

walk**ed** **a**way, pai**n** **a**way, voi**ce** **a**gain, bee**n** **a**way

walk**ed** **a**way에서 away의 a는 약모음 [ə]가 되어 앞 낱말 끝부분에 가서 붙어 '워커터 웨이'로 발음된다. pai**n** **a**way와 bee**n** **a**way도 마찬가지 경우이다. voi**ce** **a**gain 에서 again의 a는 약모음 [ə]가 되어 앞 낱말 끝부분에 가서 붙어 '보이스겐'으로 발음된다. again의 발음은 미국영어와 영국영어에서 다르게 발음된다. again의 미국 영어 발음은 어겐[əgen]이고, 영국영어 발음은 어게인[əgein]이다.

(2) 자음 이동

Than**k** **y**ou, bro**ke** **i**nside, prou**d** **o**f, loo**k** **i**nto, I**f** **I**

Than**k** **y**ou에서 Thank의 자음 k가 뒤에 있는 낱말 앞부분에 가서 붙어 '생큐'에 가깝게 발음된다. bro**ke** **i**nside에서 broke의 e는 낱말 끝에 있기 때문에 약화되고 그 앞에 있는 k가 뒤에 있는 낱말 앞부분에 가서 붙어 '브로킨사이드'로 발음된다. prou**d** **o**f에서 proud의 자음 d가 뒤에 있는 낱말 앞부분에 가서 붙어 '프라우더브' 로 발음된다. 이 경우 of는 기능어이기 때문에 [əv]나 [ə]로 발음된다. loo**k** **i**nto에서 look의 자음 k가 뒤에 있는 낱말 앞부분에 가서 붙어 '루킨터'로 발음된다. I**f** **I**에서 If의 자음 f가 뒤에 있는 낱말 앞부분에 가서 붙어 '이화이'에 가깝게 발음된다.

2) 없어지는 소리(탈락)의 경우

tol**d** me, woul**d** hold, woul**d** take, a**l**l, wouldn'**t** do, wa**n**na, ca**l**l, won'**t** be, so**r**ry, jus**t** couldn't, couldn'**t** do, hur**t** myself, jus**t** wanna, it'**s** so, hel**p** me, An**d** see, woul**d** te**l**l, mi**s**sed, miss**ed** you, an**d** turn, bac**k** time told me에서 told의 d는 자음 l과 me의 자음 m 사이에 놓이기 때문에 탈락되어 '토울 미'러 발음된다. 이와 같이 자음과 자음 사이에 놓이는 여섯 개의 파열음인 철자—k/g, p/b, t/d—가 탈락되는 예로 would hold, would take, wouldn't do, won't be, just couldn't, couldn't do, hurt myself, just wanna, help me, And see, would tell, and turn과 back time이 해당된다.

all에서 ll의 l은 같은 철자이기 때문에 앞의 l이 탈락되어 '올'로 발음된다. wanna, call, sorry, it's so와 missed도 마찬가지 경우이다.

missed you에서 missed의 ed 발음 [t]가 missed의 자음 s와 you의 자음 y 사이에 놓이기 때문에 탈락되어 '미스 유'로 발음된다. 이것은 자음과 자음 사이에 놓이는 여섯 개의 파열음인 철자—k/g, p/b, t/d—가 탈락되는 경우이다.

3) 닮는 소리(동화)의 경우

(1) 단타음화

what I, But I, hurting, out of

what I에서 t가 강모음과 약모음 사이에 놓이면 단타음(單打音)으로 되어 t도, d도 r도 아닌 발음이 된다. what I는 '와라이'에 가깝게 발음된다. 이 소리는 한글로 정확하게 표기할 수 없으며 오직 소리로만 익힐 수밖에 없다. 특히 미국영어(American English)에서 두드러진 현상이다. But I와 out of도 마찬가지 경우이다.

hurting에서 t가 강모음과 약모음 사이에 놓이면 단타음(單打音)으로 되어 t도, d도, r도 아닌 발음이 된다. hurting은 '허링'에 가깝게 발음된다. 이 소리는 한글로 표기할 수 없으며 오직 소리로만 익힐 수밖에 없다. 특히 미국영어(American English)에서 두드러진 현상이다.

(2) 비음화

And, won't

미국영어(American English)의 경우 And에서 d가 바로 앞에 있는 콧소리[비음] n을 닮아서 n으로 되었다가, n이 겹치기 때문에 앞의 n이 탈락되어 '앤'으로 발음된다. 그런데 영국영어(British English)에서는 d를 그대로 발음하는 경우가 대부분이다. won't에서 t가 바로 앞에 있는 콧소리[비음] n을 닮아서 n으로 되었다가, n이 겹치기 때문에 앞의 n이 탈락되어 '오운'으로 발음된다. 그런데 영국영어(British English)에서는 t를 그대로 발음하는 경우가 대부분이다.

(3) 구개음화

hold you, would you

hold you에서 hold의 d[d]와 you의 y[j]가 합쳐지면 서로 닮아서 [ʤ]로 바뀌어 '홀쥬'에 가깝게 발음된다. 발음된다. 이런 현상은 영국영어(British English)보다 미국영어(American English)에서 자주 나타나는 현상이다. would you도 마찬가지 경우이다.

4) 줄어진 소리(축약)의 경우

you've, There's, wouldn't, I'm, couldn't, 'Cause, it's, I've

have 동사의 경우인 you've와 I've, be 동사의 경우인 There's, I'm과 it's, 부정형인 wouldn't와 couldn't가 있다.

'Cause는 because의 줄어진 형태이다.

5) 주의해야 할 발음

When, what, try

When과 what에서 wh~로 시작되는 낱말은 'w' 뒤에 있는 'h'의 소리가 보통 들리지 않는다. 그러니까 When은 '휀'이라기 보다 '웬'에 가깝게, what은 '홧'이라기 보다 '왓'에 가깝게 발음된다. 그러나 사람과 관련된 who, whose와 whom은 예외로 'h' 소리가 그대로 난다.

try에서 'tr~'의 발음은 '츠'와 '추'의 중간쯤 되는 소리로 '츄'에 가깝게 발음된다. try는 '트라이'이라기 보다 '츄라이'에 가깝게 발음된다.

6) 기타

wanna

wanna는 허물없이 발음하는 경우의 예이다. wanna는 want to인데 입말체에서 '완터투'로 발음하지 않고 '와너'로 발음하고, want to로 표기가 되어 있더라고 말을 할 때는 wanna로 발음하는 경우가 대부분이다. want to에서 wanna로 바뀌는 과정은 '팝송 영어 소리를 제대로 듣는 요령'에 나와 있는 설명을 참고하기 바란다.

* 팝송에 들어 있는 쓸모 있는 영어 표현들

1. But I walked away: **walk away**는 '(힘든 상황 · 관계를 외면하고) 떠나 버리다'라는 뜻이다. 예문들은 다음과 같다.

   She began to **walk away** from him.
   (그녀는 그에게서 멀리 걸어가기 시작했다.)
   He turned abruptly and walked away.
   (그는 갑자기 몸을 돌려 걸어가 버렸다.)
   He walked away without a backward glance.
   (그는 뒤도 한 번 안 돌아보고 걸어가 버렸다.)

2. I would take the pain away: **take away**는 1) '(감정 · 통증 · 아픔 등을) 없애 주다', 2) '제거하다; 치우다; 줄이다', 3) '죽이다, 떠나가다', 4) '서둘러서 떠나다', 5) '(성공·평판 등을) 손상하다, 흠내다'와 6) '(음식물 등을) 가지고 돌아가다'(=take out) 라는 뜻이다. 이 노래에서는 1)의 뜻으로 쓰이고 있다.

   1)의 예문들은 다음과 같다.

It **takes away** the pain in my back.

(그것은 내 등의 통증을 없앤다.)

I was given some pills to take away the pain.

(나는 그 통증을 없애 주는 알약을 좀 받았다.)

I wish I could take away your pain and wipe away your tears.

(나는 내가 너의 고통을 없애주고 너의 눈물을 닦아줄 수 있기를 원한다.)

2)의 예문들은 다음과 같다.

The waiter is **taking away** their dishes.

(웨이터가 손님들의 접시를 치우고 있다.)

Who will take away those empty bottles?

(누가 저 빈 병을 치울 거야?)

The policeman disarmed the criminal by taking away his gun.

(그 경찰관은 범인의 총을 빼앗고 무장 해제했다.)

3)의 예문들은 다음과 같다.

He contracted the illness which **took** him **away**.

(그는 병에 걸려서 결국 죽고 말았다.)

4)의 예문들은 다음과 같다.

Please **take** me **away** from here.

(제발 여기서 벗어나게 해주세요.)|

The rioters were taken away by force.

(폭도들은 물리력에 의해 끌려갔다.)

More than 100 protesters were taken away in military trucks.

(백 명이상의 시위꾼들이 군용트럭에 실려갔다.)

5)의 예문들은 다음과 같다.

Take away his pride, and he's got nothing left.

(그 사람은 자존심 빼면 시체다.)

They took away his freedom and broke his spirit.

(그들은 그의 자유를 앗아갔고 그의 기백을 꺾어 놓았다.)

His refusal to accept the prize does not take away from his success in writing it.

(그의 수상 거부는 글을 쓰는데 있어서의 그의 성공을 손상시키지는 않는다.)

6)의 예문들은 다음과 같다.

I'll **take** them **away**.

(저가 가지고 갈 겁니다.)

Two burgers to take away, please.

(햄버거 두 개 포장해 주세요.)

I don't want any more bread. Please take it away.

(저는 빵을 더 먹지 않겠습니다. 가져가세요.)

3. There's nothing I wouldn't do: 이 가사는 '내가 할 수 없는 일이 하나도 없어요'라는 뜻인데, 달리 말하면 '내가 무엇이든지 할 수 있는데'라고 볼 수 있다.

4. And I've hurt myself by hurting you: **hurt oneself**는 '다치다'라는 뜻이다. 예문들은 다음과 같다.

She **hurt herself**.

(그녀는 자해를 했다.)

I hurt myself quite a lot during the training.

(나는 연습하다 부상도 많이 입었죠.)

I wonder (that) he didn't hurt himself jumping over that wall.

(그가 그 담을 뛰어넘고도 다치지 않았다니 내가 놀랍다.)

hurt는 '다치게 하다, 아프다, 마음을 아프게 하다'라는 뜻이다. 예문들은 다음과 같다.

I didn't want to **hurt** his feelings.

(나는 그의 감정을 상하게 하고 싶지 않았다.)

I ascertained that the driver was not badly hurt.

(나는 그 운전자가 크게 다치지 않은 것을 확인했다.)

His collar bone only hurt when he lifted his arm.

(그는 팔을 들어 올릴 때에만 쇄골에서 통증을 느꼈다.)

5. When it comes to this, ooh: **come to**는 1) '(총계가) ~이 되다', 2) '(특히 좋지 않은 상황이) 되다', 3) '(수동태로는 안 씀) 들다[나다]'와 4) '알아차리다'라는 뜻이다. 이 노래에서는 2)의 뜻으로 쓰이고 있다. 그러니까 여기서 this는 to say goodbye하는 상황을 일컫는다.

1)의 예문들은 다음과 같다.

The bill **came to** $30.

(청구 액수가 삼십 달러가 되었다.)

Your bill comes to five hundred and thirty dollars.

(손님의 계산서 금액이 오백삼십 달러입니다.)

She's in no hurry to find out how much her phone bill comes to.

(그녀는 그녀의 전화 요금이 얼마가 되는지 알고 싶어 하지 않는다.)

2)의 예문들은 다음과 같다.

When will they **come to** a decision?

(그들이 언제 결정에 이르게 될까?)

I have come to be very much of a cynic in these matters.

(이 문제들에 대해 나는 대단히 냉소적이 되었다.)

So many marriages have come to grief over lack of money.

(너무도 많은 결혼이 돈이 없어 파경을 맞는다.)

3)의 예문들은 다음과 같다.

The idea **came to** me in the bath.

(나는 목욕을 하던 중에 그 생각이 났다.)

He was about to shut the door when an idea came to him.

(그가 문을 닫으려는 순간 그에게 한 가지 생각이 떠올랐다.)

What images come to your mind when you think of Seattle?

(시애틀을 생각하면 어떤 그림들이 당신의 마음에서 떠오르는가?)

6. Would you help me understand?: **help me understand**는 help+목적어+알몸동사 꼴이다. help 동사의 경우 다음에 나오는 동사가 알몸동사를 사용하거나 to 부정사를 사용할 수도 있다. 예문들은 다음과 같다.

Come and **help me lift** this box.

(이리 와서 이 상자 드는 거 좀 거들어.)

I helped him (to) find his things.

(나는 그가 물건을 찾는 데 거들었다.)

This charity aims to help people (to) help themselves.

(이 자선단체는 사람들이 자립을 할 수 있도록 돕는 것을 목표로 한다.)

7. Are you looking down upon me?: **look down upon**은 '사람을 우습게보다, ~을[를] 낮춰 보다[얕보다], 멸시하다'라는 뜻이다. 예문들은 다음과 같다.

Don't **look down upon** uneducated people.

(못 배운 사람들을 깔보지 마라.)

She looks down on people who haven't been to college.

(그녀는 대학을 안 다닌 사람들을 얕본다.)

You should not look down upon them simply because they are poor.

(가난하다는 것만으로 그들을 멸시해서는 안 된다.)

8. Are you proud of who I am?: **be proud of**는 '…을[를] 자랑으로 여기다, …을[를] 자랑스러워하다, 의기양양해 하다, …이 믿음직하다, 미덥다'라는 뜻이다. 예문들은 다음과 같다.

His parents **are proud of** him.

(그들의 부모님은 아들이 자랑스러웠다.)

She must be very proud of herself.

(그녀는 틀림없이 자신이 아주 자랑스러울 것이다.)

It's something you'll be mighty proud of.

(그것은 너가 대단히 자랑스러워할 만한 것이다.)

who I am은 '나는 누구인가'라는 뜻이다. **who 주어 be 동사**는 '주어는 누구인가'로 옮길 수 있지만, 속뜻은 주어의 인간 됨됨이를 일컫는다. 이런 형태의 예문들은 다음과 같다.

I wonder **who she is**.

(난 그녀가 누군지 궁금하다.)

I'm damned if I know who he is.

(그가 누구인지 알면 내가 사람이 아냐.)

"Don't you know who I am?" she stormed.

("내가 누군지 몰라?" 그녀가 호통을 쳤다.)

9. To look into your eyes: **look into**는 1) '…을[를] 조사하다, …의 속을 들여다보다, 주의 깊게 살피다'와 2) '…을[를] 응시하다[쳐다보다, 바라보다]'라는 뜻이다. 이 노래에 서는 2)의 뜻으로 쓰이고 있다.

1)의 예문들은 다음과 같다.

The college principal promised to **look into** the matter.

(대학 학장이 그 문제를 조사해 보겠다고 약속했다.)

They are looking into ways of invigorating the department.

(그들은 그 부서를 활성화할 방안을 찾고 있다.)

The government has set up a commission to look into those crimes.

(정부는 그 사건들을 조사할 위원회를 설치하였다.)

2)의 예문들은 다음과 같다.

Look into my eyes.

(나의 눈을 바라보세요.)

She looked into his troubled face.
(그녀는 그의 걱정스러운 얼굴을 들여다보았다.)

She closed her eyes to prevent him looking into them.
(그녀는 그가 자기 눈을 들여다보지 못하도록 눈을 감았다.)

10. And see you looking back: **see you looking**은 감각동사 see+목적어+현재진행형의 모양이다. 보통 감각동사+목적어+알몸동사가 쓰이는데, 가끔 알몸동사 보다 현재진행형 을 쓰는 경우가 있다. 이 경우는 눈앞에 벌어지고 있는 상황의 생생함을 묘사하려는 의도가 있다. 이런 경우는 감각동사 가운데 보는 동사 see나 watch가 대부분이다.

11. It's so out of line: **be[act] out of line**은 '주제넘은 짓을 하다, 그릇된 행동을 하다[규칙을 어기다]'라는 뜻이다. 예문들은 다음과 같다.

Your behavior **was out of line**.
(너의 행동은 도가 지나쳤다.)

I think his behavior is out of line.
(나는 그의 행동이 지나치다고 생각한다.)

What you said to mom was out of line.
(너가 엄마한테 말이 너무 지나쳤어.)

12. To try and turn back time: **turn back**은 '(갔던 길을) 되돌아오다/~을 되돌리다[되돌려보내다]'라는 뜻이다. 예문들은 다음과 같다.

It was too late to **turn back**.
(이미 너무 늦어 돌이킬 수 없었다.)

The weather became so bad that they had to turn back.
(날씨가 너무 안 좋아져서 그들은 되돌아와야 했다.)

The Senate has now endorsed the bill and can't turn back.
(상원은 이제 그 법안을 승인했기 때문에 돌이킬 수가 없다.)

기억할 만한 영어 문장

1. I would hold you in my arms.

(나는 당신을 꼭 안아보고 싶어요.)

2. There's nothing I wouldn't do.

(내가 할 수 없는 일이 하나도 없어요.)

3. I've hurt myself by hurting you.

(당신에게 마음의 상처를 주면서 저 스스로를 힘들게 해 왔어요.)

* 팝송 에세이

연인끼리 사귀다가 상처를 줄 수도 있고, 상처를 받을 수도 있다. 상처를 주거나 상처를 받았을 때 상대방에 대한 마음가짐과 행동이 어떠해야 되는지에 대한 교범은 없다. 단지 상대방에게 지나치게 비난하거나 책망하지 않고, 상대방의 마음을 헤아려주는 방식이 그나마 상처를 받은 사람의 마음을 어느 정도 어루만져 주면서 상처 후유증을 조금이나마 덜어주면서 상처를 치유할 수 있을 것이다.

자존심이 강한 연인과의 헤어짐은 자존심이 강한 사람에게 더 큰 충격을 줄 것이다. 높은 곳에서 추락하게 되면 그 충격은 더 크기 마련이다. 자존심이 강한 사람과 헤어지게 되었는 데 그 이유는 알 수 없다. 그렇지만 상처를 준 점은 인정한다. 그래서 기회가 된다면 만나서 안아주고 싶고, 고통을 덜어주고 싶고, 실수도 용서해 줄 수 있는 것이다. 비록 '당신에게 마음의 상처를 주면서 저 스스로를 힘들게 해 왔어요'에서 보이듯이 상처를 주긴 했지만 자신 또한 상처를 받아 힘든 시간을 보내고 있음을 알 수 있다. 사랑하는 사이에 누구의 일방적인 승리나 패배가 없듯이 상대방이 아프면 또 다른 상대방 또한 아프게 마련이다. 사랑하면서 헤어지게 되면서 사랑하는 마음이 남아 있을 때는 도리 없이 그리워하게 된다. 상대방을 그리워하면서 또 다시 만나게 되면 '내가 할 수 없는 일이 하나도 없어요'처럼 모든 것을 다 해주고 이해해 주고 상대방의 상처를 아물게 해주고 치료해줄 수 있는 방법을 알고 있는 경우에는 치료를 해주게 될 것이다. 다시 만나게 되기까지의 긴 시간 동안 그리움은 차츰 깊어지는 것이다. 설령 한탄과 탄식마저 그리움의 강렬한 감정 표현이 될 수 있다. 어떤 경우에는 영원히 만날 수 없기에 죽는 그날까지 그리워하면서 살 수도 있는 것이다.

사랑하는 사이에 상대방에게 상처를 주지 않을 수 없지만, 그런 상황이 발생했을 때 어려운 상황을 슬기롭게 극복하기 위한 노력과 정성을 다해야 될 것이다. 사랑만큼 귀한 경험이 없기 때문이고, 또 다시 새롭고 멋진 사랑을 쉽게 할 수 없기 때문이다.

Love Story

Sung by Taylor Swift

We were both young when I first saw you
I close my eyes and the flashback starts I'm standing there
On a balcony in summer air
See the lights, see the party, the ball gowns
See you make your way through the crowd
And say hello
Little did I know

That you were Romeo, you were throwing pebbles
And my daddy said stay away from Juliet
And I was crying on the staircase
Begging you please don't go
And I said
Romeo, take me somewhere we can be alone
I'll be waiting all there's left to do is run
You'll be the prince and I'll be the princess
It's a love story, baby, just say yes

So I sneak out to the garden to see you
We keep quiet cause we're dead if they know
So close your eyes
Escape this town for a little while
Oh, oh cause you were Romeo, I was a scarlet letter
And my daddy said stay away from Juliet
But you were everything to me
I was begging you please don't go
And I said
Romeo, take me somewhere we can be alone
I'll be waiting all there's left to do is run
You'll be the prince and I'll be the princess

It's a love story, baby, just say yes
Romeo, save me, they try to tell me how to feel
This love is difficult, but it's real
Don't be afraid
We'll make it out of this mess
It's a love story, baby, just say yes
Oh, oh

I got tired of waiting
Wondering if you were ever coming around
My faith in you was fading
When I met you on the outskirts of town and I said
Romeo, save me I've been feeling so alone
I keep waiting for you but you never come
Is this in my head, I don't know what to think
He knelt to the ground and pulled out a ring and said
Marry me, Juliet, you'll never have to be alone
I love you and that's all I really know
I talked to your dad, go pick out a white dress
It's a love story, baby, just say yes
Oh, oh, oh
Oh, oh, oh, oh
Cause we were both young when I first saw you

사랑 이야기

테일러 스위프트의 노래

내가 널 처음 봤을 땐 우리 둘은 너무 어렸어
나는 눈을 감고 그리고 지난날을 회상하기 시작해 나는 거기 서 있어
여름 공기를 쏘이며 발코니에서
불빛들을 보고, 파티를 보고, 야회복을 보다가
난 너가 관중들을 헤치며 내게로 오는 걸 보아
그리고 안녕이라고 말하지
난 전혀 알지 못했어

조약돌을 던지고 있었던 네가 로미오였어
그리고 나의 아버지는 줄리엣과 헤어지라고 말씀하셨지
그리고 나는 계단에서 울고 있었어
제발 가지 말라고 네게 빌면서
그리고 내가 말했지
로미오, 우리 단둘이 있을 곳으로 날 데려가줘
난 기다릴 게, 하기 위해 남아 있는 것은 오로지 도망치는 것뿐이야
너는 왕자가 될 거고, 나는 공주가 될 거야
그건 사랑 이야기, 그대여 그저 그래라고만 말해줘

그래서 나는 널 만나려고 정원으로 몰래 나가
우리는 조용히 해, 부모님이 아시면 우린 죽을지도 모르기 때문에
그래서 너의 눈을 감아
잠시 동안 이 마을을 탈출하자
아 아 너는 로미오, 나는 주홍글자이기 때문에
그리고 나의 아버지는 줄리엣과 헤어지라고 말씀하셨지
하지만 너는 나에게 전부였어
제발 가지 말라고 네게 빌면서
그리고 내가 말했지
로미오, 우리 단둘이 있을 곳으로 날 데려가줘
난 기다릴 게, 하기 위해 남아 있는 것은 오로지 도망치는 것뿐이야
너는 왕자가 될 거고, 나는 공주가 될 거야
그건 사랑 이야기, 그대여 그저 그래라고만 말해줘
로미오, 날 구해줘 그들이 어떻게 느끼는 지를 나에게 말하려고 해
이 사랑은 어려워, 하지만 그게 사실이야
두려워하지 마
우리는 고난을 이겨낼 거야
그건 사랑 이야기, 그대여 그저 그래라고만 말해줘
아, 아

나는 기다리느라 지쳐있었어
혹시 네가 돌아 올지 않을 지 궁금하게 생각하면서
너에 대한 믿음이 사라지고 있었어
마을 변두리에서 내가 널 만났을 때 나는 말했지
로미오, 날 구해줘 난 그동안 너무 외로웠어
나는 계속 널 기다렸지만 넌 결코 오지 않았어
이게 내 머리에 있는 거니, 난 무슨 생각 하는지도 모르겠어
그는 무릎 꿇고 그리고 반지를 꺼냈지 그리고 말했어
줄리엣 나랑 결혼해줘 넌 결코 혼자 있어서는 안 돼
난 널 사랑해 그리고 그게 내가 알고 있는 전부야
난 네 아버지께 말씀드렸어 가서 하얀 드레스를 입고 나와
그건 사랑 이야기야, 그대여 그저 그래라고만 말해줘
아, 아, 아
아, 아, 아, 아
내가 널 처음 봤을 땐 우리 둘은 너무 어렸기 때문이야

* 영어 발음 제대로 듣거나 말하기

1) 이어지는 소리(연음)의 경우

(1) 약모음 이동

On a, stay away, be alone, It's a, for a, was a, be afraid, coming around, so alone, out a

On a에서 a는 약모음 [ə]가 되어 앞 낱말 끝부분에 가서 붙어 '어너'로 발음된다. It's a, for a, was a와 out a도 마찬가지 경우이다. stay away에서 away의 a는 약모음 [ə]가 되어 앞 낱말 끝부분에 가서 붙어 '스떼이어 웨이'로 발음된다. be alone 에서 alone의 a는 약모음 [ə]가 되어 앞 낱말 끝부분에 가서 붙어 '비어 론'으로 발음된다. be afraid에서 afraid의 a는 약모음 [ə]가 되어 앞 낱말 끝부분에 가서 붙어 '비어 훠레이드'에 가깝게 발음된다. coming around에서 around의 a는 약모음 [ə] 가 되어 앞 낱말 끝부분에 가서 붙어 '커밍어 라운드'로 발음된다. so alone에서 alone의 a는 약모음 [ə]가 되어 앞 낱말 끝부분에 가서 붙어 '소어 론'으로 발음된다.

(2) 자음 이동

when I, did I, And I, make it, faith in, outskirts of, pulled out, love you, that's all

when I에서 when의 자음 n은 뒤에 있는 낱말 앞부분에 가서 붙어 '웨나이'로 발음 된다. did I도 마찬가지 경우이다. And I에서 And의 d는 앞의 콧소리 n을 닮아서 n으로 되었다가 n이 겹쳐서 나오기 때문에 앞의 n이 탈락된다. 따라서 남은 자음 n이 뒤에 있는 낱말 앞부분에 가서 붙어 '앤아이'로 발음된다. make it에서 make의 e는 낱말 끝에 있기 때문에 약화되고 그 앞에 있는 k가 뒤에 있는 낱말 앞부분에 가서 붙어 '메이킷'우로 발음된다. faith in에서 faith의 자음 th가 뒤에 있는 낱말 앞부분 에 가서 붙어 '훼이신'에 가깝게 발음된다.

outskirts of에서 outskirts의 자음 s가 뒤에 있는 낱말 앞부분에 가서 붙어 '아웃스커츠브'로 발음된다. 이 경우 of는 기능어이기 때문에 [əv]나 [ə]로 발음된다. pulled out에서 pulled의 ed 발음 [d]가 뒤에 있는 낱말 앞부분에 가서 붙어 '풀 다웃'으로 발음된다. love you에서 love의 e는 낱말 끝에 있기 때문에 약화되고 그 앞에 있는 v가 뒤에 있는 낱말 앞부분에 가서 붙어 '러뷰'로 발음된다. that's all에서 that's의 자음 s가 뒤에 있는 낱말 앞부분에 가서 붙어 '대졸'에 가깝게 발음된다.

2) 없어지는 소리(탈락)의 경우

first said, and the, simmer, and say, hello, pebbles, And my, daddy, don't go, all, left to, just say, difficult, letter, Don't be, mess, got tired, don't know, what to, knelt to, and pulled, pulled, and said, Marry, and that, really, talked to, first saw

first said에서 first의 t는 자음 r과 said의 자음 s 사이에 놓이기 때문에 탈락되어 '훠스세드'에 가깝게 발음된다. 이와 같이 자음과 자음 사이에 놓이는 여섯 개의 파열음인 철자—k/g, p/b, t/d—가 탈락되는 예로 and say, And my, don't go, just say, Don't be, don't know, and pulled, and said와 first saw가 해당된다.

and the에서 and의 d가 the의 th[ð]와 비슷한 발음이기 때문에 앞에 있는 d가 탈락되어 '앤더'로 발음된다. and that도 마찬가지 경우이다.

simmer에서 mm의 m은 같은 철자이기 때문에 앞의 m이 탈락되어 '시머'로 발음된다. hello, pebbles, daddy, all, left to, difficult, letter, mess, got tired, what to, knelt to, pulled, Marry와 really도 마찬가지 경우이다.

talked to에서 talked의 ed 발음 [t]가 to의 t와 비슷한 발음이기 때문에 앞에 있는 ed가 탈락되어 '토크터'로 발음된다.

3) 닮는 소리(동화)의 경우

(1) 단타음화

standing, party, Little, waiting, letter, out of, tired of, fading

standing에서 d가 강모음과 약모음 사이에 놓이면 단타음(單打音)으로 되어 t도, d도, r도 아닌 발음이 된다. standing은 '스탠링'에 가깝게 발음된다. 이 소리는 한글로 표기할 수 없으며 오직 소리로만 익힐 수밖에 없다. 특히 미국영어(American English)에서 두드러진 현상이다. tired of와 fading도 마찬가지 경우이다.

party에서 t가 강모음과 약모음 사이에 놓이면 단타음(單打音)으로 되어 t도, d도, r도 아닌 발음이 된다. party는 '파리'에 가깝게 발음된다. Little, waiting, letter와 out of도 마찬가지 경우이다.이 소리는 한글로 표기할 수 없으며 오직 소리로만 익힐 수밖에 없다. 특히 미국영어(American English)에서 두드러진 현상이다.

(2) 구개음화

That you, met you, but you

That you에서 That의 t[t]와 you의 y[j]가 합쳐지면 서로 닮아서 [ʧ]로 바뀌어 '대츄'에 가깝게 발음된다. 따라서 이런 현상은 영국영어(British English) 보다 미국영어(American English)에서 자주 나타나는 현상이다. met you와 but you도 마찬가지 경우이다.

4) 줄어진 소리(축약)의 경우

I'm, don't, I'll, there's, You'll, It's, we're, We'll, I've, that's

be 동사의 경우인 I'm, there's, It's, we're와 that's, 부정형인 don't, 도우미동사(조동사)의 경우인 I'll, You'll과 We'll, have 동사의 경우인 I've가 있다. 이 가운데 I'll, You'll과 We'll에서 'll이 한국인이 발음하기에 가장 힘든 예이다.

그 이유는 'll은 will의 줄인 형태인데 'll'이 한국어에 없는 발음으로, 'l'은 혀를 입천장에 붙여서 소리를 내야 하는데, 한국어에는 이렇게 소리를 내는 것이 없기 때문이다.

5) 주의해야 할 발음

when, **st**ay, **st**aircase, some**wh**ere, **can**, **wh**ile, **tr**y, **wh**at, **have to**, **wh**ite

when, some**wh**ere, **wh**ile, **wh**at과 **wh**ite에서 wh~로 시작되는 낱말은 'w' 뒤에 있는 'h'의 소리가 보통 들리지 않는다. 그러니까 when은 '휀'이라기 보다 '웬'에 가깝게, somewhere는 '섬훼어'라기 보다 '섬웨어'에 가깝게, while은 '화일'이라기 보다 '와일'에 가깝게, what은 '홧'이라기 보다 '왓'에 가깝게, white는 '화이트'라기 보다 '와이트'에 가깝게 발음된다. 그러나 사람과 관련된 who, whose와 whom은 예외로 'h' 소리가 그대로 난다.

stay와 **st**aircase에서 s+k/p/t가 되면 된소리에 가깝게 소리가 난다. 대부분 k/p/t가 들어간 낱말은 h가 들어가는 소리를 내게 되는데, s+k/p/t의 경우는 h 소리가 들어가지 않고 된소리에 가깝게 발음된다. 그러니까 stay는 '스떼이'에 가깝게, staircase는 '스떼어캐이스'에 가깝게 발음된다.

can은 can't와 마찬가지로 도우미동사로 기능낱말이기 때문에 약하게 발음한다. 그런데 can't 다음에 자음이 나오기 때문에 탈락되는 경우가 대부분이어서 can은 [kən]으로 can't는 [kæn]으로 발음하기로 약속이 되어 있다. 그런데 can이 문장 가운데 들어가는 경우가 [kən]으로 주로 발음되고 문장의 끝에 들어가는 경우에는 [kæn]으로 발음되는 경우가 대부분이다. can't는 기본적으로 [kæn]으로 발음되면서 can 보다 약간 길게 발음되는 경향이 있다.

try에서 'tr~'의 발음은 '츠'와 '추'의 중간쯤 되는 소리로 '츄'에 가깝게 발음된다. try는 '트라이'이라기 보다 '츄라이'에 가깝게 발음된다.

have to는 '~해야 한다'라는 뜻으로 [hæftə]로 발음한다. 우리가 보통 발음하는 '해브투'가 아닌 '해후터'에 가깝게 발음된다.

* 팝송에 들어 있는 쓸모 있는 영어 표현들

1. see you make your way through the crowd: **make one's (own) way**는 1) '나아가다, 가다'와 2) '출세하다'라는 뜻이다. 이 노래에서는 1)의 뜻으로 쓰이고 있다. 1)의 예문들은 다음과 같다.

He **made his way** to the marketplace.
(그는 시장으로 갔다.)

He made his way to the head of the line.
(그는 줄의 맨 앞을 향해 갔다.)

Do you think he can make his way to No. 1 in 2018?
(그가 이천십팔 년에는 일위에 오를 수 있을 것이라고 생각하십니까?)

2)의 예문들은 다음과 같다.

He **made his way** in life.
(그는 입신출세했다.)

Benjamin Franklin made his way.
(벤자민 프랭클린은 출세했다.)

He wanted to make his own way.
(그는 출세하고 싶어했다.)

2. Little did I know: 이 가사 제일 앞 쪽에 부정어인 Little이 있기 때문에 글의 순서가 바뀌어져 있다. 그러니까 **Little+도우미동사+주어+주동사**의 형태이다. 이와 같은 경우의 예문은 다음과 같다.

Little did I dream of meeting her.
(그녀를 만날 줄은 꿈에도 생각지 못했다.)

Little did I expect my business to do so well.
(사업이 이토록 잘될 줄은 미처 예상하지 못했다.)

Little did I know that this spelled the end of my career.
(이것이 내 경력의 종말을 의미할 줄을 나는 거의 전혀 알지 못했다.)

3. And my daddy said stay away from Juliet: **stay away**는 1) '(~에게) 접근하지[가까이 가지] 않다'와 2) '떨어져 있다. 거리를 두다, 결석하다, 참가하지 않다, 비우다'라는 뜻이다. 이 노래에서는 1)의 뜻으로 쓰이고 있다.

1)의 예문들은 다음과 같다.

Take my advice and **stay away** from him!
(내 말대로 그 사람 주위에 얼씬도 하지 마!)

If I were you, pal, I'd stay away from her!
(이봐, 내가 자네라면 그녀 가까이 가지 않겠어!)

I want you to stay away from my daughter.
(난 자네가 내 딸에게 접근하지 않기를 바래.)

2)의 예문들은 다음과 같다.

Dan, **stay away** from the door!
(댄, 문에서 떨어져 있어.)

You should always stay away from flooded areas.
(당신은 항상 홍수가 난 지역에서 떨어져 있어야 합니다.)

We have to try our best to stay away from mosquitoes.
(모기로부터 벗어나기 위해 최선을 다해야 해.)

4. I'll be waiting all there's left to do is run: **all ~ run**에서 all의 뜻은 '(~한) 오직한 가지[전부]라는 뜻이다. 여기서 all은 '어떤 것이 중요한 오직 한 가지'라는 것을 강조할 때 절 앞에서 쓰인다. 이런 경우 all로서 시작되는 글에서 to 부정사에서 to가 빠진 알몸동사(run)가 나온다. 예문들은 다음과 같다.

All you ever do is **criticize**!
(네가 하는 일이라곤 오로지 흠잡는 것뿐이군!)

All you need to do is complete this form.
(당신이 해야 할 것이라곤 이 양식을 작성하는 것뿐이다.)

All I do is type letters and answer the phone.

(제가 하는 일이라고는 자판을 치고 전화를 받는 것이 전부예요.)

5. So I sneak out to the garden to see you: **sneak out**는 1) '슬쩍 빠져나가다'와 2) '…을[를] 슬쩍 피하다'라는 뜻이다. 예문들은 다음과 같다. 이 노래에서는 1)의 뜻으로 쓰이고 있다.

1)의 예문들은 다음과 같다.

She **sneaked out** of the house that night.

(그날 밤 그녀는 집에서 몰래 빠져 나왔다.)

He sneaked out of the building during the fuss.

(그는 소란을 틈 타 건물을 몰래 빠져나갔다.)

He'd snuck out of the U.S. hotly pursued by the CIA.

(그는 시아이에이가 바싹 뒤쫓는데도 미국을 교묘히 빠져나갔다.)

2)의 예문들은 다음과 같다.

I **sneaked out** of the ball.

(나는 공을 슬쩍 피했다.)

You sneaking out on me, brother?

(동생아, 날 슬쩍 피하는 거야?)

He sneaked out of his responsibility.

(그는 살짝 자기 책임을 회피했다.)

6. Oh, oh cause you were Romeo, I was a scarlet letter: **Romeo**는 윌리엄 셰익스피어의 『로미오와 줄리엣』(Romeo and Juliet)에 나오는 남자 주인공이다. 이 노래에서 연인 사이인 남자를 로미오와 비유하고, 여자를 줄리엣에 비유하여 비극적인 상황을 노래하고 있다.

scarlet letter는 '주홍 글자'라는 뜻이다. 이것은 미국의 작가 나다니엘 호손(Nathaniel Hawthorne)이 1850년 발표한 소설 『주홍 글자』(*The Scarlet Letter*)에서

따온 비유이다. 이 소설에서 젊은 성직자인 아서 딤스데일과 간통한 여자인 헤스터 프린에게 그 벌로써 가슴에 간음을 뜻하는 'adultery'의 머리글자인 'A'를 주홍색으로 달아 주었던 것을 이르는 말로서 죄를 지은 대가로 달고 있는 것이라고 볼 수 있다. 이런 주홍 글자를 자신들의 상황에 비유하고 있다. 참고로 『주홍 글씨』를 『주홍 글자』로 옮긴 것은 글씨는 복수형인 뉘앙스를 갖고 있고, 글자는 단수이기 때문이다.

7. We'll make it out of this mess: **make it out of this mess**는 make it과 out of this mess로 나누어 설명할 수 있다. **make it**은 1) '(자기 분야에서) 성공하다', 2) '(어떤 곳에 간신히) 시간 맞춰 가다', 3) '(모임 등에) 가다[참석하다]', 4) '(바라던 일을) 이룩하다, 성공하다, 해내다'와 5) '(이성과) 관계하다'라는 뜻으로 쓰인다. 이 노래에서 는 4)의 뜻으로 쓰이고 있다.

1)의 예문들은 다음과 같다.

He never really **made it** as an actor.
(그는 배우로서 결코 진정한 성공은 거두지 못했다.)

Once he learns the rope, he'll make it big.
(일단 요령을 터득하면, 그 사람 크게 성공할 거야.)

How do you know she'll make it as a singer?
(어째서 그녀가 가수로 성공할 거라 생각하는 거니?)

2)의 예문들은 다음과 같다.

Did you **make it** to your destination?
(자네가 목적지까지 잘 도착했어?)

I don't want to make it too early for you.
(나는 당신한테 너무 이른 시간으로 약속을 정하고 싶지 않습니다.)

Well, if traffic isn't too bad, I think we can make it.
(글쎄요, 차가 많이 막히지 않으면 저가 제 시간에 도착할 수 있을 겁니다.)

3)의 예문들은 다음과 같다.

OK. Let's **make it** ten to eight then.

(그래. 그럼 여덟 시 십 분전에 만나기로 하자.)

Something unexpected came up and I didn't make it.

(예상치 못한 일이 생겨서 나는 가지 못했다.)

Can you make it over to my place as fast as possible?

(저의 집으로 되도록 빨리 와주시겠어요?)

4)의 예문들은 다음과 같다.

I don't think I can **make it** by six.

(여섯 시까지는 내가 그걸 못 해낼 것 같습니다.)

I'm terribly sorry I couldn't make it.

(제가 해 내지 못해서 정말 죄송스럽습니다.)

Make it your business to finish the work by tomorrow.

(내일까지 책임지고 일을 마쳐라.)

5)의 예문들은 다음과 같다.

Well, fine, but **make it** quick.

(글쎄. 좋아. 하지만 빨리합시다.)

Whatever you do, make it fun.

(어떤 방식을 택하든지 간에 즐겁게 하세요.)

He's never gonna, gonna make it with you.

(그는 당신을 절대, 절대 사랑하지 않을 거예요.)

8. I got tired of waiting: **get tired of**는 '권태를 느끼다, 싫증이 나다, 지겨워하다'라는 뜻이다. 예문들은 다음과 같다.

I'm **getting tired of** your nagging me all the time.

(당신이 언제나 나한테 잔소리를 퍼붓는데 진절머리가 나.)

The Beatles - I never get tired of listening to them.

(비틀즈, 나는 그들의 음악을 들으며 싫증난 적이 한 번도 없었다.)

The public is certainly getting tired of hearing about it.

(대중은 확실히 그것에 대해 듣는 걸 지겨워하고 있다.)

9. Wondering if you were ever coming around: **wonder if**는 '~여부를 궁금해하다'라는 뜻이다. 동사 wonder 다음의 if는 '(가정적 조건을 나타내어) (만약) …면'이란 뜻이 아니라 '…인지 아닌지, …인지 어떤지'(=whether)라는 뜻으로 명사절(목적절)로서 간접 의문문을 이끈다. 이런 경우는 if 앞에 있는 동사가 wonder 뿐만 아니라 ask, doubt, know, learn, see와 try 등인데, ask, doubt, know와 wonder 동사가 자주 쓰인다. 예문들은 다음과 같다.

Goodness, I **wonder if** he knows.

(저런! 그가 아는지 모르겠네.)

I was just wondering if you could help me.

(혹시 절 좀 도와주실 수 있지 않나요?)

He wondered if perhaps he was getting old and losing his grip.

(그는 자기가 나이가 들고 자신감을 잃어가고 있지 않나 생각했다.)

I'll **ask if** it's all right to park here.

(여기에 주차를 해도 괜찮은지 물어 볼게.)

I don't know if he's a teacher or what.

(그가 교사인지 뭔지 난 몰라.)

I doubt whether/if the new one will be any better.

(나에게 새 것이 조금이라도 더 나을지는 의문이다.)

come around는 1) '다시 의식을 차리다[정신이 돌아오다], 건강을 회복하다' 2) '돌아오다', 3) '여기저기 돌아다니다', 4) '(정기적으로) 돌아오다', 5) '(기분·의견을) 바꾸다, 동조하다, 토론 등을 결말짓다, 화해하다'와 6) '(누구의 집에) 오다[가다]'라는 뜻이다. 이 노래에서는 2)의 뜻으로 쓰이고 있다.

1)의 예문들은 다음과 같다.

When I **came around** I was on the kitchen floor.

(의식을 차렸을 때 나는 부엌 바닥에 누워있었다.)

I began to come around and realize what I had done.

(나는 제정신이 들어 내가 무슨 짓을 저질렀는지 깨닫기 시작했다.)

Your mother hasn't yet come round from the anaesthetic.

(당신 어머니께서 아직 마취에서 안 깨어나셨습니다.)

2)의 예문들은 다음과 같다.

Come around to the kitchen.

(부엌 쪽으로 돌아서 와라.)

The bus came around the bend.

(버스가 커브 길을 돌아 나왔다.)

I've recently returned from the United States

(나는 얼마 전에 미국에서 돌아왔다.)

3)의 예문들은 다음과 같다.

The janitor **comes around** to turn the lights out.

(수위가 돌아다니며 불을 끈다.)

4)의 예문들은 다음과 같다.

Christmas has **come around** again.

(크리스마스가 다시 돌아왔다.)

Yep, what comes around goes around!

(맞아, 남에게 잘못한 만큼 자신에게 돌아오는 법이지.)

My birthday seems to come around quicker every year.

(내 생일이 해가 갈수록 더 빨리 돌아오는 것 같다.)

5)의 예문들은 다음과 같다.

He'll never **come round** to our way of thinking.

(그는 절대 우리의 사고방식을 바꿔 놓지 못할 것이다.)

He will finally come around to my point of view.

(결국 내 관점에 동조할거다.)

It looks like they're coming around to our way of thinking.

(그들이 드디어 우리의 사고방식 쪽으로 마음을 돌리는 것 같다.)

6)의 예문들은 다음과 같다.

Can I **come around**?

(제가 그 쪽으로 갈까요?)

Please come around to visit next week?

(다음 주에 한 번 놀러오지 그래?)

Do come around and see us some time.

(언제 저희 집에 꼭 한 번 오세요.)

10. My faith in you was fading: **My faith in you**에서 ~에 대한 믿음이나 신념을 나타내는 명사 다음 그리고 믿는다는 동사 다음에는 경우에는 전치사 in이 된다. 예문들은 다음과 같다.

I have **belief in** a life after death.

(나는 죽음 이후의 삶을 믿는다.)

I admire his passionate belief in what he is doing.

(자기가 하는 일에 대한 그의 열정적인 신념이 나는 존경스럽다.)

The Greeks accepted belief in the immortality of the soul.

(그리스인들은 영혼 불멸의 믿음을 받아들였다.)

I don't **believe in** hitting children.

(나는 아이를 때리는 것을 좋지 않게 생각한다.)

Do you **believe in** a cosmic plan?

(우주를 지배하는 절대적인 힘이란 게 있다고 믿니?)

Don't you believe in equality between men and women?

(당신은 남녀평등이라는 것을 믿지 않나요?)

11. I keep waiting for you but you never come: **keep waiting**은 **keep+동명사(-ing)** 의 형태이다. keep 동명사는 '계속해서 –하다, -를[을] 계속하다'라는 뜻인데, keep on 동명사도 같은 뜻이다. 아마도 keep on 동명사는 keep 동명사 보다 오래된 표현일 것 같은 생각이 든다. 그렇게 쓰다가 on을 생략한 것이 아닐까 추측해 본다. 예문들은 다음과 같다.

Keep going like that—you're doing fine.

(계속 그렇게 해. 잘하고 있어.)

You just have to keep yourself busy and **keep going**.

(그저 스스로 바쁘게 지내면서 계속 살아가야 한다.)

She kept repeating his name softly over and over again.

(그녀는 계속 반복해서 그의 이름을 부드럽게 읊조렸다.)

wait for는 '…를[을] 기다리다'라는 뜻이다. 예문들은 다음과 같다.

The children can't **wait for** Christmas to come.

(아이들은 어서 크리스마스가 되기를 바라고 있다.)

I walk to a street corner and wait for the school bus.

(나는 거리 모퉁이로 걸어가서 학교 버스를 기다린다.)

The manager will be free soon—you can wait for her here.

(매니저님이 곧 시간이 날 겁니다. 여기서 (그 분을) 기다리세요.)

12. He knelt to the ground and pulled out a ring and said: **kneel to**가 '…에 무릎을 꿇다, …을[를] 예배하다, …에게 간청하다'라는 뜻이 되는데, 이 노래에서는 '…에 무릎을 꿇다'라는 뜻으로 쓰이고 있다.

pull out는 1) '~을[를] 꺼내다', 2) '옆으로 빠져나가다[나오다]', 3) '떠나다[출발하다]' 와 4) '~을[를] (~에서) 떼어 내다[철수시키다]'라는 뜻이다. 이 노래에서는 1)의 뜻으로 쓰이고 있다.

1)의 예문들은 다음과 같다.

Pull the plug **out**.

(플러그를 뽑아라.)

I get some gray hairs but I pull them out.

(나는 흰머리가 몇 가닥 있지만 뽑아 버린다.)

I like the pop you get when you pull out a cork.

(나는 네가 코르크를 뽑을 때 들리는 뻥 하는 소리가 좋아.)

2)의 예문들은 다음과 같다.

He **pulled out** to overtake a truck.

(그가 옆으로 끼어들며 그 트럭을 추월했다.)

A car suddenly pulled out in front of me.

(내 앞에서 승용차 한 대가 갑자기 옆으로 빠져나갔다.)

This lunatic in a white van pulled out right in front of me!

(하얀 밴을 탄 이 미치광이가 바로 내 앞으로 끼어드는 거야!)

3)의 예문들은 다음과 같다.

The car is **pulling out** into traffic.

(차가 차량들 속으로 진입하고 있다.)

A car pulled out and streaked off down the road.

(승용차 한 대가 출발해서 길 아래로 쏜살같이 달려갔다.)

That damn taxi driver pulled out while the light was still blinking.

(그 몹쓸 택시 운전사가 신호등이 깜빡거리는데도 차를 출발했어.)

4)의 예문들은 다음과 같다.

The World Bank should **pull out** of the project.

(세계은행은 그 사업에서 손을 떼야 한다.)

They are pulling their troops out of the war zone.

(그들은 그 전쟁 지역에서 군대를 철수시키고 있다.)

The project became so expensive that we had to pull out.

(그 사업은 비용이 너무 많이 들어서 우리가 손을 떼야 했다.)

13. I talked to your dad, go pick out a white dress: **go pick out**는 go and pick out인데, go 동사가 한정된 동사와 결합하는 경우에는 and를 생략하고 붙여 쓴다. 예문들은 다음과 같다. 이런 동사에는 hear, let과 make 등이 있다.

I want to **go see** her sometime soon.

(나는 조만간 그녀를 보러 가고 싶어.)

Let's go get some dinner. I need a break.

(나가서 저녁 먹죠. 좀 쉬어야겠어요.)

I've always had to go fetch the latest version.

(나는 항상 최신판을 가지러 가야 했다.)

기억할 만한 영어 문장

1. I got tired of waiting.

   (나는 기다리느라 지쳐있었어.)

2. Take me somewhere we can be alone.

   (우리 단둘이 있을 곳으로 나를 데려가줘.)

3. I love you and that's all I really know.

   (나는 너를 사랑해 그리고 그게 내가 알고 있는 전부야.)

* 팝송 에세이

윌리엄 셰익스피어(William Shakespeare)의 『로미오와 줄리엣』 그리고 나다니엘 호손의 『주홍글씨』의 일부분만 끌어들인 이 노래는 사랑 이야기로는 독특한 내용 연결이 되고 있다. 집안의 반대에 부딪친 젊은 두 사람의 비극적 사랑 이야기가 슬며시 이 노래에 끼어들고 있고, 간음의 징표인 'A'를 달고 있는 헤스트 프린의 이야기를 통해 이미 죄를 지은 것으로 인정받고 있는 것을 노래의 밑바탕에 깔고 있다. 그렇지만 연결이 너무 느슨하여 연결 효과에 대해서는 사실 미미하다고 볼 수 있다. 어쨌든 사랑하는 당사자의 의사와 상관이 없이 사랑하는 과정에서 일어날 수 있다는 갈등이라는 점에서는 이 두 작품인 희곡과 소설을 참고할 만하다.

사랑은 사랑을 속삭이는 두 사람의 이야기이어야 한다. 결혼도 결혼할 사람들의 자유의사가 중요하듯이 하물며 사랑 이야기도 사랑하는 두 사람의 이야기가 전부이어야 한다. 그렇지만 일상에서는 그렇지 않기 때문에 자유의사에 관계없이 부모가 간섭하고 부모의 반대에 부딪치는 경우에 그 어려운 상황을 헤쳐 나가야 되는 책무 또한 사랑하는 사람들의 몫이다. 일단 반대하고 있는 장소를 피하기 위해 도망을 가야하고 도피한 곳에서 자신들만의 세계를 만들어 왕자가 되고 공주가 되어 사랑의 왕국을 만들어야 할 것이다. 도피하기 전이나 도피한 후에도 그들에게 닥친 고난을 그들 스스로 이겨내야 사랑의 열매를 맺을 수 있는 것이다. 그들이 원하는 목적을 달성하려면 시간도 필요하고 그동안 지치기도 했지만 결국 사랑의 결실을 맺게 되는 해피 엔딩의 사랑 이야기인 것이다.

사랑의 시작은 사랑하는 사람들의 만남을 통해 이루어지고, 사랑이 진행되는 과정에서 도움말을 줄 수 있는 것은 부모일지 모르지만, 사랑하는 모습을 가까이서 관심을 갖고 지켜보면서 격려해 줄 수 있는 역할 또한 부모가 할 일이 될 지도 모른다. 부모와 자식의 관계이긴 하지만 많은 경우 문화 차이로 인해 오해가 일어날 수 있기 때문에 각자 이해하려는 마음 준비가 필요할 것이다. 사랑은 축복의 산물이지 간섭의 산물이 아니기 때문이다.

★ 덧붙이는 글 ★

이 노래 첫째 연의 첫 번째 줄의 어린 시절 회상이 있고 난 후 두 번째 줄부터 시제가 현재로 진행되고 있다. 이것은 회상 장면을 지금 일어나고 있는 듯이 묘사하기 위한 독특한 표현 방법이다. 그리고 첫째 연의 마지막 줄은 과거 시제로 되면서 과거 현재시제로 생생하게 묘사된 부분 현재로 첫째 연은 구성되어 있다.

For All Of My Life

Sung by MYMP

Come and lay here beside me
I'll tell you how I feel
There's a secret inside me
I'm ready to reveal

To have you close, embrace your heart
With my love over and over
These are things that I promise
My promise to you

For all of my life
You are the one
I will love you faithfully forever
All of my life
You are the one
I'll give to you my greatest love
For all of my life
Ooohhh
Yeahhh

Let me lay down beside you
There's something you should know
I pray that you decide to
Open your heart and let me show
Enchanted worlds of fairy tales
A wonderland of love
These are things that I promise
My promise to you

For all of my life

You are the one
I will love you faithfully forever
All of my life
You are the one
I'll give to you my greatest love

For all of my life
All of my life
All of my heart
These are things that I promise

For all of my life
You are the one
I will love you faithfully forever
All of my life
You are the one
I'll give to you my greatest love

For all of my life
You are the one
I will love you faithfully forever
For all of my life
You are the one
I'll give to you my greatest love

For all of my life

내 평생 동안

엠와이엠티의 노래

와서 여기 내 옆에 누워
내가 어떤 기분인지 이야기 해 줄 게
내 안에 비밀이 있어
난 말해 줄 준비가 되어 있어

널 가까이 오게 해서, 너의 마음을 안을 거야
내 사랑으로 반복해서
이것들은 내가 약속하는 것들이야
너에 대한 내 약속

내 평생 동안
너는 그런 사람이야
내가 충실히 영원히 너를 사랑할 거야
내 모든 삶을
너는 그런 사람이야
난 나의 위대한 사랑을 너한테 줄 거야
내 평생 동안
아 아
그래

내가 네 옆에 누울 수 있게 해줘
네가 알아야 할 무언가가 있어
나는 네가 결정하길 기도해
너의 마음을 열고 내가 볼 수 있게
동화 속 마법에 걸린 세상을
이상한 나라의 사랑을
이것들은 내가 약속하는 것들이야
너에 대한 내 약속

내 평생 동안
너는 그런 사람이야
내가 충실히 영원히 너를 사랑할 거야
내 모든 삶을
너는 그런 사람이야
난 나의 위대한 사랑을 너한테 줄 거야

내 평생 동안

모든 삶을
모든 마음을
이것들은 내가 약속하는 것들이야

내 평생 동안
너는 그런 사람이야
내가 충실히 영원히 너를 사랑할 거야
내 모든 삶을
너는 그런 사람이야
난 나의 위대한 사랑을 너한테 줄 거야

내 평생 동안
너는 그런 사람이야
내가 충실히 영원히 너를 사랑할 거야
내 모든 삶을
너는 그런 사람이야
내가 나의 위대한 사랑을 너한테 줄 거야

내 평생 동안

* 영어 발음 제대로 듣거나 말하기

1) 이어지는 소리(연음)의 경우

(1) 약모음 이동

There's a

There's a에서 a는 약모음 [ə]가 되어 앞 낱말 끝부분에 가서 붙어 '데어저'에 가깝게 발음된다.

(2) 자음 이동

over and, these are, all of, love you, wonderland of

over and에서 over의 자음 r이 뒤에 있는 낱말 앞부분에 가서 붙어 '오버랜'으로 발음된다. these are에서 these의 e는 낱말 끝에 있기 때문에 약화되고 그 앞에 있는 s가 뒤에 있는 낱말 앞부분에 가서 붙어 '디자'에 가깝게 발음된다. all of에서 all의 자음 ll이 뒤에 있는 낱말 앞부분에 가서 붙어 '오러브'로 발음된다. 이 경우 of는 기능어이기 때문에 [əv]나 [ə]로 발음된다. wonderland of도 마찬가지 경우이다. love you에서 love의 e는 낱말 끝에 있기 때문에 약화되고 그 앞에 있는 v가 뒤에 있는 낱말 앞부분에 가서 붙어 '러뷰'로 발음된다.

2) 없어지는 소리(탈락)의 경우

and lay, tell, faithfully, greatest love, should know, Enchanted worlds, worlds

and lay에서 and의 d는 자음 n과 lay의 자음 l 사이에 놓이기 때문에 탈락되어 '앤레이'로 발음된다. 이와 같이 자음과 자음 사이에 놓이는 여섯 개의 파열음인 철자—k/g, p/b, t/d—가 탈락되는 예로 greatest love, should know와 worlds가 해당된다.

tell에서 ll의 l은 같은 철자이기 때문에 앞의 l이 탈락되어 '텔'로 발음된다. faithfully도 마찬가지 경우이다.

Enchanted world에서 Enchanted의 ed 발음 [id] 가운데 바로 앞의 i는 약음화 되어 그 앞의 자음 t와 world의 자음 w 사이에 놓이게 때문에 탈락되어 '인챈트 월드'로 발음된다. 이것은 자음과 자음 사이에 놓이는 여섯 개의 파열음인 철자—k/g, p/b, t/d—또는 이와 같은 발음이 탈락되는 예의 경우이다.

3) 닮는 소리(동화)의 경우

(1) 역행동화

Let me

Let me에서 Let의 t는 바로 뒤에 나온 me의 m을 닮아 t가 m으로 바뀌어 Lemme로 표기하기도 하지만, 발음은 대부분 '레미'로 발음된다.

4) 줄어진 소리(축약)의 경우

I'**ll**, There'**s**, I'**m**

도우미동사(조동사)의 경우인 I'**ll**, be 동사의 경우인 There'**s**와 I'**m**이 있다. 이 가운데 I'**ll**에서 'll이 한국인이 발음하기에 가장 힘든 예이다. 그 이유는 'll은 will의 줄인 형태인데 'll'이 한국어에 없는 발음으로, 'l'은 혀를 입천장에 붙여서 소리를 내야 하는데, 한국어에는 이렇게 소리를 내는 것이 없기 때문이다.

* 팝송에 들어 있는 쓸모 있는 영어 표현들

1. Come and lay here beside me: **lay**는 자동사와 타동사로 쓰인다. 자동사 현재 **li**e는 '누워 있다, 눕다, (사물이) 놓여 있다, 펼쳐져 있다 등'이란 뜻이다. 그리고 자동사 현재 lie는 이런 뜻 이외에 '거짓말하다'라는 뜻으로도 쓰인다. lie의 과거는 lay이다. 그리고 타동사 **lay**는 '(특히 살며시 조심스럽게) 놓다[두다], 깔다[널다], 눕히다. (알을) 놓다 등'라는 뜻인데, 타동사는 목적어와 함께 쓰인다. 따라서 이

노래 가사 lay는 잘못되어 있다. 노래에서는 '눕다'라는 자동사로서 쓰이기 때문에 lay가 될 수 없고 lie로 바뀌어야 한다.

자동사 **lie**의 예문들은 다음과 같다.

She **lies** about her age.

(그녀는 자기 나이에 대해 거짓말을 하고 있다.)

A carton of milk lay on its side.

(우유 한 곽이 옆으로 넘어져 있었다.)

Lie down on your bed and make yourself comfortable.

(침대에 편안하게 누우세요.)

타동사 **lay**의 예문들은 다음과 같다.

Lay a sheet of newspaper on the floor.

(바닥에 신문지 한 장을 깔아라.)

She carefully laid the baby on the bed.

(그녀는 아기를 조심스럽게 침대에 눕혔다.)

The fish lay thousands of eggs at one time.

(그 물고기는 한 번에 수천 개의 알을 낳는다.)

2. I'm ready to reveal: **be ready[willing] to**는 '…할 준비가 되어 있다, …하기를 불사하다'라는 뜻이다. 예문들은 다음과 같다.

I **am ready to** do it.

(그것을 할 준비가 되어 있다.)

I'm ready to make a deal.

(전 협상할 준비가 됐습니다.)

I guess we're ready to order.

(이제 저가 주문할 게요.)

3. With my love over and over: **over and over**는 '여러 번 되풀이하여[거듭거듭], 반복해서'라는 뜻이다. 예문들은 다음과 같다.

He keeps annoying me **over and over**.

(그는 계속 반복해서 나를 귀찮게 한다.)

I've told you over and over again not to do that.

(내가 네게 그러지 말라고 몇 번이나 반복해서 말했잖아.)

The car skidded off the road and rolled over and over.

(그 차가 미끄러지면서 도로를 벗어나 뒤집히면서 여러 번 굴렀다.)

4. For all of my life: for all of my life는 글자 그대로 '내 전 삶 동안'이란 뜻이지만 일반적으로 '내 평생 동안' 또는 '내 일생 동안'이라고 옮겨도 될 것이다. **all of one's life**의 예문들은 다음과 같다.

He has been in and out of jail **all his life**.

(그는 평생 감옥을 들락거렸다.)

That man has been in farming all of his life.

(그 남자는 평생 농사를 지었다.)

He had a goal to work in the Army for all of his life.

(그는 군인을 평생 직업으로 삼을 계획이었다.)

5. You are the one: the one은 특정한 사람이나 사물을 뜻하는 경우에 쓰인다. 그런데 **one**은 불특정한 사람이나 사물을 뜻한다. 예문들은 다음과 같다.

He was **the one** who lived here originally.

(그는 여기에 처음 살았던 사람이었다.)

Are you the one I spoke with a short time ago?

(조금 전에 저와 통화 하셨던 분이죠?)

I like your interpretation better than the one I was taught.

(내가 배운 것보다 당신의 해석이 더 마음에 든다.)

One with the law is a majority.

(법과 함께 하는 자가 다수이다.)

No one matches him in English.

(영어에서 그와 견줄 만한 사람은 없다.)

One ought to pay what one owes.

(빚진 것을 갚는 것은 당연하다.)

6. Let me lay down beside you: **Let me lay begin**에서 let 다음에 목적어(me)가 나오고 그 뒤에 to 부정사가 나와야 하는데 let가 허용이나 허락을 하는 경우 알몸동사(원형 동사; bare infinitive)가 쓰여 to lay가 아니라 lay로 된다. 몇 줄 밑에 나오는 가사 Open your heart and let me show에서 let me show도 마찬가지 경우이다.

기억할 만한 영어 문장

1. There's a secret inside me.

   (내 안에 비밀이 있어.)

2. I'll give to you my greatest love.

   (나는 나의 위대한 사랑을 너한테 줄 거야.)

3. Open your heart and let me show.

   (너의 마음을 열고 내가 볼 수 있게.)

* 팝송 에세이

수많은 사람들 가운데 어느 누군가를 선택해야 하는 것이 사랑의 시작을 알리는 첫 발걸음이다. 평생 동안 사랑할 대상도 우연이든 필연이든 누군가를 선택하면서 관계가 맺어진다. 이런 관계가 발전되기 위해서 기본적으로 갖고 있어야 할 덕목은 상대방에 대한 존중과 진솔한 마음가짐일 것이다. 상대방을 온전한 인격체로 인정하고 존중하면서 서로 진솔한 대화를 나눌 수 있을 때 사랑의 진로 방향은 올바르게 나아가는 것이다. 이런 경우 마음 깊숙한 곳에 자리를 잡고 있는 것이 솔직함과 정직함일 것이다. 이런 솔직함과 정직함이 인간관계에 있어서 든든한 기초가 되면 약간의 의견 차이나 갈등이 생길지라도 제대로 극복해 나갈 수 있을 것이다.

그렇지만 사람들은 기본 덕목을 알고 있으면서도 의식적이든 무의식적이든 자신의 욕구를 실현하고 욕망을 추구하려는 본능에 가까운 잠재의식이 있게 마련이다. 이런 요소들이 잠재되어 있기 때문에 슬며시 자신에게 나타나게 되면 기본이 무엇인가에 대한 비판적 성찰이 필요하다. 이런 태도가 갖추어 지고 나면 자연스럽게 만남을 통해 함께 있게 되고 가까이 있게 되고 자신의 내부에 있는 비밀을 털어놓을 수 있게 되는 것이다. 상대방의 마음을 기꺼이 안을 수 있다면 그건 이미 자기 자신을 초월하는 경우이거나 자신을 내려놓은 경우일 것이다. 초월하든 내려놓든 상대방에 대한 존중과 배려를 하게 되면 자신이 갖고 있는 위대한 사랑의 감정을 기꺼이 주게 되는 것이다. 일시적이 아닌 오랜 동안 아니 평생 동안 자신의 마음을 드러냄으로써 상대방의 마음을 동시에 열어 보이는 것이다. 열린 마음은 옳고 그름에 대한 판단에 수긍하고 올바른 결과에 순응할 수 있는 것이다. 위대한 사랑을 다 주게 되면 그 사랑만이 아닌 자신의 모든 삶마저 기꺼이 내어 놓고 싶은 마음을 갖게 되는 것이다. 보이지 않는 마음이지만 진지한 마음으로 상대방을 대하고, 진실된 이야기를 자신의 마음에서 끄집어내고, 진솔한 이야기로 사랑의 시간을 꾸려간다면 그 사랑은 아름다울 것이고 위대할 것이고 감동적일 것이다. 마음의 문은 필요할 때 활짝 열게 되면 그 마음이 상대방에게 온전히 그대로 전달될 것이다.

I Believe I Can Fly

Sung by R. Kelly

I used to think that I could not go on
And life was nothing but an awful song
But now I know the meaning of true love
I'm leaning on the everlasting arms

If I can see it then I can do it
If I just believe it there's nothing to it

I believe I can fly
I believe I can touch the sky
I think about it every night and day
Spread my wings and fly away
I believe I can soar
I see me running through that open door

I believe I can fly
I believe I can fly
I believe I can fly

See I was on the verge of breaking down
Sometimes silence it can seem so loud
There are miracles in life I must achieve
But first I know it starts inside of me oh

If i can see it then I can do it
If I just believe it there's nothing to it

I believe I can fly
I believe I can touch the sky
I think about it every night and day

Spread my wings and fly away
I believe I can soar
I see me running through that open door

I believe I can fly
I believe I can fly
I believe I can fly

Hey cuz I believe in me oh

If I can see it then I can do it
If I just believe it there's nothing to it

I believe I can fly
I believe I can touch the sky
I think about it every night and day
Spread my wings and fly away
I believe I can soar
I see me running through that open door

I believe I can fly
I believe I can fly
I believe I can fly
If I just spread my wings

I can fly(I can fly)
I can fly(I can fly)
I can fly hey(I can fly)
If I just spread my wings(I can fly)
I can fly(I can fly, I can fly)
Woooo I can fly
Hmmmmm... fly, fly, fly

난 날 수 있다고 믿어요

알 켈리의 노래

나는 내가 해낼 수 없을 거라고 생각하곤 했어요
그리고 인생은 형편없는 노래였어요
하지만 이제 나는 진정한 사랑의 의미를 알아요
나는 영원한 무기에 의지하고 있어요

내가 그걸 볼 수 있다면, 난 그걸 할 수 있어요
내가 단지 그것을 믿기만 한다면 그기엔 대해 아무 것도 없어요

난 내가 날 수 있다는 걸 믿어요
난 하늘까지 닿을 수 있다는 걸 믿어요
난 매일매일 그것에 대해 생각해요
내 날개를 활짝 펴고 멀리 날아가요.
나는 내가 높이 날아오를 수 있다는 걸 믿어요.
나는 내가 그 열린 문을 통해 달려가는 모습을 바라보아요

난 내가 날 수 있다는 걸 믿어요.
난 내가 날 수 있다는 걸 믿어요.
난 내가 날 수 있다는 걸 믿어요.

내가 막 무너져 내리려 했던 순간을 보세요
가끔 침묵조차도 너무 큰 소리로 느껴지는 것 같아요
인생에는 내가 꼭 이루어내야만 하는 기적들이 있어요
하지만 먼저 내 안에서부터 시작해야 한다는 걸 난 알아요 아

내가 그걸 볼 수 있다면, 난 그걸 할 수 있어요
내가 단지 그것을 믿기만 한다면 그기엔 아무 것도 없어요

난 내가 날 수 있다는 걸 믿어요
난 하늘까지 닿을 수 있다는 걸 믿어요
난 매일매일 그것에 대해 생각해요
내 날개를 활짝 펴고 멀리 날아가요.
나는 내가 높이 날아오를 수 있다는 걸 믿어요.
나는 내가 그 열린 문을 통해 달려가는 모습을 바라보아요

나는 내가 날 수 있다는 걸 믿어요
나는 내가 날 수 있다는 걸 믿어요
나는 내가 날 수 있다는 걸 믿어요

이봐요 나를 믿기 때문이지요

내가 그걸 볼 수 있다면, 닌 그걸 할 수 있어요
내가 단지 그것을 믿기만 한다면 그기엔 아무 것도 없어요

난 내가 날 수 있다는 걸 믿어요
난 하늘까지 닿을 수 있다는 걸 믿어요
난 매일매일 그것에 대해 생각해요
내 날개를 활짝 펴고 멀리 날아가요.
나는 내가 높이 날아오를 수 있다는 걸 믿어요.
나는 내가 그 열린 문을 통해 달려가는 모습을 바라보아요

나는 내가 날 수 있다는 걸 믿어요
나는 내가 날 수 있다는 걸 믿어요
나는 내가 날 수 있다는 걸 믿어요
내가 단지 내 날개를 활짝 펼 수만 있디면

난 날 수 있어요(난 날 수 있어요)
난 날 수 있어요(난 날 수 있어요)
이봐요 난 날 수 있어요(난 날 수 있어요)
내가 내 날개를 활짝 펼 수만 있다면(난 날 수 있어요)
난 날 수 있어요(난 날 수 있어요, 난 날 수 있어요).
우... 난 날 수 있어요
음... 날아요, 날아요, 날아요

* 영어 발음 제대로 듣거나 말하기

1) 이어지는 소리(연음)의 경우

(1) 약모음 이동

But an, think about, fly away

But an에서 an의 a는 약모음 [ə]가 되어 앞 낱말 끝부분에 가서 붙어 '버런'에 가깝게 발음된다. think about에서 about의 a는 약모음 [ə]가 되어 앞 낱말 끝부분에 가서 붙어 '싱커 바웃'에 가깝게 발음된다. fly away에서 away의 a는 약모음 [ə]가 되어 앞 낱말 끝부분에 가서 붙어 '훠라이어 웨이'에 가깝게 발음된다.

(2) 자음 이동

If I, then I, believe it, wings and, was on, verge of, miracles in, inside of, believe in

If I에서 If의 자음 f가 뒤에 있는 낱말 앞부분에 가서 붙어 '이화이'에 가깝게 발음된다. then I도 마찬가지 경우이다. believe it에서 believe의 자음 s가 뒤에 있는 낱말 앞부분에 가서 붙어 '비리빗'으로 발음된다. wings and에서 wings의 자음 s가 뒤에 있는 낱말 앞부분에 가서 붙어 '윙잰'으로 발음된다. was on에서 was의 자음 s가 뒤에 있는 낱말 앞부분에 가서 붙어 '워전'으로 발음된다. verge of에서 verge의 e는 낱말 끝에 있기 때문에 약화되고 그 앞에 있는 g가 뒤에 있는 낱말 앞부분에 가서 붙어 '버저브'로 발음된다. 이 경우 of는 기능어이기 때문에 [əv]나 [ə]로 발음된다. miracles in에서 miracles의 자음 s가 뒤에 있는 낱말 앞부분에 가서 붙어 '미러컬진'으로 발음된다. believe in도 마찬가지 경우이다. inside of에서 inside의 e는 낱말 끝에 있기 때문에 약화되고 그 앞에 있는 s가 뒤에 있는 낱말 앞부분에 가서 붙어 '인사이더브'로 발음된다.

2) 없어지는 소리(탈락)의 경우

And life, But now, just believe, and day, must achieve, But first

And life에서 And의 d는 자음 n과 life의 자음 l 사이에 놓이기 때문에 탈락되어 '앤라이훠'에 가깝게 발음된다. 이와 같이 자음과 자음 사이에 놓이는 여섯 개의 파열음인 철자—k/g, p/b, t/d—가 탈락되는 예로 But now, just believe, must achieve와 But first도 마찬가지 경우이다.

and day에서 and의 d와 day의 d는 같은 철자이기 때문에 앞의 d가 탈락되어 '앤데이'로 발음된다.

3) 닮는 소리(동화)의 경우

(1) 단타음화

But an

But an에서 t가 강모음과 약모음 사이에 놓이면 단타음(單打音)으로 되어 t도, d도, r도 아닌 발음이 된다. But an은 '버런'에 가깝게 발음된다. 이 소리는 한글로 표기할 수 없으며 오직 소리로만 익힐 수밖에 없다. 특히 미국영어(American English)에서 두드러진 현상이다.

4) 줄어진 소리(축약)의 경우

I'm, there's

be 동사의 경우인 I'm과 there's가 있다.

5) 주의해야 할 발음

used to, **tr**ue, **can**, **sk**y

used to는 '~하곤 했다'라는 뜻으로 과거에 규칙적으로 이루어진 행위를 나타낼 때 쓰인다. 그런데 이것의 발음은 '유스터 투'가 아니라 [justə]인 '여스터'에 가깝게 들린다.

true에서 'tr~'의 발음은 '츠'와 '추'의 중간쯤 되는 소리로 '츄'에 가깝게 발음 된다. true는 '트루'라기 보다 '츄루'에 가깝게 발음된다.

can은 can't와 마찬가지로 도우미동사로 기능낱말이기 때문에 약하게 발음한다. 그런데 can't 다음에 자음이 나오기 때문에 탈락되는 경우가 대부분이어서 can은 [kən]으로 can't는 [kæn]으로 발음하기로 약속이 되어 있다. 그런데 can이 문장 가운데 들어가는 경우가 [kən]으로 주로 발음되고 문장의 끝에 들어가는 경우에는 [kæn]으로 발음되는 경우가 대부분이다. can't는 기본적으로 [kæn]으로 발음되면서 can 보다 약간 길게 발음되는 경향이 있다.

sty에서 s+k/p/t가 되면 된소리에 가깝게 소리가 난다. 대부분 k/p/t가 들어간 낱말은 h가 들어가는 소리를 내게 되는데, s+k/p/t의 경우는 h 소리가 들어가지 않고 된소리에 가깝게 발음된다. 그러니까 sky는 '스까이'에 가깝게 발음된다.

* 팝송에 들어 있는 쓸모 있는 영어 표현들

1. I used to think that I could not go on: **used to**는 ' …하곤 했다; 과거 한때는 …이었다'라는 뜻으로 쓰인다. 과거에 규칙적으로 이루어진 행위를 묘사할 때 쓰인다. 과거에 불규칙적으로 이루어진 행위를 묘사할 때는 would를 사용한다. 그리고 이와 비슷한 be used to는 '~에 익숙하다'라는 뜻의 상태를 나타내는데, '~에 사용되다'라는 뜻으로도 쓰인다. get used to는 '~에 익숙해지다'라는 행위를 나타낸다.

   1) **used to**의 예문들은 다음과 같다.

   They **used to** visit her grave twice a year.
   (그들은 일 년에 두 번 그녀의 묘를 찾곤 했다.)

   He is used to being recognized in the street.
   (그는 거리에서 사람들이 자기를 알아보는 것에 익숙해 있다.)

I just couldn't laugh at his jokes the way I used to.

(나는 예전처럼 그의 농담에 웃을 수가 없더라구.)

2) **would**의 예문들은 다음과 같다.

After lunch he **would** take a nap.

(그는 점심 후에 낮잠을 자는 습관이 있었다.)

He'd always be the first to offer to help.

(그가 항상 먼저 도움을 제의하곤 했다.)

When my parents were away, my grandmother would take care of me.

(우리 부모님이 집을 비우실 때면 할머니께서 나를 돌봐 주시곤 했다.)

3) **be used to**의 예문들은 다음과 같다.

I **am used to** doing this kind of work

(저는 이런 일에 익숙합니다.)

I am not used to being spoken to like that.

(나는 그런 식으로 말을 걸어오는 데는 익숙하지 못해요.)

She is used to dealing with all kinds of people in her job.

(그녀는 직장에서 온갖 종류의 사람들을 상대하는 데 익숙해 있다.)

This drug **is used to** lower blood pressure.

(이 약은 혈압을 낮추는[내리는] 데 쓰인다.)

A lot of our land is used to grow crops for export.

(우리 토지의 많은 부분이 수출용 곡식을 재배하는 데 사용된다.)

Plastic bags can be used over and over again after being cleaned.

(비닐봉지는 씻어서 계속해서 사용될 수 있잖아.)

4) **get used to**의 예문들은 다음과 같다.

Life is not fair; **get used to** it.

(인생이란 결코 공평하지 않다. 이 사실에 익숙해져라.)

You soon get used to the little difficulties.

(자네는 작은 어려움들에는 곧 익숙해진다.)

This is how we do things here. You'll soon get used to it.

(이것이 우리가 여기서 일을 하는 방식이야. 너도 곧 이 방식에 익숙해질 거야.)

go on은 1) '(공연을) 시작하다; (무대에) 나오다', 2) '들어가다', 3) '(불 · 전기 등이) 들어오다', 4) '(부정문 · 의문문에 쓰여) ~을[를] (판단 · 의견의) 근거로 삼다', 5) '(~에 대해) 말[불평]을 늘어놓다', 6) '가다, 먼저[앞서] 가다', 7) '이어지다, 지속되다, 계속되다', 8) '(시간이) 흐르다', 9) '일어나다[벌어지다]와 10) '(~을[를]) 계속하다, 끊임없이 계속해서 나아가다'라는 뜻으로 쓰인다. 이 노래에서는 10)의 뜻이 약간 비유적으로 쓰이고 있다. 그러니까 go on은 글자 그대로 '계속해서 나아가다'는 뜻은 '계속 살아가다'고 이해할 수 있다.

1)의 예문들은 다음과 같다.

She doesn't **go on** until Act 2.

(그녀는 이 막이 되어야 나온다.)

He is dying to go on the stage.

(그는 몹시 배우가 되고 싶어 한다.)

The new models will go on sale next week.

(신 모델들은 다음 주부터 판매에 들어갈 것이다.)

2)의 예문들은 다음과 같다.

I **go on** watch in an hour.

(난 한 시간 있다가 불침번을 서러 간다.)

Cole went on in place of Beckham just before half-time.

(전반전 종료 직전에 콜이 베컴 대신에 들어갔다.)

She stood in the wings and waited for her cue to go on.

(그녀는 무대 옆 부분에 서서 들어가라는 신호가 떨어지기를 기다렸다.)

3)의 예문들은 다음과 같다.

Suddenly all the lights **went on**.

(갑자기 모든 전등에 불이 들어왔다.)

The lights went on as darkness gathered.

(어두워지면서 불이 켜졌다.)

As the actors exited the stage the lights went on.

(배우들이 무대에서 퇴장하자 불이 켜졌다.)

4)의 예문들은 다음과 같다.

We didn't have much to **go on**.

(우리는 근거로 삼을 만한 것이 별로 없었다.)

We really didn't have much to go on.

(우리는 정말로 근거로 삼을 만한 것이 별로 없었다.)

The police don't have much to go on.

(경찰에서 근거로 삼을 만한 것이 별로 없다.)

5)의 예문들은 다음과 같다.

All right, don't **go on** about it.

(알겠어. 그것에 관해 불평을 늘어놓지 마라.)

Please, don't go on about her again tonight.

(제발. 오늘 저녁 그녀에 대해 또 다시 불평을 늘어놓지 말아라.)

He went on and on about how poor he was.

(그는 자기가 얼마나 가난한지에 대해 끝도 없이 불평을 늘어놓았다.)

6)의 예문들은 다음과 같다.

He's far too young to **go on** his own.

(그는 혼자 가기엔 너무 어리다.)

I'd love to go on a round-the-world cruise.

(난 세계 일주 유람선 여행을 가고 싶다.)

You go on ahead—I'll catch you up in a few minutes.

(너 먼저 가. 내가 곧 따라갈게.)

7)의 예문들은 다음과 같다.

Let's **go on** to the next item on the agenda.
(다음 안건으로 넘어가기로 하죠.)

This situation can't go on. We need to talk.
(이런 상황이 계속될 수는 없어요. 우린 대화가 필요해요.)

How much longer will this hot weather go on for?
(이렇게 더운 날씨가 얼마나 더 오래 계속될까?)

8)의 예문들은 다음과 같다.

As time **goes on**, his passion foamed off.
(시간이 흐름에 따라, 그의 열정이 헛되이 사라져버렸다.)

She became more and more talkative as the evening went on.
(저녁 시간이 흘러갈수록 그녀는 점점 더 말이 많아졌다.)

The group were getting louder and louder and laughing more and more as the afternoon went on.
(오후 시간이 흘러갈수록 그 무리는 점점 더 소리가 커지고 점점 더 많이 웃고 있었다.)

9)의 예문들은 다음과 같다.

What's **going on** here?
(여기는 무슨 일이 벌어지고 있는 거지?)

Hello, hello, what's going on here?
(이런, 이런, 여기 무슨 일이 벌어지고 있는 거야?)

We're trying to fathom out what's going on.
(우리는 무슨 일이 일어나고 있는지 가늠하려고 노력하는 중이다.)

10)의 예문들은 다음과 같다.

She hesitated for a moment and then **went on**.
(그녀가 잠깐 망설이더니 말을 계속했다.)

"Well, go on," said Camilla, her voice fairly steady.
("그래, 계속해."라고 카밀러는 꽤 침착한 목소리로 말했다.)

"We do tune our guitars before we go on," he insisted.

("우리는 계속하기 전에 반드시 기타를 조율한다."라고 그가 고집했다.)

2. And life was nothing but an awful song: **nothing but**은 '오직; 그저[단지] …일 뿐인, 지나지 않고'(=only)란 뜻이다. 예문들은 다음과 같다.

She could do **nothing but** spout insults.

(그녀는 거듭 모욕을 주는 것 외에 아무것도 할 수가 없었다.)

We've had nothing but trouble with this car.

(우리는 이 차 때문에 골치만 아파 왔다.)

She felt nothing but hatred for her attacker.

(그녀는 자기를 공격한 자에 대해 증오감 밖에 느껴지지 않았다.)

3. I'm leaning on the everlasting arms: **lean on**은 1) '(도움 · 지지를 바라고) ~에 기대다[의지하다]', 2) '…에 기대다'와 3) '(협박으로) ~에게 압력을 가하다, 위협하다, 후려 갈기다'라는 뜻이다. 이 노래에서는 1)의 뜻으로 쓰이고 있다.

1)의 예문들은 다음과 같다.

He **leans** heavily **on** his family.

(그는 가족에게 많이 의지한다.)

Everybody needs someone to lean on.

(모든 사람들은 누군가에게 의지해야 한다.)

It is not my place to lean on the committee.

(내가 위원회에 매달려야 할 입장이 아니야.)

2)의 예문들은 다음과 같다.

Never **lean on** your desk while using the computer.

(컴퓨터를 사용할 때 절대로 책상에 기대지 마세요.)

She leaned on the ship's rail and gazed out to sea.

(그녀는 배의 난간에 몸을 기대고 멀리 바다를 바라보았다.)

"Am I welcome?" He smiled hopefully, leaning on the door.

("내가 들어가도 될까요?" 그는 문에 기대어, 기대를 하며 웃었다.)

3)의 예문들은 다음과 같다.

So how hard did he **lean on** the guy?

(그가 얼마나 심하게 그 남자에게 위협을 가했는데?)

I think you might have to lean on him a little bit.

(내가 생각하기로 네가 그에게 조금 위협을 줘야 할 수도 있을 것 같아.)

The government has been leaning on the TV company not to broadcast the show.

(정부가 그 텔레비전 방송사에 그 프로를 방송하지 말도록 압박을 가해 오고 있다.)

everlasting은 '영원한, 끊임없는, 끝없는, 변치 않는, 너무 오래 계속되는'이란 뜻이다. 예문들은 다음과 같다.

I'm tired of your **everlasting** complaints.

(난 너의 끊임없는 불평에 질렸어.)

In my opinion, everlasting love is nothing but an illusion.

(영원한 사랑은 환상이라고 생각한다.)

To his everlasting credit, he never told anyone what I'd done.

(그는 변함없이 존경스럽게도 내가 한 일을 결코 아무에게도 말하지 않았다.)

arm은 단수로 '팔, 소매, (의자의) 팔걸이'라는 뜻인데 복수 **arms**는 '(두) 팔'의 뜻도 있지만, '(특히 군대의) 무기'라는 뜻도 있다. 이 노래에서는 '무기'라는 뜻으로 비유적인 표현을 하고 있다. 예문들은 다음과 같다.

Last year **arms** sales were banned.

(작년에는 무기 판매가 금지되었다.)

Soldiers searched their house for illegal arms.

(군인들은 그들의 집에서 불법 무기 수색을 했다.)

They want to bring in a bill to limit arms exports.

(그들은 무기 수출 제한 법안을 도입하고자 한다.)

따라서 I'm leaning on the everlasting arms는 "나는 영원한 무기에 의지하고 있어요'로 옮겨보았는데, 이것을 '나는 그 사랑이라는 영원한 무기에 의지하고 있어요'의 뜻을 담고 있다.

4. I think about it every night and day: **think about**는 1) '(어떤 일을 하거나 계획할 때) ~에 대해[관해] 생각[고려]하다'와 2) '~할 것을 생각[고려]하다'라는 뜻이다. 이 노래에서는 1)의 뜻으로 쓰이고 있다.

1)의 예문들은 다음과 같다.

Don't you ever **think about** other people?
(넌 다른 사람들은 전혀 생각 안 하니?)

Try to think about him a little more charitably.
(그에 대해 좀 더 너그럽게 생각하도록 해 봐.)

Think about it very carefully before you decide.
(결정하기 전에 신중하게 생각해 봐라.)

2)의 예문들은 다음과 같다.

Your pet will **think about** its needs too.
(당신의 반려동물 또한 자신이 필요한 것이 뭔지를 생각할 것이다.)

I'll think about it and let you know tomorrow.
(내가 그것을 생각해보고 나서 내일 너에게 알려줄 게.)

People just don't stop to think about the consequences.
(사람들이 그저 잠시 (행동을) 멈추고 결과에 대해 생각해 보는 것을 하지 않는다.)

night and day는 '밤낮으로[내내/계속]'이란 뜻이다. 예문들은 다음과 같다.

In theory I'm on call **day and night**.
(이론상으로는 나는 밤낮으로 대기 중이다.)

The machines are kept running night and day.
(그 기계들은 밤낮으로 계속 돌린다.)

The nurses attended on the sick day and night.
(간호사들은 밤낮으로 환자들을 간호했다.)

5. See I was on the verge of breaking down: **on the verge** of는 1) '바야흐로 …하려고 하여, 막 …하려는'과 2) '…의 직전에, …하기 직전에'라는 뜻이다. 이 노래에서는 1)의 뜻으로 쓰이고 있다.

1)의 예문들은 다음과 같다.

He was **on the verge** of tears.

(그는 금방이라도 울음을 터뜨릴 것 같았다.)

His voice trembled, on the verge of tears.

(그는 목소리가 떨리며 금방이라도 울 것 같았다.)

The peace talks were on the verge of collapse.

(평화 회담이 결렬될 위기에 놓여 있었다.)

2)의 예문들은 다음과 같다.

We are **on the verge of** an incredible new age of innovation.

(우리는 놀라운 혁신의 새 시대의 직전에 있다.)

Finland is on the verge of ordering a new nuclear power station.

(핀란드는 신규 원자력 발전소를 주문하기 직전이다.)

The price cut was the largest since 1993, when the company was on the verge of bankruptcy.

(가격 인하 폭은 회사가 파산 직전이었을 때인 천구백구십삼 년 이래 최대 규모였다.)

break down은 1) '고장 나다', 2) '~을[를] 부수다', 3) '결렬되다'와 4) '분해하다'와 5) '(마음이) 슬픔에 지치다, (건강·체력·기력 등이) 쇠약해지다, 꺾이다, 아주 나빠지다'라는 뜻으로 쓰인다. 예문들은 다음과 같다. 이 노래에서는 5)의 뜻으로 쓰이고 있다.

1)의 예문들은 다음과 같다.

The telephone system has **broken down**.

(그 전화 시스템이 고장 난 상태이다.)

The car won't break down within the warranty period.

(그 차는 보증수리기간 안에는 고장 나지 않을 거에요.)

It also means there are no moving parts to break down.

(이는 움직이는 부분은 고장 나는 게 없다는 뜻이다.)

2)의 예문들은 다음과 같다.

Open up or we'll **break** the door **down**!

(문 열어. 안 그러면 부숴 버릴 거야!)

In here, acids break down food into bits.

(이곳에서 위산은 음식물을 작은 조각으로 부순다.)

Firefighters had to break the door down to reach the people trapped inside.

(안에 갇힌 사람들에게 접근하기 위해 소방관들이 문을 부수어야만 했다.)

3)의 예문들은 다음과 같다.

The negotiations **broke down**.

(그 협상이 결렬되었다.)

The negotiations will inevitably break down.

(그 교섭의 결렬은 불가피하다.)

We will resume service as soon as negotiations break down.

(저희는 협상이 결렬되자마자 본래의 서비스를 다시 제공해드리겠습니다.)

4)의 예문들은 다음과 같다.

Workers **break down** waste in the plant.

(근로자들은 그 공장에서 배설물을 분해합니다.)

We have to use materials that naturally break down.

(우리는 자연적으로 분해되는 재료를 써야 한다.)

Petrochemicals do not break down into harmless substances.

(석유화학 제품은 환경에 무해한 물질로 분해되지 않는다.)

5)의 예문들은 다음과 같다.

His health **broke down**.

(그의 건강은 쇠약해졌다.)

He broke down through overwork.

(그는 과로로 인해서 건강을 해쳤다.)

The demon will say anything to break us down.

(그 악마는 우리를 좌절 시키려고 어떤 것을 말할 것이다.)

6. Hey cuz I believe in me oh: **cuz**는 because('… 때문에, -해서[여서/니까]')를 줄여서 소리가 나는대로 표기한 것이다.

believe in은 1) '~이 존재함을 믿다', 2) '지지하다, …을[를](…의 능력을) 믿다, 신뢰하다'와 3) '생각하다, …을[를] 좋다고[옳다고] 생각하다'라는 뜻이다. 이 노래에서는 1)의 뜻으로 쓰이고 있다.

1)의 예문들은 다음과 같다.

Do you **believe in** God?

(하느님의 존재를 믿으세요?)

Do you believe in the presence of spirits?

(유령의 존재를 믿나요?)

Do you believe in unidentified flying objects?

(당신은 미확인 비행 물체의 존재를 믿습니까?)

2)의 예문들은 다음과 같다.

I **believe in** the institution of marriage.

(나는 결혼 제도를 믿는다.)

They need a leader they can believe in.

(그들은 믿을 수 있는 지도자가 필요하다.)

We believe in the philosophy entirely in Utah.

(우리 유타 주는 그 기본 철학에 전적으로 동의합니다.)

3)의 예문들은 다음과 같다.

But I don't **believe in** perfection.

(하지만 난 완벽함이란 없다고 생각해.)

And I don't believe in prohibiting behavior.

(그리고 저는 사람의 행동을 금지시키는 것이 바람직하다고 보지 않습니다.)

I don't believe in giving parole to murderers.

(나는)살인범들에게 가석방을 허락하는 건 옳지 않다고 생각해요.)

그리고 believe의 명사형인 belief가 '~에 대한 신념, 믿음, 확신'의 의미로 쓰일 경우에도 **belief in**과 같이 belief 다음에 전치사 in이 뒤따라온다. 예문들은 다음과 같다.

I admire his passionate **belief in** what he is doing.
(자기가 하는 일에 대한 그의 열정적인 신념이 나는 존경스럽다.)

The Greeks accepted belief in the immortality of the soul.
(그리스인들은 영혼 불멸의 믿음을 받아들였다.)

I have a strong belief in the corner of my heart that I can make it.
(나의 마음 한구석에는 성공할 것이라는 강한 확신이 있다.)

belief in과 마찬가지로 '믿음, 신념, 신임, 신뢰, 신앙(심)'의 뜻을 가진 faith도 **faith in**으로 쓴다. 예문들은 다음과 같다.

People have lost **faith in** the government.
(국민들은 정부를 더 이상 믿지 않게 되었다.)

He had implicit faith in their noble intentions.
(그는 그들의 숭고한 의도에 대해 암묵적인 신뢰를 품고 있었다.)

The public never had faith in his ability to handle the job.
(대중은 그가 그 일을 할 수 있다고 신뢰했던 적이 없었다.)

7. I see me running through that open door: **see me running**은 감각동사+목적어+현재진행형 동사의 꼴인데, 보통 감각동사 다음에 목적어가 오고 그 다음에 알몸동사가 오는데, 생생한 상황을 묘사하기 위해 현재진행형을 쓴다. 이 경우에 해당되는 감각동사는 주로 보는 동사인 see나 watch의 경우가 대부분이다.

기억할 만한 영어 문장

1. I believe I can touch the sky.

   (나는 하늘까지 닿을 수 있다는 걸 믿어요.)

2. Now I know the meaning of true love.

   (이제 나는 진정한 사랑의 의미를 알아요.)

3. There are miracles in life I must achieve.

   (인생에는 내가 꼭 이루어내야만 하는 기적들이 있어요.)

* 팝송 에세이

새가 날듯이 인간이 난다는 것은 비상을 의미한다. 비상은 현실에서의 도피이거나 탈출이라고 할 수 있다. 현실에서 이루어질 수 없는 것이 비상을 통해 어떤 목적이 성취될 수 있다. 현실에서의 문제점이나 고통은 비상을 통해 탈출구를 찾게 되고 문제점과 고통에 대한 새로운 대안을 찾을 수도 있다. 현실을 우리를 억압하고 붙잡고 때로는 질식하게 만든다. 우리의 몸과 마음은 현실에 있지만, 눈앞에 펼쳐진 현실이 자신의 기대 수준이나 목표에 도달하지 못하면 실망하기도 하고 좌절하기도 한다. 실망과 좌절을 뛰어넘는 방법은 현실에 머무른다고 해결되는 것은 아니다. 이럴 경우 용기를 내어 탈출이나 도피를 하는 방법이 필요한 것이다. 그렇다고 탈출이나 도피가 육체적인 탈출이나 도피만을 이야기하는 것은 아니다. 보다 더 중요한 것은 심리적인 탈출이나 도피를 감행해야 한다는 것이다. 제임스 조이스(James Joyce)의 『젊은 예술가의 초상화』에서 스티븐 디달러스는 가정, 학교, 종교에서 탈출하여 예술의 세계로 승화한다. 마찬가지로 우리가 생활을 하면서 막다른 길에 도달했다고 생각될 때는 좌절할 것이 아니라 새로운 탈출구를 찾아 탈출하는 것이 필요하다. 그래야만 새로운 해결 방안을 찾을 수 있기 때문이다.

탈출이나 도피를 하는데 있어서 어려움이 뒤따를 수 있다. 그런 어려움 때문에 움직이지 않는 부동(不動)은 결과적으로 더 큰 좌절감을 겪게 된다. 이런 경우에는 해결의 실마리를 전혀 찾을 수 없기 때문이다. 자리에서 일어나 움직이고, 꽉 막힌 현실의 벽을 뚫고 탈출하는 것이 해결의 실마리를 찾는 첫 걸음이다. 이 노래에서 반복되는 '난 내가 날 수 있다는 걸 믿어요'는 마치 메아리처럼 계속해서 반복되면서 노래의 주제를 부각시켜주는 역할을 한다. 날아서 닿을 수 있는 곳이 하늘이겠지만 하늘에서는 자신의 꿈이 실현되는 가상의 장소가 된다. 그곳에 가기 위해서 날아야 하고, 날 수 있다는 믿음을 가져야 한다. 희미하게나마 비쳐지는 인생이라는 형편이 없는 노래를 절감하면서 동시에 '진정한 사랑의 의미를 알기' 때문에 사랑이라는 '영원한 무기'에 의지하여 날 수 있다는 믿음을 갖게 되는 것이다.

If I Ain't Got You

Sung by Alicia Keys

Mmmmm...
Some people live for the fortune
Some people live just for the fame
Some people live for the power, yeah
Some people live just to play the game
Some people think that the physical things
Define what's within
And I've been there before
But that life's a bore
So full of the superficial

Some people want it all
But I don't want nothing at all
If it ain't you baby
If I ain't got you baby
Some people want diamond rings
Some just want everything
But everything means nothing
If I ain't got you, yeah
Some people search for a fountain
That promises forever young
Some people need three dozen roses
And that's the only way to prove you love them
Hand me the world on a silver platter
And what good would it be

With no one to share
With no one who truly cares for me

Some people want it all

But I don't want nothing at all
If it ain't you baby
If I ain't got you baby
Some people want diamond rings
Some just want everything
But everything means nothing
If I ain't got you, you, you, you
Some people want it all
But I don't want nothing at all
If it ain't you baby
If I ain't got you baby
Some people want diamond rings
Some just want everything
But everything means nothing
If I ain't got you yeah
If I ain't got you with me baby oh
So nothing in this whole wide world don't mean a thing
If I ain't got you with me baby

만약 내가 당신을 가지지 않는다면

어리시어 키즈의 노래

음 음 음 음...
어떤 사람들은 부를 위해 살지요
어떤 사람들은 단지 명예를 위해 살지요
어떤 사람들은 권력을 위해 살지요, 그래요
어떤 사람들은 단지 게임을 하기 위해 살지요
어떤 사람들은 생각해요 육체적인 것들이
내부에 있는 것을 규정짓는다고
그리고 저도 과거부터 지금까지 그랬죠
하지만 그런 삶은 지루함 그 자체에요
겉모습만으로 아주 가득 차 있죠

어떤 사람들은 모든 걸 원해요
하지만 저는 전혀 아무것도 원하지 않아요
당신을 가지지 않았다면 그대여
당신을 가지지 않았다면 그대여
어떤 사람들은 다이아몬드 반지를 원해요
어떤 사람들은 단지 모든 걸 원해요
하지만 모든 것은 무의미하지요
만약 제가 당신을 가지지 않는다면, 그래요
어떤 사람들은 분수를 찾아요
영원한 젊음을 약속하는
어떤 사람들은 장미 세 다발을 필요로 해요
그리고 그것이 당신이 장미들을 좋아하는 것을 증명하는 유일한 방법이죠
저에게 세상을 수월하게 인도해줘요
그리고 무엇이 좋은 일이 될까요

함께 나눌 사람이 없이
나를 진실로 좋아해주는 사람이 없이

어떤 사람들은 모든 걸 원해요
하지만 저는 전혀 아무것도 원하지 않아요
만약 저가 당신을 가지지 않았다면 그대여
만약 저가 당신을 가지지 않았다면 그대여
어떤 사람들은 다이아몬드 반지를 원해요
어떤 사람들은 단지 모든 걸 원해요
하지만 모든 것은 무의미하지요
만약 저가 당신을 가지지 않는다면, 그래요

만약 저가 당신을, 당신을, 당신을, 당신을 가지지 않는다면
어떤 사람들은 모든 걸 원해요
하지만 저는 전혀 아무것도 원하지 않아요
만약 제가 당신을 가지지 않았다면 그대여
만약 제가 당신을 가지지 않았다면 그대여
어떤 사람들은 다이아몬드 반지를 원해요
어떤 사람들은 단지 모든 걸 원해요
하지만 모든 것은 무의미하지요
만약 저가 당신을 가지지 않는다면, 그래요
만약 저와 함께인 당신을 가지지 않는다면 그대여 아
그래서 이 넓은 세상에 있는 어떤 것도 아무 의미가 없어요
만약 저와 함께인 당신을 가지지 않는다면 그대여

* 영어 발음 제대로 듣거나 말하기

1) 이어지는 소리(연음)의 경우

(1) 약모음 이동

life's a, for a, on a, mean a

life's a에서 a는 약모음 [ə]가 되어 앞 낱말 끝부분에 가서 붙어 '라이프저'로 발음된다. for a, on a와 mean a도 마찬가지 경우이다.

(2) 자음 이동

And I've, full of, want it, If it, If I, world on, would it

And I've에서 And의 d는 앞의 콧소리 n을 닮아서 n으로 되었다가 n이 겹쳐서 나오기 때문에 앞의 n이 탈락된다. 따라서 남은 자음 n이 뒤에 있는 낱말 앞부분에 가서 붙어 '앤다이브'로 발음된다. full of에서 full의의 자음 ll이 뒤에 있는 낱말 앞부분에 가서 붙어 '후러브'에 가깝게 발음된다. want it에서 want의 t는 앞의 콧소리 n을 닮아서 n으로 되었다가 n이 겹쳐서 나오기 때문에 앞의 n이 탈락된다. 따라서 남은 자음 n이 뒤에 있는 낱말 앞부분에 가서 붙어 '와닛'으로 발음된다. If it에서 If의 자음 f가 뒤에 있는 낱말 앞부분에 가서 붙어 '이휫'에 가깝게 발음된다. would it도 마찬가지 경우이다. If I에서 If의 자음 f가 뒤에 있는 낱말 앞부분에 가서 붙어 '이화이'에 가깝게 발음된다. world on에서 world의 자음 d가 뒤에 있는 낱말 앞부분에 가서 붙어 '월던'으로 발음된다.

2) 없어지는 소리(탈락)의 경우

just for, just to, think that, But that, don't want, want nothing, ain't got, want diamond, diamond rings, just want, And that's, Hand me, platter, And what, world don't

just for에서 just t는 자음 s와 for의 자음 f 사이에 놓이기 때문에 탈락되어

'저스훠'에 가깝게 발음된다. 이와 같이 자음과 자음 사이에 놓이는 여섯 개의 파열음인 철자—k/g, p/b, t/d—가 탈락되는 예로 think that, don't want, want nothing, ain't got, want diamond, diamond rings, just want, And that's, Hand me, And what 와 world don't가 해당된다.

just to에서 just의 t와 to의 t는 같은 철자이기 때문에 앞의 t가 탈락되어 '저스터'로 발음된다.

But that에서 But의 t가 that의 th[ð]와 비슷한 발음이기 때문에 앞에 있는 t가 탈락되어 '버 댓'에 가깝게 발음된다.

platter에서 tt의 t는 같은 철자이기 때문에 앞의 t가 탈락되어 '프래러'에 가깝게 발음된다.

3) 닮는 소리(동화)의 경우

(1) 단타음화

But I, platter

But I에서 t가 강모음과 약모음 사이에 놓이면 단타음(單打音)으로 되어 t도, d도 r도 아닌 발음이 된다. But I는 '버라이'에 가깝게 발음된다. 이 소리는 한글로 정확하게 표기할 수 없으며 오직 소리로만 익힐 수밖에 없다. 특히 미국영어(American English)에서 두드러진 현상이다. platter도 마찬가지 경우이다.

(2) 구개음화

ain't you, got you

ain't you에서 ain't의 t[t]와 you의 y[j]가 합쳐지면 서로 닮아서 [tʃ]로 바뀌어 '에인츄'에 가깝게 발음된다. 따라서 이런 현상은 영국영어(British English)보다 미국영어(American English)에서 자주 나타나는 현상이다. got you도 마찬가지 경우이다.

(3) 비음화

want, Hand

미국영어(American English)의 경우 want에서 t가 바로 앞에 있는 콧소리[비음] n을 닮아서 n으로 되었다가, n이 겹치기 때문에 앞의 n이 탈락되어 '완'으로 발음된다. 그런데 영국영어(British English)에서는 t를 그대로 발음하는 경우가 대부분이다. Hand에서 d가 바로 앞에 있는 콧소리[비음] n을 닮아서 n으로 되었다가, n이 겹치기 때문에 앞의 n이 탈락되어 '핸'으로 발음된다. 그런데 영국영어(British English)에서는 d를 그대로 발음하는 경우가 대부분이다.

4) 줄어진 소리(축약)의 경우

what's, I've, life's, don't, ain't, that's,

be 동사의 경우인 what's, life's와 that's, have 동사의 경우인 I've, 부정형인 don't 와 ain't가 있다.

5) 주의해야 할 발음

what, truly

what에서 wh~로 시작되는 낱말은 'w' 뒤에 있는 'h'의 소리가 보통 들리지 않는다. 그러니까 what은 '홧'이라기 보다 '왓'에 가깝게 발음된다. 그러나 사람과 관련된 who, whose와 whom은 예외로 'h' 소리가 그대로 난다.

truly에서 'tr~'의 발음은 '츠'와 '추'의 중간쯤 되는 소리로 '츄'에 가깝게 발음된다. truly는 '트루리'라기 보다 '츄루리'에 가깝게 발음된다.

* 팝송에 들어 있는 쓸모 있는 영어 표현들

1. Some people live for the fortune: **live for**는 '~을[를] 위해 살다[~이 삶의 주된 목적[이유]이다]'라는 뜻이다. 예문들은 다음과 같다.

   She **lives for** her work.
   (그녀는 자기 일을 위해 산다.)

   Now we have something to live for.
   (이제 우리에게 살아야 할 이유가 생겼어요.)

   After his wife died, he had nothing to live for.
   (그는 아내가 죽은 후 살아야 할 이유가 아무것도 없었다.)

2. Some people live just to play the game: **play the game**은 '게임을 하다, 경기를 치루다'라는 뜻도 있지만, 다른 뜻으로 '정정당당하게 행동하다'라는 뜻으로 쓰인다. 예문은 다음과 같다.

   So, understandably, many of the candidates **play the game**.
   (그래서 당연하게도 많은 후보자들이 정정당당한 경쟁을 한다.)

3. But that life's a bore / So full of the superficial: bore는 동사로 '지루하게[따분하게] 만들다, (깊은 구멍을) 뚫다'라는 뜻으로 쓰이는데, **bore**는 명사로 '지루한[따분한 일[상황], 지겨운 사람, 구멍'이란 뜻으로 쓰이는데 이 가운데 이 노래에서는 '지루한[따분한] 상황'이란 뜻으로 쓰이고 있다. 예문들은 다음과 같다.

   Today was a real **bore**.
   (오늘은 정말 지루한 하루였다.)

   It is such a bore to read this book.
   (이 책을 읽는 것은 너무 지루하다.)

   It's such a bore having to stay late this evening.
   (오늘 밤에는 늦게까지 있어야 하니 참 따분하다.)

full of는 '~로 가득 찬'이란 뜻이다. 주로 be full of로 많이 쓰인다. 예문들은 다음과 같다.

The article is **full of** technical terms.
(그 글에는 전문적인 용어가 가득 나온다.)

The street is full of traffic from morning till night.
(그 거리에는 아침부터 저녁까지 교통량이 가득하다.)

Hotels were full of rich people wolfing expensive meals.
(호텔들은 비싼 음식을 게걸스럽게 먹어치우는 돈 많은 사람들로 가득 차 있었다.)

the superficial은 the+형용사의 형태로 일반적으로 복수명사의 뜻인 '…사람들' …나라 사람들'의 뜻으로 쓰이지만, 일반적인 추상적인 개념을 언급하는 형용사들은 가끔 단수명사로 쓰인다. 예문들은 다음과 같다.

You have to accept **the inevitable**.
(불가피한 것은 받아들여야 한다.)

He is wise enough to sever the good from the bad.
(그는 선악 판별할 정도로 현명하다.)

These days too much emphasis is placed on the superficial.
(요즘은 사람들이 겉으로 드러나는 것에만 너무 신경을 쓴다.)

4. If it ain't you baby: **ain't**는 be+not(am/are/is+not의 줄인형(단축형)이거나 have/has+not의 줄인형이다. 이 노래에서 ain't는 is not과 같다. 예문들은 다음과 같다.

I **ain't**[=am not] ready.
(난 준비가 되지 않았다.)

You ain't[=are not] coming.
(너는 오지 않을 게다.)

Things ain't[=are not] what they used to be.
(사정이 이전과는 다르다.)

I **ain't**[=haven't] done it.

(나는 그것을 하지 못했다.)

Pick up the speed we ain't got all day!

(속도 좀 내라 시간이 없어!)

Takin' me places I ain't never been.

(한 번도 가보지 못한 곳에 날 데려가 주기도 했으니까요.)

5. Some people search for a fountain / That promises forever young: **search for**는 1) '~를[을] 찾다'와 2) '수색하다'라는 뜻이다. 이 노래에서는 1)의 뜻으로 쓰이고 있다.

1)의 예문들은 다음과 같다.

She's **searching for** subject matter for her new book.

(그녀는 새 책의 소재를 구하고 있다.)

Police officers searched for the stolen money for several days.

(경찰들은 사라진 돈을 며칠간 찾아 다녔다.)

You can quickly search for facts because it has Internet access.

(당신은 인터넷에 연결되기 때문에 정보를 빠르게 찾을 수 있습니다.)

2)의 예문들은 다음과 같다.

He **searched for** survivors, but there were none.

(그는 생존자를 수색했지만 아무도 없었다.)

They discontinued searching for the missing man.

(그들은 행방불명된 남자의 수색을 중지했다.)

Firefighters searched for bodies or additional survivors.

(소방관들은 시신이나 추가 생존자를 수색했다.)

6. Hand me the world on a silver platter: **hand**는 주로 명사 '손'으로 쓰이지만, 이 노래에서는 동사 '건네주다, 넘겨주다'라는 뜻으로 쓰인다. 예문들은 다음과 같다.

She **handed** the letter to me.

(그녀는 나에게 그 편지를 건네주었다.)

Please hand this note to your father.

(자네 아버님께 이 글을 전하여 주게.)

Mr. Brown, please hand in your assignments now.

(브라운 씨, 지금 당신의 과제를 제출하세요.)

on a silver platter는 '별로 힘들이지 않고, 수월하게, 전혀 애쓰지 않고, 노력없이'라는 뜻이다. 이 구는 주로 hand 동사와 함께 쓰인다. 그래서 hand sth to sb on a (silver) platter는 '(상대방은 아무런 노력을 하지 않아도 되게) …을[를] ~에게 갖다 바치다'라는 뜻이다. silver platter는 '은으로 된 서빙 접시'라는 뜻인데, 예문들은 다음과 같다.

Nobody's going to hand you success **on a silver platter**.

(아무도 당신에게 성공을 갖다 바치지는 않는다.)

These rich kids expect to have it all handed to them on a silver platter.

(이들 부잣집 아이들은 그 모든 것을 별로 힘들이지 않고 자기들 손에 넣게 될 것으로 예상한다.)

I wanted to give them a sense that the world isn't handed to you on a silver platter.

(전 아이들에게 아무 노력 없이 그저 세상을 가질 수는 없다는 것을 알려 주고 싶었습니다.)

Hand me the world on a silver platter는 글자 그대로 "세상을 은쟁반위에 올려놔서 나에게 갖다 줘"라는 뜻이다. 은쟁반은 주로 서빙을 하는 사람들이 시킨 사람에게 갖다 주는 그릇이다. 내가 주문했을 때 웨이트리스나 웨이터 또는 집에 있는 하인이 은쟁반에 내가 주문한 것을 담아 갖다 주는 것이기 때문에 "저에게 세상을 수월하게 인도해줘요"라고 비유적으로 이해할 수 있을 것이다.

7. With no one who truly cares for me: **care for**는 1) '~를[을] 보살피다[돌보다]' 와 2) '~를[을] (대단히) 좋아하다[사랑하다]'라는 뜻으로 쓰인다. 이 노래에서는 2) 의 뜻으로 쓰인다.

1)의 예문들은 다음과 같다.

I had a strong desire to help and **care for** people.

(나는 사람들을 도와주고 돌보고 싶은 마음이 간절했다.)

I haven't the faintest idea how to care for a snake.

(나는 뱀을 돌보는 방법에 대해 최소한의 인식도 갖고 있지 않다.)

She moved back home to care for her elderly parents.

(그녀는 연로한 부모님을 보살피기 위해 다시 집으로 이사를 했다.)

2)의 예문들은 다음과 같다.

I don't much **care for** it.

(난 그것을 그렇게 좋아하진 않아.)

Would you care for another drink?

(한잔 더 드시겠어요?)

I don't really care for that kind of music.

(난 그런 종류의 음악은 사실 별로 좋아하지 않아.)

8. So nothing in this whole wide world don't mean a thing: **don't[doesn't] mean a thing**은 '아무 의미도 없다'라는 뜻이다.

Ignore what he said—it **doesn't mean a thing**.

(그가 한 말은 무시해. 아무 뜻도 없으니까.)

A few more shares doesn't mean a thing to me.

(더 많이 나누는 건 나한테 의미가 없어.)

Gore proved that winning a Nobel Prize doesn't mean a thing.

(고어는 노벨상을 수상하는 것이 별 의미가 없다는 것을 증명했다.)

기억할 만한 영어 문장

1. Some people live for the power.
   (어떤 사람들은 권력을 위해 살지요.)
2. Some people live for the fortune.
   (어떤 사람들은 부를 위해 살지요.)
3. Some people live just for the fame.
   (어떤 사람들은 단지 명예를 위해 살지요.)

* 팝송 에세이

이 세상에서 가장 소중한 것이 무엇일까? 우리가 삶에 있어서 추구해야 할 대상을 이야기하라고 하면 무엇을 제시할 수 있을까? 깊이 생각해 보지 않고, 이런 질문을 받았을 때 쉽게 들을 수 있는 것이 돈 또는 부, 육체적인 쾌락, 명예나 권력을 이야기할 것이다. 아니면 즐거운 삶을 제시하기도 할 것이다. 물어본 사람의 눈치를 보면서 답변을 하려는 사람은 행복한 삶과 같이 추상적으로 이야기할 것이다. 이런 질문이 지향하는 바는 인간의 삶에 있어서 행복의 요소 또는 조건은 무엇인가라는 것이다. 우리는 모두가 돈을 많이 가질 수 없고 부를 축적할 수 없고 명예를 거머쥘 수 없고 권력을 잡을 수 있다. 많은 사람들이 실현되지 않을 이런 것들에 대한 욕망으로 가득 차 있지만...

우리는 상대적인 비교를 하게 되면 만족이 될 수 없다. 항상 나보다 상대의 우월성이 있게 마련이기 때문이다. 어쩌다 상대적인 비교를 할 경우기 있긴 하지만, 또 상대적인 비교를 하게 되더라도 가끔 절대적인 비교 즉, 자신을 비교의 중심에 두고 자신이 주인공이라는 것을 생각의 중심축에 놓을 필요가 있다. 다른 사람들이 나를 행복하게 해줄 까닭이 없다. 결국 남이기 때문에 나를 위한 삶을 살아주지 않을 것이기 때문이다. 자신을 삶의 중심축에 놓고 자신이 하는 일에 있어서 '지금'(now) 그리고 '여기'(here)에 충실하게 되면 자기 나름대로의 만족감은 일어날 수 있고, 그런 감정이 축적되면 행복감을 느끼게 된다. 상대적인 비교의 결과가 아닌 절대적인 비교의 결과로 생겨나는 것이기 때문이다. 이런 삶의 방식이 자기를 중심으로 생각하는 것이라면, 자기 아닌 다른 사람 가운데 먼저 생각해 볼 수 있는 사람이 사랑하는 대상인 '당신'일 것이다.

많은 사람들이 욕망의 대상을 끊임없이 찾고 추구하고 있지만 이 노래에서는 원하는 것이 하나도 없다고 말한다. 아니 오직 한 가지 원하는 것이 '당신을 가지는 것'이다. 세상 사람들처럼 모든 걸 원하는 것이 부럽지 않고 오직 진정으로 사랑할 수 있는 당신만 가질 수 있다면 더 이상 바랄 게 없다는 것은 최고의 사랑을 실현시킬 수 있는 유일한 대상이기 때문이다.

Take It Easy

Sung by Jackson Browne

Well, I'm running down the road
Trying to loosen my load
I've got seven women on my mind
Four that wanna own me
Two that wanna stone me
One says she's a friend of mine
Take It easy, take it easy

Don't let the sound of your own wheels
Drive you crazy
Lighten up while you still can
Don't even try to understand
Just find a place to make your stand and
Take it easy

Well, I'm standin' on a corner
In Winslow, Arizona
With such a fine sight to see
It's a girl, my Lord, in a flatbed Ford
Slowin' down to take a look at me
Come on, baby, don't say maybe
I gotta know
If your sweet love is gonna save me
We may lose and we may win
(But we will never be here again
Open up, I'm climbing into
Take it easy

Well I'm running down the road
Trying to loosen my load

Got a world of trouble on my mind
Lookin' for a lover
Who won't blow my cover
She's just a little hard to find
Take it easy, take it easy

Don't let the sound of your own wheels
Drive) you crazy
Come on, baby, don't say maybe
I gotta know
If your sweet love is gonna save me

서두르지 말아요

잭슨 브라우너의 노래

글쎄요, 나는 길을 따라 아래로 달리고 있어요
내 짐을 풀어놓으려고 하면서
내 마음 속에 여인이 일곱 명 있어요
넷은 나를 소유하고 싶어해요
둘은 나에게 돌을 던지고 싶어해요
하나는 그녀가 내 친구라고 말해요
서두르지 말아요, 서두르지 말아요

당신 자신의 바퀴 소리가
당신을 미치게 하지 않도록 하세요
여전히 할 수 있는 동안에는 느긋해지세요
심지어 이해하려고 시도도 하지 말아요
단지 당신이 멈출 수 있는 곳을 찾아 봐요 그리고
서두르지 말아요

글셔요, 길 모퉁이에 서 있어요
애리조너주 윈슬로에서
그리고 보기에 아주 좋은 경치네요
아 저기 납짝한 포드를 탄 나의 주인님이신 아가씨가
나를 쳐다 보기 위해 속도를 낮추네요
오세요, 그대여, 말하지 말아요 아마도
내가 알아야 해요
당신의 달콤한 사랑이 나를 구해줄 수 있을지
우리는 잃을 수도 있고 얻을 수도 있을지 몰라요
하지만 또 다시 우리는 이곳에 결코 오지는 않을 거예요
그러니 마음을 여세요, 내가 들어 갑니다
서두르지 말아요

글쎄요 나는 길을 따라 아래로 달리고 있어요
내 짐을 풀어 놓으려고 하면서
내마음속에 골칫거리가 산더미 같아요
연인을 찾고 있는데
내 정체를 알아차리지 않을
그녀는 단지 찾기가 약간 어렵네요
서두르지 말아요, 서두르지 말아요

당신 자신의 바퀴 소리가
당신을 미치게 하지 않도록 하세요
오세요, 그대여, 말하지 말아요 아마도
내가 알아야 해요
당신의 달콤한 사랑이 나를 구해줄 수 있을지

* 영어 발음 제대로 듣거나 말하기

1) 이어지는 소리(연음)의 경우

(1) 약모음 이동

she's a, on a, such a, It's a, in a, take a, here again, Got a, for a, just a

she's a에서 a는 약모음 [ə]가 되어 앞 낱말 끝부분에 가서 붙어 '쉬저'로 발음된다. on a, such a, it's a, in a, take a, Got a, for a와 just a도 마찬가지 경우이다. here again에서 again의 a는 약모음 [ə]가 되어 앞 낱말 끝부분에 가서 붙어 '히어 러겐'으로 발음된다. again의 발음은 미국영어와 영국영어에서 다르게 발음된다. again의 미국영어 발음은 어겐[əgen]이고, 영국영어 발음은 어게인[əgein]이다.

(2) 자음 이동

friend of, Take it, sound of, Don't even, find a, stand and, look at, Come on, love is, lose and, Open up, world of

friend of에서 friend의 자음 d가 뒤에 있는 낱말 앞부분에 가서 붙어 '후렌더브'에 가깝게 발음된다. sound of와 world of도 마찬가지 경우이다. Take it에서 Take의 e는 낱말 끝에 있기 때문에 약화되고 그 앞에 있는 k가 뒤에 있는 낱말 앞부분에 가서 붙어 '테이킷'으로 발음된다. Don't even에서 Don't의 t는 앞의 콧소리 n을 닮아서 n으로 되었다가 n이 겹쳐서 나오기 때문에 앞의 n이 탈락된다. 따라서 남은 자음 n이 뒤에 있는 낱말 앞부분에 가서 붙어 '도니븐'으로 발음된다. find a에서 find의 자음 d가 뒤에 있는 낱말 앞부분에 가서 붙어 '화인더'로 발음된다. 그리고 find의 d가 앞의 콧소리 n을 닮아서 n으로 되었다가 n이 겹쳐서 나오기 때문에 앞의 n이 탈락되어, 남은 자음 n이 뒤에 있는 낱말 앞부분에 가서 붙어 '휘이너'에 가깝게 발음하는 경우도 있다. stand and에서 stand의 자음 d가 뒤에 있는 낱말 앞부분에 가서 붙어 '스탠댄'으로 발음된다. look at에서 look의 자음 k가 뒤에 있는 낱말 앞부분에 가서 붙어 '루컷'으로 발음된다. Come on에서 Come의 e는 낱말 끝에 있기 때문에 약화되고 그 앞에 있는 m이 뒤에 있는 낱말 앞부분에 가서 붙어 '카먼'으로 발음된다. love is에서 love의 e는 낱말 끝에 있기 때문에 약화되고 그 앞에 있는 v가 뒤에 있는 낱말 앞부분에 가서 붙어 '러비즈'로 발음된다. lose and에서 lose의 e는 낱말 끝에 있기 때문에 약화되고 그 앞에 있는 s가 뒤에 있는 낱말 앞부분에 가서 붙어 '루잰'으로 발음된다. Open up에서 Open의 자음 n이 뒤에 있는 낱말 앞부분에 가서 붙어 '오퍼넙'으로 발음된다.

2) 없어지는 소리(탈락)의 경우

Well, running, Don't let, let the, still, Just find, sight to, don't say, won't blow, hard to

Well에서 ll의 l은 같은 철자이기 때문에 앞의 l이 탈락되어 '웰'로 발음된다. running, still과 sight to도 마찬가지 경우이다.

Don't let에서 Don't의 t는 자음 n과 let의 자음 l 사이에 놓이기 때문에 탈락되어 '돈 렛'으로 발음된다. 이와 같이 자음과 자음 사이에 놓이는 여섯 개의 파열음인 철자—k/g, p/b, t/d—가 탈락되는 예로 Just find, don't say와 won't blow가 해당된다.

let the에서 let의 t가 the의 th[ð]와 비슷한 발음이기 때문에 앞에 있는 t가 탈락되어 '레더'에 가깝게 발음된다.

hard to에서 hard의 d와 to의 t는 같은 위치에서 소리가 나기 때문에 앞의 d가 탈락되어 '하터'로 발음된다.

3) 닮는 소리(동화)의 경우

(1) 단타음화

gotta, Got a, little

gotta는 got to를 소리나는대로 표기한 것이다. gotta에서 t(t)가 강모음과 약모음 사이에 놓이면 단타음(單打音)으로 되어 t도, d도, r도 아닌 발음이 된다. gotta는 '가러'에 가깝게 발음된다. 이 소리는 한글로 표기할 수 없으며 오직 소리로만 익힐 수밖에 없다. 특히 미국영어(American English)에서 두드러진 현상이다. Got a와, little도 마찬가지 경우이다.

(2) 비음화

Don't

미국영어(American English) 경우에 Don't에서 t가 바로 앞에 있는 콧소리[비음] n 을 닮아서 n으로 되었다가, n이 겹치기 때문에 앞의 n이 탈락되어 '돈'으로 발음된다. 그런데 영국영어(British English)에서는 t를 그대로 발음하는 경우가 대부분이다.

4) 줄어진 소리(축약)의 경우

I'm, I've, she's, Don't, standin', It's, Slowin', Lookin'

be 동사의 경우인 I'm, she's와 It's, have 동사의 경우인 I've, 부정형인 Don't가 있다.

standin'은 standing의 줄인 형태이고, Slowin'은 Slowing의 줄인 형태이고, Lookin'의 줄인 형태이다.

5) 주의해야 할 발음

Trying, **wh**eels, **Dr**ive, **wh**ile, **can**, **tr**y, **tr**ouble

Trying, **tr**y와 **tr**ouble에서 'tr~'의 발음은 '츠'와 '추'의 중간쯤 되는 소리로 '츄'에 가깝게 발음된다. trying은 '트라잉'이라기 보다 '츄라잉'에 가깝게, try는 '트라이'이라기 보다 '츄라이'에 가깝게, trouble은 '트러블'이라기 보다 '츄러블'에 가깝게 발음된다.

wheels와 **wh**ile에서 wh~로 시작되는 낱말은 'w' 뒤에 있는 'h'의 소리가 보통 들리지 않는다. 그러니까 wheels는 '휠즈'라기 보다 '윌즈'에 가깝게, while은 '화일'이라기 보다 '와일'에 가깝게 발음된다. 그러나 사람과 관련된 who, whose와 whom은 예외로 'h' 소리가 그대로 난다.

Drive에서 'dr~'의 발음은 '드'와 '주'의 중간쯤 되는 소리로 '쥬'에 가깝게 발음된다. 따라서 Drive는 '드라이브'라기 보다 '쥬라이브'에 가깝게 발음된다.

can은 can't와 마찬가지로 도우미동사로 기능낱말이기 때문에 약하게 발음한다. 그런데 can't 다음에 자음이 나오기 때문에 탈락되는 경우가 대부분이어서 can은 [kən]으로 can't는 [kæn]으로 발음하기로 약속이 되어 있다. 그런데 can이 문장 가운데 들어가는 경우가 [kən]으로 주로 발음되고 문장의 끝에 들어가는 경우에는 [kæn]으로 발음되는 경우가 대부분이다. can't는 기본적으로 [kæn]으로 발음되면서 can 보다 약간 길게 발음되는 경향이 있다.

6) 기타

wanna, **gonna**

wanna는 허물없이 발음하는 경우의 예이다. wanna는 want to인데 입말체에서 '완터투'로 발음하지 않고 '와너'로 발음하고, want to로 표기가 되어 있더라고 말을 할 때는 wanna로 발음하는 경우가 대부분이다. want to에서 wanna로 바뀌는 과정은 '팝송 영어 소리를 제대로 듣는 요령'에 나와 있는 설명을 참고하기 바란다.

gonna는 허물없이 발음하는 경우의 예이다. gonna는 going to인데 입말체에서 '고잉 투'로 발음하지 않고 '가너' 또는 '고너'로 발음하고, going to로 표기가 되어 있더라고 말을 할 때는 gonna로 발음하는 경우가 많다. going to에서 gonna로 바뀌는 과정은 '팝송영어 소리를 제대로 듣는 요령'에 나와 있는 설명을 참고하기 바란다.

* 팝송에 들어 있는 쓸모 있는 영어 표현들

1. I've got seven women on my mind: **on one's mind**는 '마음에 걸려; 신경이 쓰여; 머릿속에 박혀; …으로 머리가 가득하여; 우선 마음에 걸리는 일이 있어'라는 뜻이다. 예문들은 다음과 같다.

   What's **on your mind**?
   (무슨 생각 중이야?)
   He's overworking and has a lot on his mind.
   (그는 과로를 하고 있고 많은 심적 부담을 지고 있다.)
   The burden of guilt weighed heavily on his mind.
   (죄책감이 그의 마음을 무겁게 짓눌렀다.)

2. Two that wanna stone me: stone은 '돌, 돌멩이'라는 명사가 아니라 동사로서 **stone** '…에 돌을 던지다, 돌을 던져서 죽이다[박해하다]'라는 뜻이다. 예문들은 다음과 같다.

   She was **stoned** to death.
   (그녀는 돌에 맞아 죽었다.)
   He should be stoned to death!
   (그는 돌로 쳐 죽여야 합니다!)
   Now if you do not help me, she will be stoned to death.
   (만약 네가 지금 날 도와주지 않는다면, 그녀는 돌에 맞아 죽을 거야.)

3. Take It easy, take it easy: take it easy는 1) '일을 쉬엄쉬엄 하다', 2) '(명령형으로 쓰여) 진정해라[걱정마라], 편하게 생각해', 3) '알아서 해!, [다른 때는] 잘 가라, 또 만나자', 4) '몸을 편하게 하다'와 5) '여유롭다, 한가하다, 서두르지 않다'라는 뜻이다. 이 노래에서는 2)의 뜻으로 쓰이고 있다. 이 노래에서는 5)의 뜻으로 쓰이고 있다.

   1)의 예문들은 다음과 같다.

Take it easy. Don't overtax yourself.

(살살 해. 무리하지 말고.)

The doctor told me to take it easy for a few weeks.

(의사가 내게 몇 주 동안 일을 좀 쉬엄쉬엄 하라고 말했다.)

Well, take it easy today and go to bed early tonight.

(그럼, 오늘은 쉬엄쉬엄 일하고 밤에 일찍 잠자리에 들도록 해요.)

2)의 예문들은 다음과 같다.

Take it easy on John.

(존에 대해 부드럽게 대하라.)

Take it easy! Don't panic.

(진정해! 겁먹지 마.)

Take it easy and be patient with yourself.

(마음을 가라앉히고 인내심을 가지세요.)

3)의 예문들은 다음과 같다.

The roads are icy, **take it easy**.

(길이 얼어서 미끄러우니 조심해.)

Don't work too hard. Take it easy.

(너무 무리하지 말고 적당히 일해라.)

A: I hope you'll come again soon.

B: Definitely. Take it eay.

(A: 곧 다시 한 번 들러 주세요.
B: 아무렴, (염려 말고) 잘 지내.)

4)의 예문들은 다음과 같다.

Why don't you **take it easy** for a while?

(당신 잠시 쉬는 게 어때요?)

After work, I watch TV and take it easy.

(나는 일이 끝나면 텔레비전을 보면서 휴식을 취한다.)

I'm just going to take it easy around the house.

(나는 그냥 집에서 편안히 보낼 겁니다.)

5)의 예문들은 다음과 같다.

Take it easy, since she will not die.

(그녀는 죽지 않으리니 마음을 놓게.)

I want to take it easy this semester.

(나는 이번 학기 때는 좀 슬슬 하고 싶어요.)

I'm planning to take it easy for a while.

(나는 한 동안 서두르지 않을 계획이야.)

4. Don't let the sound of your own wheels / Drive you crazy: 이 두 개의 행을 연결되어 있는데 let+목적어+알몸동사의 꼴이다. 그러니까 let+목적어+drive로 연결된다. let가 허락이나 허용의 뜻을 나타내는 경우 목적어(the sound of your own heels)가 나오고 그 뒤에 to 부정사에서 to가 빠진 알몸동사(Drive)가 나온 것이다.

5. Lighten up while you still can: **lighten up**은 '(명령형으로 쓰여) 기운 내, 기운은 내다, 가볍게 하다'라는 뜻이다. 예문들은 다음과 같다.

Come on, John. **Lighten up**!

(자자, 존, 기운 내!)

It really helps me to lighten up my mood.

(그게 제 기분이 좋아지게 해요.)

It was a little awkward at first, but after everyone had a few drinks in them the mood really lightened up.

(처음에는 좀 어색했지만, 다들 몇 잔 마시고 나니까 분위기가 정말로 훨씬 가벼워졌어.)

6. Just find a place to make your stand and: **make a stand**는 '멈춰서다; 저항하다 [against, for]; 일정한 입장[견해]을 지키다'라는 뜻이다. 그런데 여기서는 a 대신에 your가 쓰였기 때문에 stand의 행동 주체를 제시하고 있는 것이다. 이런 경우 make를 자주 쓰이는 동사(common verb)라고 하는데, 이때는 make a[an] 명사의

꼴이 명사의 동사 형태와 같은 뜻으로 쓰인다. make a stand의 예문들은 다음과 같다.

He needs to **make a stand** for what's right.

(그는 옳은 것을 지키기 위해 맞설 줄도 알아야 해.)

They just made a stand in front of the river.

(그들은 단지 그 강 앞에 멈춰서 있었다.)

We must make a stand against further job losses.

(우리는 더 이상의 감원 조치에 저항해야 한다.)

7. It's a girl, my Lord, in a flatbed 〈Ford〉: **Lord**는 '…왕, 경, 귀족, 하느님, 주인, 우두머리, 지주, 봉건 군주, 영주' 와 '하느님 맙소사[아이구 (하느님)!(놀람·짜증·걱정스러움을 나타냄)'라는 뜻으로 쓰이는 경우가 대부분인데 여기서는 '나의 주인님'에 해당 되는 사랑하는 사람을 지칭한다고 볼 수 있다.

8. Slowin' down to take a look at me: **slow down**은 '느긋해지다; [속도 · 진행]을 늦추다; (기력이) 쇠해지다; 《미국》 (노동자가) 태업하다'라는 뜻이다. 예문들은 다음과 같다.

The sales are **slowing down**.

(매출이 주춤하고 있다.)

Could you slow down, please?

(속도 좀 늦춰주세요.)

You must slow down or you'll make yourself ill.

(당신 좀 쉬엄쉬엄 해야지 안 그랬다간 병날 거예요.)

take a look at은 '…을[를] 보다'라는 뜻이다. 이 경우 take는 자주 쓰이는 동사(common verb)이고, 이 동사 다음에 부정관사 a나 an가 나오고 명사가 나오면서 명사의 동사 뜻과 같다. 이 때 명사가 복수형이 되면 a나 an은 없어진다. 예문들은 다음과 같다.

Let me **take a look at** it.

(어디 좀 봅시다.)

Take a look at these figures!

(이 수치들을 한번 봐요!)

Let's take a look at the damage.

(피해 상황을 살펴봅시다.)

9. Come on, baby, don't say maybe: come on은 '등장하다, (팀 경기 중에) 나오다[합류하다], (원하는 대로) 되어 가다, ~을[를] 우연히 만나다[발견하다], (텔레비전 프로그램 등이) 시작하다, 작동을 시작하다, 말도 안돼[그건 아냐] 등'으로 다양하게 쓰인다. 그런데 **come on**은 보통 명령문으로 쓰여 '서둘러[힘내], 어서 해봐, 제발'이란 뜻으로 재촉의 의미를 담고 있다. 예문들은 다음과 같다.

Come on, it's time we left.

(자자, 우리 떠나야 할 시간이야.)

Come on, drink up your juice.

(자, 네 주스 다 마셔.)

Come on. Eat up your potatoes.

(어서, 네 감자 다 먹어.)

10. I gotta know: **gotta**는 have got to나 have got a를 글로 쓴 형태이다. 예문들은 다음과 같다.

Gotta cigarette?

(담배 있수?)

You gotta be kidding.

(농담이겠죠.(농담하시는군요.))

Prices are high and our kids gotta eat.

(물가는 비싸고 우리 아이들은 먹어야 한다.)

11. Open up, I'm climbing in to: **open up**은 1) '마음을 터놓다', 2) '발사[발포]되다', 3) '(문 · 뚜껑 등을) 열다'와 4) '~을[이] 가능하게 하다[가능해지다]; ~을[이] 이용할[~에 가 닿을] 수 있게 하다[되다]'라는 뜻이다. 이 노래에서는 1)의 뜻으로 쓰이고 있다. Open up, I'm climbing in to는 글자 그대로의 뜻 보다 비유적인 뜻으로 이해하면 될 것이다.

1)의 예문들은 다음과 같다.

The woman will not **open up** to her.

(그 여자는 그녀와 친해지지 않을 것이다.)

Lorna found that people were willing to open up to her.

(로나는 사람들이 자신에게는 기꺼이 마음을 연다는 것을 깨달았다.)

It helps to discuss your problems but I find it hard to open up.

(자신의 문제를 의논하는 것이 도움이 되는데, 나는 마음을 터놓는 것이 힘들다.)

2)의 예문들은 다음과 같다.

Anti-aircraft guns **opened up**.

(고사포가 발포되었다.)

The assault element, led by Captain Ramirez, opened up from their right flank.

(라미레즈 장군이 이끄는 돌격 부대가 대형 우측 측면에서 총격을 개시했다.)

3)의 예문들은 다음과 같다.

Open up!

(문 열어요!)

She laid the book flat and opened it up.

(그녀가 책을 바로 놓고 펼쳤다.)

I open up the store for the day at around 8.30.

(나는 여덟 시 삽십 분경에 당일 영업을 위해 가게 문을 연다.)

4)의 예문들은 다음과 같다.

Would you like to **open up** a basic account?
(보통 예금 계좌를 여시겠습니까?)
I can't wait until they open up the other lines.
(나는 빨리 다른 노선들이 개통됐으면 좋겠어요.)
The railway opened up the east of the country.
(철도 덕분에 이 나라의 동부 지역으로 가는 길이 열렸다.)

12. Lookin' for a lover: **look for**는 1) '~을[를] 바라다[기대하다]'와 2) '찾다, 구하다'라는 뜻이다. 이 노래에서는 2)의 뜻으로 쓰이고 있다.
1)의 예문들은 다음과 같다.

What do you **look for** in a role?
(당신은 무슨 역할을 원하나요?)
Death steals upon us when we least look for it.
(죽음은 우리가 전연 원하지 않을 때 살며시 다가온다.)
We shall be looking for an improvement in your work this term.
(이번 학기에는 자네 성적이 나아지기를 기대하겠네.)

2)의 예문들은 다음과 같다.

She went around the market **looking for** bargains.
(그녀는 시장을 돌며 값싼 물건을 찾아다녔다.)
Which features do you look for when choosing a car?
(당신은 승용차를 고를 때 어떤 특성을 찾나요?)
We all need to look for ways to reduce our carbon footprint.
(우리 모두는 온실효과 유발 이산화탄소 배출량을 줄일 수 있는 방법을 찾아야 한다.)

13. Who won't blow my cover: **blow one's cover**는 '남[자신]의 정체를 폭로하다[밝히다], 자신의 정체를 드러내다, 신원[비밀]을 폭로하다, 마각을 드러내다'라는 뜻이다. 이 경우 blow는 여러 가지 뜻 가운데 '(비밀을) 불다[들통나게 하다]'라는 뜻이다. 이 외에 blow를 이용한 습관적으로 쓰는 영어 표현들은 많이 있다. 예문들은 다음과 같다.

The secret agent **blew his cover**.

(비밀요원은 그의 신분을 노출했다.)

One mistake could blow your cover.

(한 번만 실수해도 당신이 숨기고 있는 것이 들통날 수 있다.)

Zorro didn't blow his cover in front of other people.

(조러는 다른 사람들 앞에서 자신의 정체를 드러내지 않았다.)

기억할 만한 영어 문장

1. Take it easy.

   (서두르지 말아요.)

2. We will never be here again.

   (우리는 이곳에 결코 오지는 않을 거예요.)

3. We may lose and we may win.

   (우리는 잃을 수도 있고 얻을 수도 있을지 몰라요.)

* 팝송 에세이

진정한 연인은 어떤 모습일까? 진정한 연인은 어떻게 행동할까? 진정한 연인의 특성은 무엇일까? 참 알기 힘든 질문이자 이에 대한 답을 찾기도 힘들 것이다. 진정한 연인을 찾는 사람의 기준이 먼저 있을 것이고, 대개 그에 따른 기준에 의해 진정한 연인의 이미지를 만들어갈 것이다. 우리가 살다보면 누군가는 상대방을 소유하려고 생각하고, 누군가는 욕이나 비난을 하기도 하고, 누군가는 시샘을 하는 경우를 보게 된다. 진정한 연인은 저절로 생겨나는 것이 아니라 천천히 조각하듯이 만들어지는 것이다. 혼자서 만드는 것도 아니고 서로의 노력과 정성으로 차츰 만들어져 가는 것이기 때문에 진정한 연인의 특성은 미리 설정된 것을 고르는 것이 아니다. 제 눈에 안경과 같이 만나는 사람 서로에게 맞는 만족스러운 상대를 찾으면 되기 때문이다.

진정한 연인이 만들어져 간다고 생각하게 되면 시간이 필요하게 된다. 물리적인 시간이 있는 한 시간을 흘러가기 때문에 사람들은 조급한 마음을 가질 수 있다. 목표지향적인 마음을 갖게 되면 목표가 사람과 관련되면 조급한 마음을 빨리 갖게 된다. 그런데 일정한 거리를 유지하게 되면 인간관계는 때로는 느긋하게 때로는 관망하면서 상대를 바라볼 수 있게 된다. 인간관계 특히 사랑하는 연인 사이에 있어서 정말 알 수 없는 것이 '당신의 달콤한 사랑이 나를 구해줄 수 있을지 / 우리는 잃을 수도 있고 얻을 수도 있을지 몰라요'와 같이 좋은 결과만을 보장할 수 없기에 제대로 상대방을 파악하기 위해서 '서두르지 말아요, 서두르지 말아요'라고 나지막하게 간청을 하는 것이다. 나지막하게 말하지만 간곡한 부탁이라는 것을 이 노래에서 쉽게 알 수 있다. 그래야만 연인이 되고 나서 시행착오를 상당한 부분 줄일 수 있고, 서로 간의 갈등이 일어나는 경우를 미리 줄일 수 있기 때문이다. 신중한 태도가 서두르는 태도 보다 훨씬 나은 것은 누구나 알지만 실천하기는 쉽지 않은 것이 일상적이기에 귀를 열어 놓고 들을 만한 이야기임에는 분명하다.

★ 덧붙이는 글 ★

첫째, 넷째 연의 첫째 줄 가사 Well I'm running down the road에서 running을 a-running으로 소개되고 있는 경우가 있는데, 노래를 들어도 그렇고 의미상으로도 연결시켜 보려고 해도 잘 되지 않아서 running으로 제시하는 것이 일반적일 것이라고 생각된다. 마찬가지로 셋째 연의 가사 Well, I'm standin' on a corner에서 standin'을 a-standin'으로 소개되고 있는 경우도 있는데, standin'으로 제시하는 것이 일반적일 것이다.

I Have Nothing

Sung by Ariana Grande

Share my life
Take me for what I am
'Cause I'll never change
All my colors for you
Take my love
I'll never ask for too much
Just all that you are and everything that you do

I don't really need to look very much further/farther
I don't wanna have to go, where you don't follow
I won't hold it back again this passion inside
Can't run from myself
There's nowhere to hide

Don't make me close one more door
I don't wanna hurt anymore
Stay in my arms if you dare
Or must I imagine you there
Don't walk away from me
I have nothing, nothing, nothing
If I don't have you, you, you, you, you, you

You see through right to the heart of me
You break down my walls with the strength of your love
Hmmm oh, I never knew love like I've known it with you
Will our memories survive, one I can hold on to

I don't really need to look very much further
I don't wanna have to go, where you don't follow
I won't hold it back again this passion inside

Can't run from myself
There's nowhere to hide
You're the love I remember forever

Don't make me close one more door
I don't wanna hurt anymore
Stay in my arms if you dare
Or must I imagine you there
Don't walk away from me
I have nothing, nothing, nothing

Don't make me close one more door
I don't wanna hurt anymore
Stay in my arms if you dare
Or must I imagine you there
Don't walk away from me
No, don't walk away from me
Don't you dare walk away from me
I have nothing, nothing, nothing
If I don't have you
You, if I don't have you babe

난 아무것도 가진 게 없어요

아리어나 그란데의 노래

내 삶을 함께 해요
나를 있는 그대로의 모습대로 받아 들여줘요
왜냐하면 난 결코 바꾸지 않을 거예요
당신을 위한 나의 모든 색깔을
내 사랑을 받아요
나는 결코 너무 많이 요구하지 않을 거예요
단지 당신의 있는 그대로의 모든 것과 당신이 하는 모든 것 그대로만

나는 정말로 훨씬 더 먼 곳을 바라볼 필요는 없어요
나는 당신이 따라오지 않는 곳으로 꼭 가고 싶지도 않아요
난 이런 내 안의 열정을 또 다시 감추지 않을 거예요
나 자신으로부터 도피할 수 없어요
숨을 곳도 없어요

내게 또 다른 문을 닫게 하려고 하지 말아요
난 더 이상 상처 받고 싶지 않아요
만약 감히 당신이 용기 있으면 내 품안에 있어줘요
그렇지 않다면 당신이 내 품에 있다고 상상만해야 하나요
내게서 멀어지지 말아요
나 아무 것도 아무 것도 아무 것도 가진 게 없어요
만약 내가 당신을, 당신을, 당신을, 당신을, 당신을, 당신을 가지지 못한다면

당신은 바로 내 마음속 깊은 곳까지 꿰뚫어 봐요
당신은 사랑의 힘으로 내 벽을 허무네요
음 아 난 당신과 함께하면서 알게 된 사랑 같은 건 난 결코 알지도 못했어요
우리의 기억들이 살아 숨 쉴까요 내가 꼭 붙잡을 수 있는 한

나는 정말로 훨씬 더 먼 곳을 바라볼 필요는 없어요
나는 당신이 따라오지 않는 곳으로 꼭 가고 싶지도 않아요
난 이런 내 안의 열정을 또 다시 감추지 않을 거예요
나 자신으로부터 도피할 수 없어요
숨을 곳도 없어요
당신은 내가 영원히 기억하는 사랑하는 사람이에요

내게 또 다른 문을 닫게 하려고 하지 말아요
난 더 이상 상처 받고 싶지 않아요
만약 감히 당신이 용기 있으면 내 품안에 있어줘요

그렇지 않다면 당신이 내 품에 있다고 상상만해야 하나요
내게서 멀어지지 말아요
나 아무 것도 아무 것도 아무것도 가진 게 없어요

내게 또 다른 문을 닫게 하려고 하지 말아요
난 더 이상 상처 받고 싶지 않아요
만약 감히 당신이 용기 있으면 내 품안에 있어줘요
그렇지 않다면 당신이 내 품에 있다고 상상만해야 하나요
내게서 멀어지지 말아요
그래요 내게서 멀어지지 말아요
감히 당신은 내게서 멀어지지 말아요
나 아무 것도 아무 것도 아무 것도 가진 게 없어요
만약 내가 당신을 가지지 못한다면
당신을, 만약 내가 당신을 가지지 못한다면 그대여

* 영어 발음 제대로 듣거나 말하기

1) 이어지는 소리(연음)의 경우

(1) 약모음 이동

back again, walk away

back again에서 again의 a는 약모음 [ə]가 되어 앞 낱말 끝부분에 가서 붙어 '배커겐'으로 발음된다. again의 발음은 미국영어와 영국영어에서 다르게 발음된다. again의 미국영어 발음은 어겐[əgen]이고, 영국영어 발음은 어게인[əgein]이다. walk away에서 away의 a가 약모음 [ə]가 되어 앞 낱말 끝부분에 가서 붙어 '워커 웨이'로 발음된다.

(2) 자음 이동

Just all, hold it, must I, heart of, strength of, known it, hold on

Just all에서 Just의 자음 t가 뒤에 있는 낱말 앞부분에 가서 붙어 '저스톨'로 발음된다. hold it에서 hold의 자음 d가 뒤에 있는 낱말 앞부분에 가서 붙어 '홀딧'으로 발음된다. known it도 마찬가지 경우이다. must I에서 must의 자음 t가 뒤에 있는 낱말 앞부분에 가서 붙어 '머스타이'로 발음된다. heart of에서 heart의 자음 t가 뒤에 있는 낱말 앞부분에 가서 붙어 '하러브'에 가깝게 발음된다. strength of에서 strength의 th가 뒤에 있는 낱말 앞부분에 가서 붙어 '스뜨렝서브'에 가깝게 발음된다. hold on에서 hold의 자음 d가 뒤에 있는 낱말 앞부분에 가서 붙어 '호울돈'으로 발음된다.

2) 없어지는 소리(탈락)의 경우

All, don't really, really, need to, don't wanna, wanna, don't follow, follow, won't hold, passion, Can't run, Don't make, Don't walk, don't have, right to, walls, with the

All에서 ll의 l은 같은 철자이기 때문에 앞의 l이 탈락되어 '올'로 발음된다. really, wanna, follow, passion, right to, walls도 마찬가지 경우이다.

don't really에서 don't의 t는 자음 n과 really의 자음 r 사이에 놓이기 때문에 탈락되어 '돈 리어리'로 발음된다. 이와 같이 자음과 자음 사이에 놓이는 여섯 개의 파열음인 철자—k/g, p/b, t/d—가 탈락되는 예로 don't wanna, don't follow, won't hold, Can't run, Don't make, Don't walk와 don't have가 해당된다.

need to에서 need의 d와 to의 t는 같은 위치에서 소리가 나기 때문에 앞의 d는 탈락되어 '니터'로 발음된다.

with the에서 with의 th와 the의 th는 같은 발음 [ð]이기 때문에 앞에 있는 th가 탈락되어 '위더'에 가깝게 발음된다.

3) 닮는 소리(동화)의 경우

(1) 단타음화

what I, heart of

what I에서 t)가 강모음과 약모음 사이에 놓이면 단타음(單打音)으로 되어 t도, d도, r도 아닌 발음이 된다. what I는 '워라이'에 가깝게 발음된다. 이 소리는 한글로 표기할 수 없으며 오직 소리로만 익힐 수밖에 없다. 특히 미국영어(American English)에서 두드러진 현상이다. heart of도 마찬가지 경우이다.

(2) 구개음화

that you

that you에서 that의 t[t]와 you의 y[j]가 합쳐지면 서로 닮아서 [ʧ]로 바뀌어 '대츄'에 가깝게 발음된다. 따라서 이런 현상은 영국영어(British English) 보다 미국영어(American English)에서 자주 나타나는 현상이다.

4) 줄어진 소리(축약)의 경우

'Cause, I'll, don't, There's, I've

'Cause는 because의 줄어진 형태이다.

도우미동사(조동사)의 경우인 I'll, 부정형인 don't, be 동사의 경우인 There's, have 동사의 경우인 I've가 있다. 이 가운데 I'll에서 'll이 한국인이 발음하기에 가장 힘든 예이다. 그 이유는 'll은 will의 줄인 형태인데 'll'이 한국어에 없는 발음으로, 'l'은 혀를 입천장에 붙여서 소리를 내야 하는데, 한국어에는 이렇게 소리를 내는 것이 없기 때문이다.

5) 주의해야 할 발음

what, have to, where, Can't, nowhere, can

what, where와 nowhere에서 wh~로 시작되는 낱말은 'w' 뒤에 있는 'h'의 소리가 보통 들리지 않는다. 그러니까 what은 '홧'이라기 보다 '왓'에 가깝게, where는 '훼어'라기 보다 '웨어'에 가깝게, nowhere는 '노훼어'라기 보다 '노웨어'에 가깝게 발음된다. 그러나 사람과 관련된 who, whose와 whom은 예외로 'h' 소리가 그대로 난다.

have to는 '~해야 한다'라는 뜻으로 [hæftə]로 발음한다. 우리가 보통 발음하는 '해브 투'가 아닌 '해후터'에 가깝게 발음된다.

Can't와 can은 도우미동사로 기능낱말이기 때문에 약하게 발음한다. 그런데 can't 다음에 자음이 나오기 때문에 탈락되는 경우가 대부분이어서 can은 [kən]으로 can't는 [kæn]으로 발음하기로 약속이 되어 있다. 그런데 can이 문장 가운데 들어가는 경우가 [kən]으로 주로 발음되고 문장의 끝에 들어가는 경우에는 [kæn]으로 발음되는 경우가 대부분이다. can't는 기본적으로 [kæn]으로 발음되면서 can 보다 약간 길게 발음되는 경향이 있다.

6) 기타

wanna

wanna는 허물없이 발음하는 경우의 예이다. wanna는 want to인데 입말체에서 '완터투'로 발음하지 않고 '와너'로 발음하고, want to로 표기가 되어 있더라고 말을 할 때 는 wanna로 발음하는 경우가 대부분이다. want to에서 wanna로 바뀌는 과정은 '팝송 영어 소리를 제대로 듣는 요령'에 나와 있는 설명을 참고하기 바란다.

* 팝송에 들어 있는 쓸모 있는 영어 표현들

1. Take me for what I am: **what I am**은 글자 그대로 '내가 무엇인가'라는 뜻이다. 그러니까 '지금의 나의 모습'이라고 이해하면 될 것이다. 마찬가지로 who I am은 글자 그대로 '내가 누구인가'라는 뜻이다. 그러니까 '지금의 나의 신분', '지금의 나', '나의 정체'나 '나의 인간 됨됨이'로 이해할 수 있을 것이다.

2. I'll never ask for too much: **ask for**는 1) '(누구를 만나거나 어디를 가기 위해) ~에 대해 묻다[~를 찾다]'와 2) '청구하다, 요청하다, 청하다'라는 뜻이다. 예문들은 다음과 같다. 이 노래에서는 2)의 뜻으로 쓰이고 있다.

1)의 예문들은 다음과 같다.

Did he **ask for** your number?

(그 사람이 네 전화번호를 물어봤니?)

When you arrive, ask for Jane.

(도착하시면 제인을 찾으세요.)

If it's close by, I'll just ask for directions.

(가까우면 물어서 찾아가지 뭐.)

2)의 예문들은 다음과 같다.

It didn't occur to her to **ask for** help.

(그녀는 도움을 청할 생각은 들지 않았다.)

You can ask for help whenever you need it.

((당신이) 필요할 때는[필요하면] 언제든지 도움을 청할 수 있다.)

I am writing to ask for some information about courses.

(저는 강좌들에 대한 정보를 부탁드리려고 이 편지를 씁니다.)

3. I (won'thold it back again this passion inside: **hold back**은 1) hold sb/sth으로 쓰여 '~을[를] 저지[제지]하다', 2) hold sth back으로 쓰여 '~을[를] 비밀로 하다[말하지 않다], 비밀로 해두다'와 3) hold back (from doing sth)으로 쓰여 '(~하기를) 망설이다/~를[을] 망설이게 만들다, (활동 등에) 참가하지 않다, 관계하지 않다, 억제하다'라는 뜻으로 쓰인다. 이 노래에서는 3)의 뜻으로 쓰이고 있다.

1)의 예문들은 다음과 같다.

Don't **hold** him **back** if he wants to go.

(그가 가겠다면 가게 놔둬라.)

The police were unable to hold back the crowd.

(경찰이 군중을 저지하지 못했다.)

"Leigh," he said seizing my arm to hold me back.

("리."라고 그가 나를 말리려고 팔을 붙들며 말했다.)

2)의 예문들은 다음과 같다.

Don't **hold** anything **back**. Go the limit.

(아무것도 숨기지 마라. 가능한 한 전부 털어놓아라.)

She held back the announcement for a week.

(그녀는 일주일 동안 그 발표를 비밀로 했다.)

We report quarterly and can hold back nothing.

(우리는 분기별로 신고하는데 모든 걸 다 신고해야 됩니다.)

3)의 예문들은 다음과 같다.

He could no longer **hold back** his tears.

(그는 더 이상 눈물을 참을 수가 없었다.)

I couldn't hold back my anger when she called me a liar.

(그녀가 나한테 거짓말쟁이라고 했을 때 화를 참을 수가 없었다.)

She held back, not knowing how to break the terrible news.

(그녀는 그 끔찍한 소식 얘기를 어떻게 꺼내야 할지 몰라서 망설였다.)

4. Don't make me close one more door: **made me close**에서 make 다음에 목적어(me)가 나오고 그 뒤에 to 부정사가 나와야 되는데 make가 강제성을 띠고 있는 경우 알몸동사(원형동사; bare infinitive)가 쓰여 to close가 아니라 close로 된다.

5. Don't walk away from me: **walk away**는 '(힘든 상황 · 관계를 외면하고) 떠나버리다, ~에서 걸어가다'라는 뜻이다. 예문들은 다음과 같다.

She began to **walk away** from him.

(그녀는 그에게서 멀리 걸어가기 시작했다.)

He walked away in the opposite direction.

(그는 반대 방향으로 걸어서 떠나 버렸다.)

He doesn't have the guts to walk away from a well-paid job.

(그는 보수가 후한 직장을 박차고 나갈 배짱이 없다.)

6. You see through right to the heart of me: **see through**는 1) '(특정한 기간 동안) ~를[을] 도와[견디게 해] 주다/~가 ~을 나도록[견디도록] 해 주다', 2) '(포기하지 않고) ~을[를] 끝까지 해내다', 3) '~을[를] 꿰뚫어 보다, ~을[를] 간파하다', 4) '끝까지 지켜보다, 도와주다'(=assist, guide)와 5) '~(으)로 보다[보이다]'라는 뜻이다. 이 노래에서는 3)의 뜻으로 쓰이고 있다.

1)의 예문들은 다음과 같다.

I only have $20 to **see** me **through** the week.

(나는 한 주를 날 돈으로 이십 달러밖에 가지고 있지 않다.)

Her courage and good humour saw her through.

(그녀의 용기와 유머 감각이 그녀를 견디게 해 주었다.)

It is hard to see how people will get through the winter.

(사람들이 겨울을 과연 어떻게 견디어 낼 수 있을지 모르겠다.)

2)의 예문들은 다음과 같다.

She's determined to **see** the job **through**.

(그녀는 그 일을 끝까지 해내리라 작정하고 있다.)

I want to see the job through to the finish.

(나는 그 일을 끝까지 다 보고 싶다.)

I intend to continue it and see the job through to the finish.

(나는 그 일을 지속적으로 해서 마지막까지 지켜볼 작정이다.)

3)의 예문들은 다음과 같다.

I can **see through** your little game.

(당신의 되잖은 수작을 난 간파할 수 있어.)

We saw through him from the start.

(우리는 처음부터 그를 간파했다.)

Even your next-door neighbor didn't see through your disguise.

(당신 옆집에 사는 이웃조차도 당신의 변장을 꿰뚫어보지 못했다.)

4)의 예문들은 다음과 같다.

I plan to **see** this one **through** to the end.

(나는 이 일을 끝까지 도와줄 것이라고 계획했다.)

Having come this far, she was determined to see things through.

(이렇게 멀리 왔기 때문에 그녀는 상황을 끝까지 지켜보기로 했다.)

We are bringing the financial resources to see through that process of change.

(우리는 그 변화의 과정을 끝까지 해내기 위해 금융 자원들을 가져오고 있다.)

5)의 예문들은 다음과 같다.

We could **see** the moon **through** a break in the clouds.

(구름이 갈라진 사이로 달이 보였다.)

We could see the stars through an opening in the roof.

(지붕에 난 구멍으로 별이 보였다.)

It was difficult for me to see through the air this morning due to the thick haze.

(짙은 안개 때문에 오늘 아침 내가 공기를 통해 보는 것이 어려웠다.)

7. You break down my walls with the strength of your love: **break down**은 1) '고장 나다', 2) '~을[를] 부수다', 3) '결렬되다'와 4) '분해하다'와 5) '(마음이) 슬픔에 지치다, (건강·체력·기력 등이) 쇠약해지다, 꺾이다, 아주 나빠지다'라는 뜻으로 쓰인다. 예문들은 다음과 같다. 이 노래에서는 2)의 뜻으로 쓰이고 있다.

1)의 예문들은 다음과 같다.

The telephone system has **broken down**.

(그 전화 시스템이 고장 난 상태이다.)

The car won't break down within the warranty period.

(그 차는 보증수리기간 안에는 고장 나지 않을 거에요.)

It also means there are no moving parts to break down.

(이는 움직이는 부분은 고장 나는 게 없다는 뜻이다.)

2)의 예문들은 다음과 같다.

Open up or we'll **break** the door **down**!

(문 열어. 안 그러면 부숴 버릴 거야!)

In here, acids break down food into bits.

(이곳에서 위산은 음식물을 작은 조각으로 부순다.)

Firefighters had to break the door down to reach the people trapped inside.

(안에 갇힌 사람들에게 접근하기 위해 소방관들이 문을 부수어야만 했다.)

3)의 예문들은 다음과 같다.

The negotiations **broke down**.

(그 협상이 결렬되었다.)

The negotiations will inevitably break down.

(그 교섭의 결렬은 불가피하다.)

We will resume service as soon as negotiations break down.

(저희는 협상이 결렬되자마자 본래의 서비스를 다시 제공해드리겠습니다.)

4)의 예문들은 다음과 같다.

Workers **break down** waste in the plant.

(근로자들은 그 공장에서 배설물을 분해합니다.)

We have to use materials that naturally break down.

(우리는 자연적으로 분해되는 재료를 써야 한다.)

Petrochemicals do not break down into harmless substances.

(석유화학 제품은 환경에 무해한 물질로 분해되지 않는다.)

5)의 예문들은 다음과 같다.

His health **broke down**.

(그의 건강은 쇠약해졌다.)

He broke down through overwork.

(그는 과로로 인해서 건강을 해쳤다.)

The demon will say anything to break us down.

(그 악마는 우리를 좌절 시키려고 어떤 것을 말할 것이다.)

8. Will our memories survive, one I can hold on to: **hold on to**는 1) '(자기에게 유리한 것을) 고수하다[지키다]; (팔거나 주지 않고) 계속 보유하다'와 2) '~에 매달리다, 꼭잡다'(=seize and cling to)라는 뜻으로 쓰인다. 이 노래에서는 2)의 비유적인 뜻으로 쓰인다.

1)의 예문들은 다음과 같다.

You should **hold on to** your oil shares.

(당신은 석유 주식들을 계속 보유하셔야 합니다.)

I'd buy a few shares now, and just hold on to them.

(저라면 지금 몇 주 사서 보유하겠습니다.)

I told him how we had fought to hold on to the company.

(나는 우리가 회사를 지켜 내기 위해 어떻게 분투해 왔는지 그에게 알려 줬다.)

2)의 예문들은 다음과 같다.

Hold on to the handrail to keep your balance.

(몸의 균형을 유지하기 위해 손잡이를 꼭 잡고 있으세요.)

He strained to hold on to the mossy concrete.

(그는 이끼 낀 콘크리트 표면을 계속 붙잡고 있으려고 안간힘을 썼다.)

Eels were so slippery that I couldn't hold on to them.

(뱀장어들이 미끈거려서 손에 잡히지 않았다.)

기억할 만한 영어 문장

1. I'll never ask for too much.

   (나는 결코 너무 많이 요구하지 않을 거예요.)

2. You see through right to the heart of me.

   (당신은 바로 내 마음속 깊은 곳까지 꿰뚫어 봐요.)

3. I don't really need to look very much further.

   (나는 정말로 훨씬 더 먼 곳을 바라볼 필요는 없어요.)

* 팝송 에세이

사랑의 색깔은 어떤 것일까? 많은 사람들이 화려하면서 다채로운 색깔을 머릿속으로 그려볼 것이다. 그렇지만 가만히 생각해 보면 그건 사랑을 구경하는 사람들이 그려보는 사랑의 색깔이 아닐까? 막상 사랑하는 대상과의 만남을 통해 사랑의 색깔을 확인해 보면 생각보다 소박한 색깔인 무채색에 가까울지 모른다. 사랑을 하는 사람의 색깔은 인격을 통해 드러나는 것이기 때문에 인격의 다양성은 쉽게 기대할 수 없기 때문에 한 가지 색깔 또는 한 가지 색깔에 한 가지 더 있을 것 같은 색깔 정도로 느껴질 뿐이다.

사랑의 행위는 인격이 그대로 드러난다는 점에서 인격의 구현이다. 따라서 사랑하는 사람의 됨됨이가 그 무엇 보다 중요한 것이다. 첫 눈에 또는 몇 번의 만남 가운데 상대방의 인격의 윤곽을 파악하는 것이 그 무엇보다 중요하다. 짧은 만남에서 상대방이 내뱉는 이야기를 전적으로 믿어서 되는 일도 아니기 때문에 상대방에 대한 신중한 관찰과 파악을 통해 확인하는 과정이 필요하다. 그 이유는 사랑에 빠지면 빠지는 과정보다 사랑에서 빠져 나오는 과정이 더 어렵기 때문이다. 사랑에 빠지는 과정은 선한 마음과 열정으로 무장되어 있기 때문에 훨씬 긍정적인 요소가 많이 끼어든다. 하지만 사랑에서 빠져 나오는 과정은 장애물이 중간 중간에 놓여 있기 때문에 훨씬 더 빠져 나오기가 힘들다. 그렇다면 사랑을 하게 될 때 중요한 요소는 무엇일까?

사랑은 상대방의 참모습을 존중하는 것이다. 이 때 참모습은 상대방의 현재의 모습 그대로 바라보고 확인하고 판단하는 것이다. 있는 현재의 모습이란 바로 그 사람의 인격이고 그 사람의 정체성이고 그 사람의 본질이 될 수 있기 때문에 현재의 모습에 대한 보다 더 철저한 파악이 필요하다. 그런 모습에 대한 판단은 그 사람의 말과 행동만으로 파악될 수 있는 것이 아니고, 그 사람의 마음속 깊은 곳까지 꿰뚫어 볼 수 있는 통찰력이다. 이런 통찰력을 위해 일정한 거리를 유지할 필요가 있다. 이 거리는 비판적 거리라고 말할 수 있다. 대상을 파악해야 하는 경우에는 언제나 비판적 거리를 유지함으로써 어느 정도 객관적 판단을 할 수 있게 된다. 마음을 꿰뚫어보고 신뢰가 쌓여 가면 그냥 품안에 있을 마음을 내비치면 사랑은 시작되는 것이다.

★ 덧붙이는 글 ★

원곡은 위트니 휴스턴(Whitney Houston)의 노래이다.

Because Of You

Sung by Kelly Clarkson

I will not make the same mistake that you did
I will not let myself
Cause my heart so much misery
I will not break the way you did
You fell so hard
I've learned the hard way to never let it get that far

Because of you
I never stray too far from the sidewalk
Because of you
I learned to play on the safe side so I don't get hurt
Because of you
I find it hard to trust not only me but everyone around me
Because of you
I am afraid

I lose my way
And it's not too long before you point it out
I cannot cry
Because I know that's weakness in your eyes
I'm forced to fake a smile, a laugh every day of my life
My heart can't possibly break
When it wasn't even whole to start with

Because of you
I never stray too far from the sidewalk
Because of you
I learned to play on the safe side so I don't get hurt
Because of you
I find it hard to trust not only me, but everyone around me

Because of you
I am afraid

I watched you die
I heard you cry every night in your sleep
I was so young
You should have known better than to lean on me
You never thought of anyone else
You just saw your pain
And now I cry in the middle of the night
For the same damn thing

Because of you
I never stray too far from the sidewalk
Because of you
I learned to play on the safe side so I don't get hurt
Because of you
I try my hardest just to forget everything
Because of you
I don't know how to let anyone else in
Because of you
I'm ashamed of my life because it's empty
Because of you
I am afraid

Because of you, ooh
Because of you, ooh

당신 때문에

켈리 클락슨의 노래

난 당신이 저질렀던 똑같은 실수는 저지르지 않을 거예요
난 내 자신을 내버려 두지도 않을 거예요
내 마음에 주는 너무 많은 고통 때문에
나는 당신이 했던 방식으로 나는 내 마음을 아프게 하지 않을 거예요
당신은 너무 심하게 무너졌어요
나는 그게 그렇게 심하게 되도록 내버려 두어서는 결코 안 된다는 걸 어렵게 배웠어요

당신 때문에
난 인도에서 결코 너무 멀리 벗어나지 않아요
당신 때문에
난 안전한 쪽에서 있어야 한다는 것을 배웠어요 그래서 난 상처받지 않아요
당신 때문에
나 자신 뿐만 아니라 내 주위의 모든 사람들도 믿기 힘들어요
당신 때문에
난 두려워요

난 길을 잃어요
그리고 당신이 그것을 지적하기 전엔 그리 길지 않았어
난 울 수 없어요..
나는 그게 당신의 눈망울에서의 약한 면이라는 것을 알기 때문이에요
난 내 삶의 매일 매일 거짓 미소를 짓고, 거짓으로 웃는 척을 하라고 강요딩했어요
나의 마음은 아마 부서질 수 없어요
심지어 시작할 때부터 완전한 것이 아니었으니

당신 때문에
난 절대 인도에서 결코 너무 멀리 벗어나지 않아요
당신 때문에
난 안전한 쪽에서 있어야 한다는 것을 배웠어요 그래서 난 상처받지 않아요
당신 때문에
나 자신 뿐만 아니라 내 주위의 모든 사람들도 믿기 힘들어요
당신 때문에
난 두려워요

난 당신이 죽는 것을 보았죠
난 당신이 매일 밤 잠자리에서 울고 있는 것을 들었어요
나는 너무 어렸죠
당신은 나에게 기대는 것 보다 더 나은 것을 알고 있었어야 했어요

당신은 다른 사람을 결코 생각하지 않았어요
당신은 단지 당신의 고통만을 보았어요
그리고 지금 난 한밤중에 울어요
빌어먹을 똑같은 것 때문에

당신 때문에
난 인도에서 결코 너무 멀리 벗어나지 않아요
당신 때문에
난 안전한 쪽에서 있어야 한다는 것을 배웠어요 그래서 난 상처받지 않아요
당신 때문에
난 단지 모든 것을 잊기 위해 무척 애를 써요
당신 때문에
나는 다른 사람을 받아들이는 법을 몰라요
당신 때문에
난 나의 삶이 텅 비어버렸기 때문에 난 부끄러워요
당신 때문에
난 두려워요

당신 때문에, 아
당신 때문에, 아

* 영어 발음 제대로 듣거나 말하기

1) 이어지는 소리(연음)의 경우

(1) 약모음 이동

am afraid, fake a, I'm ashamed

am afraid에서 afraid의 a는 약모음 [ə]가 되어 앞 낱말 끝부분에 가서 붙어 '애머 후레이드'에 가깝게 발음된다. fake a에서 a는 약모음 [ə]가 되어 앞 낱말 끝부분에 가서 붙어 '훼이커'에 가깝게 발음된다. I'm ashamed에서 ashamed의 a는 약모음 [ə]가 되어 앞 낱말 끝부분에 가서 붙어 '아이머 쉐임드'로 발음된다.

(2) 자음 이동

let it, Because of, find it, point it, When it, lean on, thought of, middle of, else in, ashamed of

let it에서 let의 자음 t가 뒤에 있는 낱말 앞부분에 가서 붙어 '레릿'에 가깝게 발음된다. When it도 마찬가지 경우이다. Because of에서 Because의 e는 낱말 끝에 있기 때문에 약화되고 그 앞에 있는 s가 뒤에 있는 낱말 앞부분에 가서 붙어 '비코저브'로 발음된다. middle of도 마찬가지 경우이다. find it에서 find의 자음 d가 뒤에 있는 낱말 앞부분에 가서 붙어 '화인딧'에 가깝게 발음된다. 그리고 find의 d가 앞의 콧소리 n을 닮아서 n으로 되었다가 n이 겹쳐서 나오기 때문에 앞의 n이 탈락되어, 남은 자음 n이 뒤에 있는 낱말 앞부분에 가서 붙어 '화이닛'에 가깝게 발음되는 경우도 있다. point it에서 point의 자음 t가 뒤에 있는 낱말 앞부분에 가서 붙어 '포인팃'으로 발음된다. 그리고 point의 자음 t가 앞의 콧소리 n을 닮아서 n으로 되었다가 n이 겹쳐서 나오기 때문에 앞의 n이 탈락되어, 남은 자음 n이 뒤에 있는 낱말 앞부분에 가서 붙어 '포이닛'으로 발음되는 경우도 있다. lean on에서 lean의 자음 n이 뒤에 있는 낱말 앞부분에 가서 붙어 '리넌'으로 발음된다. thought of에서 thought의 자음 t가 뒤에 있는 낱말 앞부분에 가서 붙어 '소터브'에 가깝게 발음된다. else in에서 else의 e는 낱말 끝에 있기 때문에 약화되고 그 앞에 있는 s가 뒤에 있는 낱말 앞부분에 가서 붙어 '엘신'으 발음된다. ashamed of에서 ashamed의 ed 발음 [d]가 뒤에 있는 낱말 앞부분에 가서 붙어 '어셰임더브'로 발음된다.

2) 없어지는 소리(탈락)의 경우

will, heart so, fell, learned the, hard way, get that, learned to, don't get, hard to, around me, not too, cannot, forced to, heart can't, possibly, watched you, was so, just saw, And now, hardest just, just to, don't know

will에서 ll의 l은 같은 철자이기 때문에 앞의 l이 탈락되어 '윌'로 발음된다. fell, not too, cannot, possibly, was so와 just to도 마찬가지 경우이다.

heart so에서 heart의 t는 자음 r과 so의 자음 s 사이에 놓이기 때문에 탈락되어 '하소우'로 발음된다. 이와 같이 자음과 자음 사이에 놓이는 여섯 개의 파열음인 철자—k/g, p/b, t/d—가 탈락되는 예로 hard way, don't get, around me, heart can't, just saw, And now, hardest just와 don't know가 해당된다.

learned the에서 learned의 ed 발음 [d]가 the의 th[ð]과 비슷한 발음이기 때문에 앞에 있는 ed가 탈락되어 '런더'에 가깝게 발음된다.

get that에서 get의 t가 that의 th[ð]와 비슷한 발음이기 때문에 앞에 있는 t가 탈락되어 '게댓'에 가깝게 발음된다.

learned to에서 learned의 ed 발음 [d]가 to의 t와 같은 위치에서 소리가 나기 때문에 앞의 ed가 탈락되어 '런터'로 발음된다.

hard to에서 hard에서 d와 to에서 t는 같은 위치에서 소리가 나기 때문에 앞의 d가 탈락되어 '하터'로 발음된다.

forced to에서 forced의 ed 발음 [t]가 to의 t와 발음이 같기 때문에 앞에 있는 ed가 탈락되어 '호스터'에 가깝게 발음된다.

watched you에서 watched의 ed 발음 [t]가 그 앞에 있는 자음 h와 you의 자음 y

사이에 놓이기 때문에 탈락되어 '와치 유'로 발음된다. 이것은 자음과 자음 사이에 놓이는 여섯 개의 파열음인 철자—k/g, p/b, t/d—나 같은 발음이 될 때 탈락되는 경우이다.

3) 닮는 소리(동화)의 경우

(1) 단타음화

let it, night in, better, middle

let it에서 t가 강모음과 약모음 사이에 놓이면 단타음(單打音)으로 되어 t도, d도, r도 아닌 발음이 된다. let it은 '레릿'에 가깝게 발음된다. 이 소리는 한글로 표기할 수 없으며 오직 소리로만 익힐 수밖에 없다. 특히 미국영어(American English)에서 두드러진 현상이다. night in과 better도 마찬가지 경우이다.

middle에서 d가 강모음과 약모음 사이에 놓이면 단타음(單打音)으로 되어 t도, d도, r도 아닌 발음이 된다. middle은 '미를'에 가깝게 발음된다. 이 소리는 한글로 표기할 수 없으며 오직 소리로만 익힐 수밖에 없다. 특히 미국영어(American English) 에서 두드러진 현상이다.

(2) 구개음화

that you, heard you

that you에서 that의 t[t]와 you의 y[j]가 합쳐지면 서로 닮아서 [ʧ]로 바뀌어 '대츄'에 가깝게 발음된다. 따라서 이런 현상은 영국영어(British English) 보다 미국영어(American English)에서 자주 나타나는 현상이다.

heard you에서 heard의 d[d]와 you의 y[j]가 합쳐지면 서로 닮아서 [ʤ]로 바뀌어 '허쥬'에 가깝게 발음된다. 발음된다. 이런 현상은 영국영어(British English) 보다 미국영어(American English)에서 자주 나타나는 현상이다.

(3) 비음화

And, point, wasn't

미국영어(American English)의 경우 And에서 d가 바로 앞에 있는 콧소리[비음] n 을 닮아서 n으로 되었다가, n이 겹치기 때문에 앞의 n이 탈락되어 '앤'으로 발음된다. 그런데 영국영어(British English)에서는 d를 그대로 발음하는 경우가 대부분이다.

미국영어(American English)의 경우 point에서 t가 바로 앞에 있는 콧소리[비음] n을 닮아서 n으로 되었다가, n이 겹치기 때문에 앞의 n이 탈락되어 '포인'으로 발음된다. 그런데 영국영어(British English)에서는 t를 그대로 발음하는 경우가 대부분 이다. wasn't도 마찬가지 경우이다.

4) 줄어진 소리(축약)의 경우

I've, don't, it's, that's, I'm, can't, wasn't

have 동사의 경우인 I've, 부정형인 don't, can't와 wasn't, be 동사의 경우인 it's, that's와 I'm이 있다.

5) 주의해야 할 발음

stray, trust, can't, When, should have known, try

stray에서 s+k/p/t가 되면 된소리에 가깝게 소리가 난다. 대부분 k/p/t가 들어간 낱말은 h가 들어가는 소리를 내게 되는데, s+k/p/t의 경우는 h 소리가 들어가지 않고 된소리에 가깝게 발음된다. 그러니까 step은 '스뗍'에 가깝게, stray는 '스뜨레이'에 가깝게 발음된다.

trust와 try에서 'tr~'의 발음은 '츠'와 '추'의 중간쯤 되는 소리로 '츄'에 가깝게 발음된다. trust는 '트러스트'라기 보다 '츄러스트'에 가깝게, try는 '트라이'이라기 보다 '츄라이'에 가깝게 발음된다.

can't는 can과 마찬가지로 도우미동사로 기능낱말이기 때문에 약하게 발음한다.

그런데 can't 다음에 자음이 나오기 때문에 탈락되는 경우가 대부분이어서 can은 [kən]으로 can't는 [kæn]으로 발음하기로 약속이 되어 있다. 그런데 can이 문장 가운데 들어 가는 경우가 [kən]으로 주로 발음되고 문장의 끝에 들어가는 경우에는 [kæn]으로 발음되는 경우가 대부분이다. can't는 기본적으로 [kæn]으로 발음되면서 can 보다 약간 길게 발음되는 경향이 있다.

When에서 wh~로 시작되는 낱말은 'w' 뒤에 있는 'h'의 소리가 보통 들리지 않는다. 그러니까 When은 '휀'이 아닌 '웬'에 가깝게 발음된다. 그러나 사람과 관련된 who, whose와 whom은 예외로 'h' 소리가 그대로 난다.

should have known은 도우미동사 과거+have+과거분사의 형태이다. 이런 형태로 되어 있는 경우에는 세 개의 낱말이 한 박자를 받아야 하기 때문에 주어진 시간 안에 발음하려면 일부를 줄이거나 또는 약하게 발음할 수밖에 없다. 이 세 개의 낱말 가운데 have가 've로 하거나 have로 되어 있다 할지라도 발음을 약하게 해야 된다. should have known은 '슈드 해브 노운'이 아니라 '슈더브 노운' 또는 '슈르브 노운'에 가깝게 발음된다.

* 팝송에 들어 있는 쓸모 있는 영어 표현들

1. I will not make the same mistake that you did: **make a mistake**는 '실수하다, 잘못 생각하다'라는 뜻이다. 그리고 **make the same mistake**는 '같은 실수를 하다'라는 뜻이다. 예문들은 다음과 같다.

It's easy to **make a mistake**.
(실수를 범하기는 쉽다.)

He's waiting for me to make a mistake.
(그는 내가 실수를 저지르기를 기다리고 있어.)

When we make a mistake while dancing, we can dance again.
(우리가 춤을 출 때, 실수를 하면 다시 출 수 있어요.)

I keep **making the same mistakes**.

(나는 계속 같은 실수를 한다.)

Many a man has made the same mistake.

(같은 실수를 한 사람이 많다.)

I was embarrassed to tell him that I made the same mistake.

(그에게 내가 같은 실수를 저질렀다고 말하기가 부끄러웠다.)

2. Cause my heart so much misery / I will not break the way you did: 이 가사는 조금은 복잡하게 되어 있다. 문맥을 고려하여 풀어보면 Cause so much misery / I will not break my heart the way you did로 볼 수 있다. '너무 많은 고통 때문에 나는 당신이 했던 방식으로 나는 내 마음을 아프게 하지 않을 것이다'로 보면 될 것이다.

3. I've learned the hard way to never let it get that far: **the hard way**는 '고생을 하면서[실수를 통해]'라는 뜻이다. 예문들은 다음과 같다.

I guess I had to learn this **the hard way**.

(나도 이걸 어렵게 배워야 했던 것 같아.)

He learned about the dangers of drugs the hard way.

(그는 실수를 통해 마약의 위험에 관해 배웠다.)

The Americans learned this the hard way in Berlin this year.

(미국인들은 올해 베를린에서 이것을 어렵게 배웠다.)

let it get에서 let 다음에 목적어(the story)가 나오고 그 뒤에 to 부정사가 나와야 하는데 let가 허용이나 허락을 하는 경우 알몸동사(원형동사; bare infinitive)가 쓰여 to get이 아니라 get으로 된다.

that는 한정사, 대명사, 접속사와 부사로 쓰이는데, 여기서는 부사로 쓰이는 경우이다. 이럴 경우 that는 '그렇게, 그만큼, 그 정도, 기대[예상]한 정도로는'이란 뜻으로 된다. 예문들은 다음과 같다.

It's about **that** long.

(그것은 길이가 그 정도 돼.)

I can't walk that far.

(나는 그렇게 멀리는 걸을 수 없다.)

My arm doesn't reach that far.

(내 팔은 그렇게 멀리까지 닿지 않는다.)

4. I never stray too far from the sidewalk: **far from**은 1) '…에서 멀리'와 2) '전혀[결코] ~이 아닌[~이 아니라 오히려 (그 반대인)]'라는 뜻이다. 이 노래에서는 1)의 뜻으로 쓰이고 있다.

1)의 예문들은 다음과 같다.

My school is **far from** my house.

(학교가 집에서 멀리 떨어져 있다.)

We are not far from my home now.

(이제 우리가 저의 집에 거의 다 왔어요.)

I know a nice little Italian restaurant not far from here.

(여기서 멀지 않은 곳에 아담하고 괜찮은 이태리 레스토랑 하나를 나는 알고 있다.)

2)의 예문들은 다음과 같다.

It is **far from** clear what he intends to do.

(그가 무엇을 하려는지가 전혀 분명하지 않다.)

Computers, far from destroying jobs, can create employment.

(컴퓨터는 일자리를 없애는 것이 아니라 오히려 일자리를 창출할 수 있다.)

A: You're not angry then?

B: Far from it. I've never laughed so much in my life.

(A: 그러면 화나지 않으셨어요?

B: 전혀. 오히려 내 평생 그렇게 많이 웃어 본 적이 없었어.)

5. I find it hard to trust not only me but everyone around me: **not only me but everyone**은 not only A but (also) B의 꼴이다. 이것은 'A뿐만 아니라 B도, A뿐만 아니라 B도 또한'이란 뜻이다. 그런데 but also에서 also가 빠지는 경우가 많다. 예문 들은 다음과 같다.

She was **not only** intelligent **but also** very musical.

(그녀는 이지적일뿐 아니라 음악성도 대단했다.)

Not only me but also my friends have similar problems.

(나뿐 아니라 내 친구들도 비슷한 문제를 겪었어.)

I was able to build not only muscles but mental strength.

(나는 근육만 만드는 것이 아니라 정신력도 만들 수 있었다.)

그런데 **not A but B**는 모양은 비슷하지만 뜻은 다르다. not A but B는 'A가 아니라 B인'이란 뜻이다. 예문들은 다음과 같다.

She is **not** timid **but** careful.

(그녀는 소심한 것이 아니라 주도면밀하다.)

It is not a notebook but a tablet PC.

(그것은 노트북이 아니라 태블릿 피시이다.)

He is not a scientist but a philosopher.

(그는 과학자가 아니라 철학자이다.)

6. I lose my way: **lose one's way**는 '길을 잃다'라는 뜻이다. 예문들은 다음과 같다.

We **lost our way** in the labyrinth of streets.

(우리는 미로 같은 거리에서 길을 잃었다.)

He lost his way and couldn't find his home.

(그는 길을 잃었고 집이 어디에 있는지 몰랐다.)

Why has the White House lost its way on tax and budget policy?

(왜 백악관이 세금과 예산 정책에서 방향을 잃었습니까?)

7. And it's not too long before you point it out: **it's not too long**은 '그리 오래 걸리지 않는다'라는 뜻이다. 예문들은 다음과 같다.

I'm afraid **it's not too long**.

(그리 오래 걸리지 않을 것 같습니다.)

I hope it won't be too long.

(나는 그리 오래 걸리지는 않길 바랍니다.)

It's not too long it has the exact time.

(정확한 시간을 갖는 것은 그리 오래 걸리지 않는다.)

point out은 1) '(주의를 기울이도록 ~을) 지적[언급]하다'와 2) '~에게 (~를) 가리켜 보이다[알려주다]'라는 뜻이다. 이 노래에서는 1)의 뜻으로 쓰이고 있다.

1)의 예문들은 다음과 같다.

She was quick to **point out** the mistakes I'd made.

(그녀는 내가 한 실수를 재빨리 지적했다.)

I wish to point out your misrepresentation of the facts.

(저는 당신이 잘못 묘사한 사실들을 지적하고 싶습니다.)

She tried in vain to point out to him the unfairness of his actions.

(그녀는 그에게 그의 행동의 부당함을 지적하려 했으나 허사였다.)

2)의 예문들은 다음과 같다.

Can you **point** it **out** to me?

(나에게 그것을 가르켜 주실 수 있나요?)

I'll point him out to you later.

(내가 나중에 그를 가리켜서 알려줄 게.)

I'll point him out to you next time he comes in.

(다음에 그가 들어오면 내가 네게 그를 가리켜 보여줄게.)

8. I'm forced to fake a smile, a laugh every day of my life: **be forced to**는 '~하도록 강요당하다, 어쩔 수 없이 ~하다'라는 뜻이다. 그러니까 내 의지가 아닌 타인의 강요에 의해서 어쩔 수 없이 어떤 일을 행하는 경우에 쓰인다. 예문들은 다음과 같다.

Many enterprises will **be forced to** close.

(다수의 기업체들이 폐쇄당할 것이다.)

Car makers could be forced to slash prices.

(자동차 회사들은 가격을 대폭 줄이라는 요구를 받을 수도 있다.)

The banks would be forced to absorb large losses.

(은행들은 큰 손실을 끌어안도록 강요당할 것이다.)

9. When it wasn't even whole to start with: **start with**는 '~로[으로/부터] 시작하다, ~와 함께 출발하다'라는 뜻이다. 예문들은 다음과 같다.

The best way is to **start with** our children.

(가장 좋은 방법은 우리 아이들과 함께 출발하는 거야.)

Let's start with the more easily addressable issues.

(비교적 쉽게 다룰 수 있는 사안들부터 시작합시다.)

You can start with answering a few questions like this.

(여러분은 이러한 몇몇 질문을 하는 것으로 시작할 수 있습니다.)

그런데 **to start with**는 '처음에는, 우선(가장 중요한 이유를 맨 먼저 말할 때 씀), 처음에는[처음 시작할 때에는]'이란 뜻이다. 예문들은 다음과 같다.

To start with it's much too expensive.

(우선 그것은 값이 너무 비싸요.)

She wasn't keen on the idea to start with.

(그녀가 처음에는 그 아이디어를 썩 좋아하지 않았다.)

The club had only six members to start with.

(그 클럽이 처음에는 회원이 육 명뿐이었다.)

10. I watched you die: **watched you die**에서 watch와 같이 감각동사(지각동사) 다음에 목적어 you가 나오고 그 다음에는 to 부정사인 to die에서 to가 생략된 알몸동사(원형 동사; bare infinitive)인 die로 되어야 한다.

11. I heard you cry every night in your sleep: **heard you cry**에서 hear와 같이 감각동사(지각동사) 다음에 목적어 you가 나오고 그 다음에는 to 부정사인 to cry에서 to가 생략된 알몸동사(원형동사; bare infinitive)인 cry로 되어야 한다.

12. You should have known better than to lean on me: **should have known**은 should+have+과거분사 꼴로 과거의 어떤 행위에 대한 후회나 유감을 나타낼 때 쓰는 표현이다. 이런 경우는 should 자리에 다른 도우미동사의 과거가 들어가도 마찬가지이다.

예문들은 다음과 같다.

I **should have known** I couldn't trust you.

(내가 너를 믿을 수 없다고 알았어야 하는건데.)

I should have known you wouldn't tell me.

(네가 나한테 말하지 않을 것을 내가 알아챘어야 했는데.)

I mean to say, you should have known how he would react!

(정말이야. 그가 어떤 반응을 보일지 네가 알고 있어야 했다니깨!)

lean on은 '(도움 · 지지를 바라고) ~에 기대다[의지하다]'라는 뜻이다. 예문들은 다음과 같다.

He **leans** heavily **on** his family.

(그는 가족에게 많이 의지한다.)

The old lady leant on her stick as she talked.

(그 할머니[노부인]는 말을 하면서 지팡이에 몸을 의지했다.)

She leaned on him to help her to solve her problems.

(그녀는 자신의 문제를 해결하는 데 그가 도움을 주기를 바랐다.)

13. You never thought of anyone else: **think of**는 '~을[를] 생각하다[머리에 떠올리다], ~을[를] 고려하다'라는 뜻이다. 예문들은 다음과 같다.

Can you **think of** a rhyme for 'beauty'?

(beauty에 어울리는 운을 생각해 낼 수 있겠니?)

He doesn't care what people think of him.

(그는 사람들이 자기를 어떻게 생각하든 신경 쓰지 않는다.)

Honestly! Whatever will they think of next?

(정말! 도대체 그들이 다음엔 무슨 짓을 꾸밀 거래?)

14. And now I cry in the middle of the night: **in the middle of**는 '…의 도중에, …의 중앙에; 중간 무렵에'라는 뜻이다. 예문들은 다음과 같다.

He hung up on me **in the middle of** the conversation.
(그는 이야기 도중에 전화를 끊었다.)

They had a volleyball court in the middle of the courtyard.
(안뜰 중앙에 배구 코트가 있었다.)

On one occasion, she called me in the middle of the night.
(한 번은 그녀가 한밤중에 내게 전화를 해 왔다.)

15. I don't know how to let anyone else in: **let in**은 '…을[를] 들어오게 하다, 통하게 하다, 물이 새다, …을[를] 안으로 들이다'라는 뜻이다. 여기서는 물리적으로 '들어온다'는 뜻이 아닌, 비유적인 의미로 다른 사람을 '받아들이다[수용하다]'라는 뜻이다.

I won't **let** you **in** my house.
(나는 너를 집에 들어오게 하지 않을 거야.)

Shall we let him in on the secret?
(그에게도 비밀을 말해 줄까?)

The window is open to let in some air.
(환기를 시키기 위해 창문을 열어 두었다.)

16. I'm ashamed of my life because it's empty: **be ashamed of**는 '볼 낯이 없다, 부끄러워하다'라는 뜻이다. 예문들은 다음과 같다.

Mental illness is nothing to **be ashamed of**.
(정신 질환은 수치스러워할 일이 아니다.)

He knew full well he'd be ashamed of himself later.
(그는 후에 자기 자신을 부끄러워 할 것이라는 것을 충분히 알고 있었다.)

You should be ashamed of yourself for telling such lies.
(그런 거짓말들을 하다니 넌 부끄러운 줄 알아야 해.)

기억할 만한 영어 문장

1. I'm ashamed of my life because it's empty.

(나는 나의 삶이 텅 비어버렸기 때문에 난 부끄러워요.)

2. I heard you cry every night in your sleep.

(나는 당신이 매일 밤 잠자리에서 울고 있는 것을 들었어요.)

3. You should have known better than to lean on me.

(당신은 나에게 기대는 것 보다 더 나은 것을 알고 있었어야 했어요.)

* 팝송 에세이

이 노래를 듣자 어려운 한자인 '반면교사'(反面教師)가 생각났다. 반면교사는 '본이 되지 않는 남의 말이나 행동이 도리어 자신의 인격을 수양하는 데 도움을 주는 경우를 이르는 말'인데' 다른 말로 타산지석(他山之石)과 거의 같은 뜻이다. 자기 자신의 얼굴을 거울을 통하지 않고 제대로 바라 볼 수 없다. 자신의 모습과 자신의 행동은 스스로 판단하기 어려운 그 무엇이다. 우리가 생활을 하면서 자신에 대한 판단은 자신뿐만 아니라 다른 사람들의 판단을 겸허하게 받아들이고 중요하게 생각해야 하는 이유이다. 인간에 대한 평가는 자기가 자기 자신을 어떻게 파악하고 있는가와 다른 사람이 자신을 어떻게 판단하고 있는가와 제 삼자의 객관적인 관점에서 자기 자신이 갖고 있는 자질이나 특성이 무엇인지를 종합하여 판단할 수 있는 것이다. 그만큼 인간에 대한 평가가 어렵다는 의미이기도 하고, 그만큼 자신의 올바른 인간됨됨이를 갖는다는 것이 어렵다는 의미이기도 하다.

'난 당신이 저질렀던 똑같은 실수는 저지르지 않을 거예요'로 시작되는 이 노래는 상대방이 자신의 마음에 주는 고통 때문에 상대방의 마음과 내 마음이 동시에 아파했다는 것을 의미한다. 상대방이 자신과 아무 관련이 없는 사람이 아니라 사랑했던 또는 사랑하는 연인인 경우에는 둘 모두 마음이 아프기 때문이다. '당신 때문에'의 반복되는 내용은 결코 당신의 행동이 다시는 실수를 저지르지 않도록, 그리고 안전한 길을 크게 벗어나지 않도록 교훈을 주고 있다고 보는 것이다. 자신이 원하든 원하지 않든 '난 내 삶의 매일 매일 거짓 미소를 짓고, 거짓으로 웃는 척을 하라고 강요당했어요'에서 나타나고 있는 것처럼 자신의 삶이 자신에게 진실된 삶이 아니었음을 인정하면서 상대방의 행동을 통해 깨닫게 되고 앞으로 자신의 행동과 삶의 방식에 대한 비판을 한 후 새롭게 삶을 이끌어 가겠다는 각오까지 담겨져 있다.

자신과 사랑하는 사람의 실수를 통해 함께 마음 아파하고 이제 더 이상 자신이 실수를 하지 않아야 되겠다는 다짐은 사랑하는 사람의 아픔을 공유하고 있기 때문에 가능할 것이다.

Over the Rainbow

Sung by Eva Cassidy

Somewhere over the rainbow, way up high
In the land that I heard of once in a lullaby

Somewhere over the rainbow, skies are blue
And the dreams that you dare to dream really do come true

Someday I'll wish upon a star
And wake up where the clouds are far behind me

Where troubles melt like lemon drops
Away above the chimney tops
That's where you'll find me

Someday I'll wish upon a star
And wake up where the clouds are far behind me

Where troubles melt like lemon drops
Away above the chimney tops
That's where you'll find me

Somewhere over the rainbow, skies are blue
And the dreams that you dare to dream really do come true

If happy little bluebirds fly over the rainbow
Why, oh why can't I?

무지개 너머

에바 카시디의 노래

무지개 너머 저 높은 곳 어디에
내가 자장가 속에나 한 번 들었던 그런 곳에

무지개 너머 하늘은 푸른 어디에
그리고 당신이 감히 꿈꾸던 꿈들이 정말로 실현되어요

언젠가 저는 별에게 기도하고 싶어요
그리고 구름들이 내 뒤에 멀리 펼쳐져 있는 곳에 더 관심을 기울일 거예요

근심들이 레몬즙처럼 녹아
굴뚝 꼭대기 위로 사라져 버리는 그런 곳
그곳이 당신이 절 찾으려는 곳이에요

언젠가 저는 별에게 기도하고 싶어요
그리고 구름들이 내 뒤에 멀리 펼쳐져 있는 곳에 더 관심을 기울일 거예요

근심들이 레몬즙처럼 녹아
굴뚝 꼭대기 위로 사라져 버리는 그런 곳이 있었지요
그곳이 당신이 절 찾으려는 곳이에요

무지개 너머 하늘은 푸른 어디에
그리고 당신이 감히 꿈꾸던 꿈들이 정말로 실현되어요

행복한 작은 파랑새들이 무지개 너머 날아간다면
왜, 아 저는 왜 날아갈 수 없을까요?

* 영어 발음 제대로 듣거나 말하기

1) 이어지는 소리(연음)의 경우

(1) 약모음 이동

There's a, in a, upon a

There's a에서 a는 약모음 [ə]가 되어 앞 낱말 끝부분에 가서 붙어 '데어저'에 가깝게 발음된다. in a와 upon a도 마찬가지 경우이다.

(2) 자음 이동

heard of, once in, skies are, wake up, clouds are

heard of에서 heard의 자음 d가 뒤에 있는 낱말 앞부분에 가서 붙이 '허러브'에 가깝게 발음된다. once in에서 once의 e는 낱말 끝에 있기 때문에 약화되고 그 앞에 있는 c가 뒤에 있는 낱말 앞부분에 가서 붙어 '원신'으로 발음된다. skies are에서 skies의 자음 s가 뒤에 있는 낱말 앞부분에 가서 붙어 '스까이자'로 발음된다. clouds are도 마찬가지 경우이다. wake up에서 wake의 자음 p가 뒤에 있는 낱말 앞부분에 가서 붙어 '웨이컵'으로 발음된다.

2) 없어지는 소리(탈락)의 경우

land that, lullaby, And the, really, And wake, behind me, melt like, find me, bluebirds

land that에서 land의 d가 that의 th[ð]와 비슷한 발음이기 때문에 앞에 있는 d가 탈락되어 '랜댓'에 가깝게 발음된다. And the도 마찬가지 경우이다.

lullaby에서 ll의 l은 같은 철자이기 때문에 앞의 l이 탈락되어 '러러바이'로 발음된다. really도 마찬가지 경우이다.

And wake에서 And의 d는 자음 n과 wake의 자음 w 사이에 놓이기 때문에 탈락되어 '앤 웨이크'로 발음된다. 이와 같이 자음과 자음 사이에 놓이는 여섯 개의 파열음인 철자—k/g, p/b, t/d—가 탈락되는 예로 behind me, melt like, find me와 bluebirds가 해당된다.

3) 닮는 소리(동화)의 경우

(1) 단타음화

heard of, little

heard of에서 d가 강모음과 약모음 사이에 놓이면 단타음(單打音)으로 되어 t도, d도, r도 아닌 발음이 된다. heard of은 '허러브'에 가깝게 발음된다. 이 소리는 한글로 표기할 수 없으며 오직 소리로만 익힐 수밖에 없다. 특히 미국영어(American English)에서 두드러진 현상이다.

little에서 t(t)가 강모음과 약모음 사이에 놓이면 단타음(單打音)으로 되어 t도, d도, r도 아닌 발음이 된다. little은 '리를'에 가깝게 발음된다. 이 소리는 한글로 표기할 수 없으며 오직 소리로만 익힐 수밖에 없다. 특히 미국영어(American English)에서 두드러진 현상이다.

(2) 구개음화

that you

that you에서 that의 t[t]와 you의 y[j]가 합쳐지면 서로 닮아서 [ʧ]로 바뀌어 '대츄'에 가깝게 발음된다. 따라서 이런 현상은 영국영어(British English) 보다 미국영어(American English)에서 자주 나타나는 현상이다.

4) 줄어진 소리(축약)의 경우

There's, I'll, That's, you'll, can't

be 동사의 경우인 There's와 That's, 도우미동사(조동사)의 경우인 I'll과 you'll, 부정형인 can't가 있다. 이 가운데 I'll과 you'll에서 'll이 한국인이 발음하기에 가장 힘든 예이다. 그 이유는 'll은 will의 줄인 형태인데 'll'이 한국어에 없는 발음으로,

'l'은 혀를 입천장에 붙여서 소리를 내야 하는데, 한국어에는 이렇게 소리를 내는 것이 없기 때문이다.

5) 주의해야 할 발음

Somewhere, star. skies, dreams, dream, true, where, troubles, drops, Why, can't

Somewhere, where와 Why에서 wh~로 시작되는 낱말은 'w' 뒤에 있는 'h'의 소리가 보통 들리지 않는다. 그러니까 somewhere는 '섬훼어'라기 보다 '섬웨어'에 가깝게, where는 '훼어'라기 보다 '웨어'에 가깝게, Why는 '화이'라기 보다 '와이'에 가깝게 발음된다. 그러나 사람과 관련된 who, whose와 whom은 예외로 'h' 소리가 그대로 난다.

star와 skies에서 s+k/p/t가 되면 된소리에 가깝게 소리가 난다. 대부분 k/p/t가 들어간 낱말은 h가 들어가는 소리를 내게 되는데, s+k/p/t의 경우는 h 소리가 들어가지 않고 된소리에 가깝게 발음된다. 그러니까 star는은 '스따'에 가깝게, skies는 '스까이즈'에 가깝게 발음된다.

dreams, dream와 drops에서 'dr~'의 발음은 '드'와 '주'의 중간쯤 되는 소리로 '쥬'에 가깝게 발음된다. 따라서 dreams는 '드림즈'라기 보다 '쥬림즈'에 가깝게, dream은 '드림'이라기 보다 '쥬림'에 가깝게, drops는 '드랍스'라기 보다 '쥬랍스'에 가깝게 발음 된다.

true와 troubles에서 'tr~'의 발음은 '츠'와 '추'의 중간쯤 되는 소리로 '츄'에 가깝게 발음된다. true는 '트루'라기 보다 '츄루'에 가깝게, troubles는 '트러블즈'라기 보다 '츄러블즈'에 가깝게 발음된다.

can't는 can과 마찬가지로 도우미동사로 기능낱말이기 때문에 약하게 발음한다. 그런데 can't 다음에 자음이 나오기 때문에 탈락되는 경우가 대부분이어서 can은 [kən]으로 can't는 [kæn]으로 발음하기로 약속이 되어 있다. 그런데 can이 문장 가운데 들어가는 경우가 [kən]으로 주로 발음되고 문장의 끝에 들어가는 경우에는 [kæn]으로 발음되는 경우가 대부분이다. can't는 기본적으로 [kæn]으로 발음되면서 can 보다 약간 길게 발음되는 경향이 있다.

* 팝송에 들어 있는 쓸모 있는 영어 표현들

1. In the land that I heard of once in a lullaby: **hear of**는 1) '(소문 등으로) ~에 대해 듣다'와 2) '(특히 상대방을 위해서) ~을 들어주지[동의하지] 않다'라는 뜻이다. 이 노래에서는 1)의 뜻으로 쓰이고 있다.

1)의 예문들은 다음과 같다.

I've never **heard of** the place.
(나는 그런 곳에 대해서는 들어 본 적이 없다.)

I was very much shocked to hear of the accident.
(그 사고 소식을 듣고 나는 대단히 큰 충격을 받았다.)

I was very sad indeed to hear of your father's death.
(당신 부친께서 돌아가셨다는 소식을 듣고 나는 참으로 슬펐어요.)

2)의 예문들은 다음과 같다.

He wouldn't **hear of** my walking home alone.
(그는 내가 집에 혼자 걸어가겠다는 말을 들으려 하지 않았다.)

She wanted to walk home but I wouldn't hear of it.
(그녀는 집까지 걸어가고 싶어 했지만 나는 그 말을 듣지 않았다.)

I've always wanted to be an actor but Dad wouldn't hear of it.
(나는 항상 배우가 되고 싶었지만, 아버지는 그것을 허락하려 하지 않았다.)

2. And the dreams that you dare to dream really do come true: **come true**는 '이루어지다, 실현되다'라는 뜻이다. 예문들은 다음과 같다.

I hope all your wishes **come true**.

(소망하는 일이 다 이루어지길 바랍니다.)

If I win, it will be a dream come true.

(만약에 내가 이긴다면 그것은 꿈이 실현되는 것이다.)

Winning the medal was like a dream come true.

(메달을 따는 것은 꿈을 이루는 것과 같았다.)

3. And wake up where the clouds are far behind me: **wake up**은 1) '정신을 차리다[더 관심을 기울이다]', 2) '~에게 정신이 들게 하다[활기를 불어넣다]', 3) '…을[를] 의식하게[깨닫게]하다'와 4) '깨다, 깨우다, 깨어나다'라는 뜻으로 쓰인다. 이 노래에서는 1)의 뜻으로 쓰이고 있다.

1)의 예문들은 다음과 같다.

Wake up and listen!

(정신 차리고 잘 들어!)

Just wake up and write it down.

(그냥 정신 차리고 적어.)

It is time for governments to wake up and smell the coffee.

(정부가 정신을 똑바로 차릴 때가 되었습니다.)

2)의 예문들은 다음과 같다.

The event may **wake** her **up**.

(그 사건으로 그녀는 정신 차리겠지.)

A cold shower will soon wake you up.

(찬물에 샤워를 한번 하면 곧 정신이 들 거야.)

He washed his face with cold water to wake up.

(그는 정신이 들게 하려고 찬물로 세수를 했다.)

3)의 예문들은 다음과 같다.

I wish he'd **wake up** to his folly.

(나는 그가 자신의 어리석음을 깨달았으면 좋겠다.)

Now, we have to wake up to the stark reality.

(이제, 우리는 엄연한 현실에 눈을 떠야 한다.)

He hasn't yet woken up to the seriousness of the situation.

(그는 아직 상황의 심각성을 깨닫지 못하고 있다.)

4)의 예문들은 다음과 같다.

His snoring **woke** me up.

(그의 코 고는 소리에 잠이 깼다.)

I shook my daughter to wake her up.

(나는 자고 있는 딸아이를 흔들어 깨웠다.)

Nobody was around when I woke up after a long sleep.

(한참을 자고 깨어나 보니 주위에 아무도 없었다.)

기억할 만한 영어 문장

1. That's where you'll find me.

   (그곳이 당신이 절 찾으려는 곳이에요.)

2. Someday I'll wish upon a star.

   (언젠가 저는 별에게 기도하고 싶어요.)

3. The dreams that you dare to dream really do come true.

   (당신이 감히 꿈꾸던 꿈들이 정말로 실현되어요.)

* 팝송 에세이

우리는 꿈도 꾸고 환상을 만들어보고 일상에서의 일탈이나 탈출도 시도해 본다. 또는 여행을 떠나 보기도 한다. 꿈, 환상, 일탈이나 탈출은 그 무엇으로부터의 이탈이라고 볼 수 있다. 그 무엇이 현실일 수도 있고, 고통일 수도 있고, 가슴 아픈 그 무엇일 수도 있다. 이런 시도는 시도하지 않는 것 보다 훨씬 더 긍정적인 행동의 신호임은 분명하다. 여행은 본질적으로 목적이 없는 것이다. 이곳에서 또 다른 곳으로 옮겨가는 행동이 여행이라면 장소의 이동이 그 밑바탕에 깔려 있다. 그렇지만 여행을 다녀오면 기본적으로 심리적 변화는 일어나게 마련이다. 그 심리적 변화가 일반적으로 긍정적인 또는 생산적인 변화인 것이다.

이 노래에서 '무지개 너머 저 높은 곳 어디에'는 화자가 자신의 꿈을 실현시킬 수 있는 그 어떤 곳으로 가정해 볼 수 있다. 현실에서는 존재하지 않는 그곳은 자신의 바람이나 소원이 이루어질 수 있는 곳이다. 그곳은 고통이나 근심이 사라져 그런 것이 없는 곳으로 자신이 위안을 받을 수 있는 곳이다. 그곳에는 이런 고통이나 근심만 없는 것이 아니라 '당신이 감히 꿈꾸던 꿈들이 정말로 실현되어요'와 같이 사랑하는 사람의 꿈마저 실현되는 곳이기에 이상적인 곳이다. 마치 이상으로 그리는 가장 완벽하고 평화로운 사회인 이상향인 유토피아(utopia)와 같은 곳이다. 누가 그랬던가, 유토피아는 존재하지 않는 장소라고, 상상하고 가정할 수 있는 곳이긴 해도 실제로는 없지만 인간이 꿈꾸어볼 수 있는 곳이라고. 그렇지만 우리가 현실에서 벗어날 수 있는 또 다른 대안으로서는 충분히 설정해 볼 수 있는 공간이다. 특히 사랑하는 사람들이 꿈꾸는 그곳은 근심이 없고 서로의 꿈도 실현되는 곳이기 때문에 가보고 싶지 않을 수 없는 것이다. 그렇지만 그곳에 가기가 쉽지 않음을, 아니 불가능함을 '행복한 작은 파랑새들이 무지개 너머 날아간다면 / 왜 아 저는 왜 날아갈 수 없을까요?'에서 자신의 한계 아니 인간의 한계를 인정하고 있다.

덧붙이는 글 ★

이 곡은 Over the Rainbow나 Somewhere Over the Rainbow로 소개되고 있다.

이 노래는 영화『오즈의 마법사』(*The Wizard of Oz*)의 주제곡이기도 하다.

첫째 연의 두 번째 줄 가사 In the land that I heard of once in a lullaby는 In the가 아닌 There's a로 소개되는 경우가 있는데, 직접 노래를 들어보면 In the가 맞다

I Never Told You

Sung by Colbie Caillat

I miss those blue eyes
How you kiss me at night
I miss the way we sleep
Like there's no sunrise
Like the taste of your smile
I miss the way we breathe

But I never told you
What I should have said
No, I never told you
I just held it in

And now
I miss everything about you
Can't believe it, I still want you
And after all the things we've been through
I miss everything about you
Without you ohhhh...

I see your blue eyes
Every time I close mine
You make it hard to see
Where I belong to
When I'm not around you
It's like I'm not with me

But I never told you
What I should have said
No, I never told you
I just held it in

And now
I miss everything about you
(Still, you're gone)
Can't believe it, I still want you
(And I'm lovin' you, I never should've walked away)
After all the things we've been through
(I know it's never gonna come again)
I miss everything about you
Without you ohhhh...

But I never told you
What I should have said
No, I never told you
I just held it in

And now
I miss everything about you
(Still, you're gone)
Can't believe it, I still want you
(And I'm lovin' you, I never should've walked away)
After all the things we've been through
(I know it's never gonna come again)
I miss everything about you
Without you Ohhhhhhh,,,
Mmmhhmmm...

난 당신에게 결코 말하지 않았어요

컬비 카이랫의 노래

난 그 푸른 눈이 그리워요
밤에 당신이 내게 키스하던 것도
난 우리가 잠자던 게 그리워요
해가 뜨지 않을 것처럼
당신 미소의 맛처럼
나는 우리가 숨쉬는 게 그리워요

하지만 난 당신에게 결코 말하지 않았어요
내가 말했어야 하는 걸
그래요, 난 당신에게 결코 말하지 않았어요
난 그걸 그냥 속에 담아두고 있었어요

그리고 이제
난 당신에 대한 모든 게 그리워요
그걸 믿을 수 없어요, 내가 여전히 당신을 원한다는 것을
그리고 우리가 겪어왔던 그 모든 것들 후에도
난 당신에 대한 모든 게 그리워요
당신이 없이는 아아아...

난 당신의 푸른 눈이 보여요
내가 눈을 감을 때마다
당신은 보기 힘들게 만들어요
내가 속한 곳에서
내가 당신 곁에 없을 때
내가 나와 함께 있는 것 같지 않아요

하지만 난 당신에게 결코 말하지 않았어요
말하지 말했어야 할 걸
그래요, 난 당신에게 결코 말하지 않았어요
난 그걸 그냥 속에 담고 있었어요

그리고 이제
당신에 대한 모든 게 그리워요
(아직도 당신은 없어요)
그걸 믿을 수 없어요, 내가 여전히 당신을 원한다는 것을
(그리고 난 당신을 사랑하고 있어요, 난 결코 떠나버리지 않았어야 했는데)
그리고 우리가 겪어왔던 그 모든 것들 후에도

(또 다시 결코 오시 않을 것이라는 걸 난 알고 있어요)
난 당신에 대한 모든 게 그리워요
당신이 없이는 아아아...

하지만 난 당신에게 결코 말하지 않았어요
내가 말했어야 하는 걸
그래요, 난 당신에게 결코 말하지 않았어요
난 그걸 그냥 속에 담고 있었어요

그리고 이제
난 당신에 대한 모든 게 그리워요
(아직도 당신은 없어요)
그걸 믿을 수 없어요, 내가 여전히 당신을 원한다는 것을
(그리고 난 당신을 사랑하고 있어요, 난 결코 떠나버리지 않았어야 했는데)
그리고 우리가 겪어왔던 그 모든 것들 후에도
(또 다시 결코 오시 않을 것이라는 걸 난 알고 있어요)
난 당신에 대한 모든 게 그리워요
당신이 없이는 아....
음...

* 영어 발음 제대로 듣거나 말하기

1) 이어지는 소리(연음)의 경우

(1) 자음 이동

taste of, held it, believe it, make it

taste of에서 taste의 e는 낱말 끝에 있기 때문에 약화되고 그 앞에 있는 t가 뒤에 있는 낱말 앞부분에 가서 붙어 '테이터브'로 발음된다. 이 경우 of는 기능어이기 때문에 [əv]나 [ə]로 발음된다. held it에서 held의 자음 d가 뒤에 있는 낱말 앞부분에 가서 붙어 '헬딧'으 발음된다. believe it에서 believe의 e는 낱말 끝에 있기 때문에 약화되고 그 앞에 있는 v가 뒤에 있는 낱말 앞부분에 가서 붙어 '비리빗'으로 발음된다. make it도 마찬가지 경우이다.

2) 없어지는 소리(탈락)의 경우

miss, kiss, just held, And now, Can't believe, still, all, hard to

miss에서 ss의 s는 같은 철자이기 때문에 앞의 s가 탈락되어 '미스'로 발음된다. kiss, still과 all도 마찬가지 경우이다.

just held에서 just의 t는 자음 s와 held의 자음 h 사이에 놓이기 때문에 탈락되어 '저스 헬드'로 발음된다. 이와 같이 자음과 자음 사이에 놓이는 여섯 개의 파열음인 철자—k/g, p/b, t/d—가 탈락되는 예로 And now와 Can't believe가 해당된다.

hard to에서 hard의 d와 to의 t는 같은 위치에서 소리가 나기 때문에 앞의 d가 탈락되어 '하터'로 발음된다.

3) 닮는 소리(동화)의 경우

(1) 단타음화

But I

But I에서 t가 강모음과 약모음 사이에 놓이면 단타음(單打音)으로 되어 t도, d도 r도 아닌 발음이 된다. But I는 '버라이'에 가깝게 발음된다. 이 소리는 한글로 정확하게 표기할 수 없으며 오직 소리로만 익힐 수밖에 없다. 특히 미국영어(American English)에서 두드러진 현상이다.

(2) 구개음화

told you, about you, want you, around you

told you에서 told의 d[d]와 you의 y[j]가 합쳐지면 서로 닮아서 [ʤ]로 바뀌어 '톨쥬'에 가깝게 발음된다. 발음된다. 이런 현상은 영국영어(British English)보다 미국영어(American English)에서 자주 나타나는 현상이다. around you도 마찬가지 경우이다.

about you에서 about의 t[t]와 you의 y[j]가 합쳐지면 서로 닮아서 [ʧ]로 바뀌어 '어바우츄'에 가깝게 발음된다. 따라서 이런 현상은 영국영어(British English)보다 미국영어(American English)에서 자주 나타나는 현상이다. want you도 마찬가지 경우이다.

(3) 비음화

And

미국영어(American English)의 경우 And에서 d가 바로 앞에 있는 콧소리[비음] n을 닮아서 n으로 되었다가, n이 겹치기 때문에 앞의 n이 탈락되어 '앤'으로 발음된다. 그런데 영국영어(British English)에서는 d를 그대로 발음하는 경우가 대부분이다.

4) 줄어진 소리(축약)의 경우

there's, we've, I'm, it's

be 동사의 경우인 there's, I'm과 it's, have 동사의 경우인 we've가 있다.

5) 주의해야 할 발음

What, should have told, Can't, Where, When

What, Where와 When에서 wh~로 시작되는 낱말은 'w' 뒤에 있는 'h'의 소리가 보통 들리지 않는다. 그러니까 What은 '홧'이라기 보다 '왓'에 가깝게, Where는 '훼어'라기 보다 '웨어'에 가깝게, When은 '휀'이라기 보다 '웬'에 가깝게 발음된다. 그러나 사람과 관련된 who, whose와 whom은 예외로 'h' 소리가 그대로 난다.

should have told는 도우미동사 과거+have+과거분사의 형태이다. 이런 형태로 되어 있는 경우에는 세 개의 낱말이 한 박자를 받아야 하기 때문에 주어진 시간 안에 발음하려면 일부를 줄이거나 또는 약하게 발음할 수밖에 없다. 이 세 개의 낱말 가운데 have가 've로 하거나 have로 되어 있다 할지라도 발음을 약하게 해야 된다. should have told는 '슈드 해브 톨드'가 아니라 '슈더브 톨드' 또는 '슈르브 톨드'에 가깝게 발음된다. 그런데 가수는 한 음을 살리고 있기 때문에 그대로 발음한다.

Can't는 can과 마찬가지로 도우미동사로 기능낱말이기 때문에 약하게 발음한다. 그런데 can't 다음에 자음이 나오기 때문에 탈락되는 경우가 대부분이어서 can은 [kən]으로 can't는 [kæn]으로 발음하기로 약속이 되어 있다. 그런데 can이 문장 가운데 들어 가는 경우가 [kən]으로 주로 발음되고 문장의 끝에 들어가는 경우에는 [kæn]으로 발음되는 경우가 대부분이다. can't는 기본적으로 [kæn]으로 발음되면서 can 보다 약간 길게 발음되는 경향이 있다.

* 팝송에 들어 있는 쓸모 있는 영어 표현들

1. Like the taste of your smile: **taste**는 '맛, 미각, 입맛'이란 뜻이다. Like the taste of your smile은 '당신 미소의 맛처럼'이란 옮겨 놓았지만, 이것만으로 뜻이 제대로 전달되지 않을 것이다. 바로 위의 '해가 뜨지 않을 것처럼'도 마찬가지일 것이다. 당신이 미소를 지을 때의 모습을 보면 그냥 있지 못할 어떤 상황, 해가 뜨지 않았으면 하는 상황이 두 사람 사이의 간직하고 싶은 시간에 대한 마음을 이야기하고 있는 것이 아닐까?

2. What I should have said: **should have said**는 should+have+과거분사의 형태로 과거에 어떤 일을 했어야 했는데 하지 못한데 대한 유감이나 후회를 나타낼 때 쓰는 표현이다. 이런 경우 도우미동사(조동사)의 과거+have+과거분사의 모양으로 되어 있다. 그러니까 내가 말했어야 했는데 하지 못한 행위에 대한 후회를 하는 표현이다.

3. I just held it in: **hold in**은 1) '(감정을) 억누르다', 2) '…라고 생각하다'(=regard)라는 뜻이다. 이 노래에서는 2)의 뜻으로 쓰이고 있다.
   1)의 예문들은 다음과 같다.

   I stopped crying and bit my lips to **hold** it in.
   (난 울음을 멈추었고 울음을 참기 위해 입술을 깨물었다.)
   I was unable to hold in my anger and avoid a fight.
   (나는 분노를 누를 길 없어 싸웠다.)
   Holding feelings of sadness or anger inside takes extra energy and can cause problems in your relationships.
   (슬픔이나 분노를 속에 억누르고 있으면 에너지 소비를 더 많이 하게 되고 여러분의 대인관계에도 문제를 일으킬 수 있다.)

2)의 예문들은 다음과 같다.

I **hold** him **in** respect.

(나는 그를 존경한다.)

I still hold him in my heart.

(나는 아직도 그를 내 마음 속에 품고 있다.)

He hold his problem in great account.

(그는 그의 문제를 매우 중하게 여긴다.)

4. And after all the things we've been through: **be through**는 '경험하다, 어떤 일을 사용하거나 하는 것을 끝내다, 누구와의 관계를 끊다, 전화상으로 누군가와 통화하다'라는 뜻으로 주로 쓰인다. 이 노래에서는 '겪어왔거나 경험해오다'라는 뜻으로 쓰이고 있다. 예문들은 다음과 같다.

I'll **be through** with him in a while.

(나는 한동안 그와의 관계를 끊을 것이다.)

Are you through with that newspaper?

(당신은 그 신문을 다 보셨나요?)

I'm not through just yet. I should be finished in an hour.

(저는 아직 끝나지 않았습니다. 저가 한 시간 내에 끝내야 해요.)

5. Every time I close mine: **every time**은 1) '가능하면 언제든지'와 2) '~할 때마다'라는 뜻이다. 이 노래에서는 2)의 뜻으로 쓰이고 있다.

1)의 예문들은 다음과 같다.

This recipe is foolproof—it works **every time**.

(이 조리법은 실패할 염려가 없어요. 매번 원하는 대로 돼요.)

Steve kicks up a fuss every time I even suggest seeing you.

(스티브는 내가 너를 만나겠다는 이야기만 꺼내도 매번 난리를 부려.)

I don't really like cities—give me the countryside every time.

(전 사실 도시를 좋아하지 않아요. 가능하면 언제든지 시골 지역으로 보내 주세요.)

2)의 예문들은 다음과 같다.

Every time I hear that song I feel happy.

(나는 저 노래를 들을 때마다 행복감을 느낀다.)

Every time they met, Myra anticipated an explosion.

(그들이 만날 때마다 미라는 분노가 폭발할 것을 예상했다.)

Every time she heard his name, she dissolved into tears.

(그녀는 매번 그의 이름을 들을 때마다 울음을 터뜨렸다.)

6. You make it hard to see: **make it hard to see**의 형태는 make가 주동사(main verb), it가 목적어이고 hard는 목적 보어이다. 그리고 it는 to see를 가리킨다.

7. Where I belong to: **belong to**는 '~ 소유[것]이다, ~에 속하다'라는 뜻으로 쓰인다. 예문들은 다음과 같다.

Who does this watch **belong to**?

(이 시계 누구 거죠?)

I used to belong to a youth club.

(나는 전에 청년 단체에 속해 있었다.)

Have you ever belonged to a political party?

(정당에 소속되어 본 적 있으세요?)

기억할 만한 영어 문장

1. I miss the way we sleep.

   (나는 우리가 잠자던 게 그리워요.)

2. It's like I'm not with me.

   (내가 나와 함께 있는 것 같지 않아요.)

3. I miss everything about you.

   (나는 당신에 대한 모든 게 그리워요.)

* 팝송 에세이

그리움에 대한 감사의 마음을 전하고 싶다. 그리움이 있기에 과거를 돌이켜 볼 수 있고, 과거의 아름다웠던 추억을 되돌려 생각할 수 있다. 그리움이 없다면 한 때 진심을 다해 사랑했던 사람에게 가는 길마저 영원히 끊어질 수 있기에. 보고 싶지만 속으로 삼키고 있어야 하는 것이 그리움이 아닐까? 때로는 그 그리움의 크기가 커지기도 하고 때로는 훅 하면서 그림움이 우리의 얼굴을 때리기도 한다. 그렇지만 그리움은 우리의 과거 삶의 궤적에서 간직하고 싶은 빛바랜 사진을 떠올리는 것과 같다.

그리움의 전제 조건은 기억할만한 것이어야 하고, 아름답거나 감동적이어야 한다. 긍정적인 요소가 크게 울려 퍼질 때 그리움은 만들어지고 그리워지게 마련이다. 부정적인 그 무엇은 그리움의 대상이 되지 않는다. 따라서 그리워할 수 있다는 것은 언젠가 멋진 삶의 한 부분을 장식해 왔다고 할 수 있다. 그리움을 다시 만들어갈 수는 없다. 그리움을 책갈피 속에 우리의 마음속에 간직할 수는 있어도 만들어갈 수는 없다. 과거를 현재나 미래로 만들 수 없는 것과 같다.

그리움의 대상은 푸른 눈이어도 살짝 마주쳤던 입맞춤도, 잠자는 모습도 해맑은 미소도 함께 쉬던 숨소리도 그리움의 대상이 된다. 그리움의 대상은 화폭에 그대로 담겨 있는 아름다운 그림의 구성 요소 모두가 된다. 이런 모습들을 그리워 할 수는 있어도 정작 중요한 한 마디. '내가 여전히 당신을 원한다는 것을' 그리고 '난 당신을 사랑하고 있어요'라는 말을 하지 못하고 마음에 담아 두고 있었기에 말하지 않은 것에 대한 후회의 감정은 남아 있다. 후회는 미리 할 수 있는 그 무엇이 아닌 항상 시간이 흐른 후에 가능한 심리적 반성이다.

우리가 그리움의 대상을 찾아 나서는 여정은 삶을 어느 정도 정리할 수 있는 나이가 되어서 일어날 확률이 높은 심리적 현상이다. 그리워할 수 있다는 것은... 그리워할 수 있다는 것은... 그리워할 수 있다는 것은...

The Water Is Wide

Sung by Karla Bonoff

The water is wide, I can't cross over
And neither have I wings to fly
Give me a boat that can carry two
And both shall row, my love and I

Oh, love is gentle and love is kind
The sweetest flower when first it's new
But love grows old and waxes cold
And fades away like morning dew

There is a ship and she sails to sea
She's loaded deep as deep can be
But not as deep as the love I'm in
I know not how I sink or swim

The water is wide, I can't cross over
And neither have I wings to fly
Give me a boat that can carry two
And both shall row, my love and I
And both shall row, my love and I

바다는 넓어요

카아러 버노트의 노래

바다가 넓어요, 내가 건널 수 없어요
그리고 날기 위한 날개가 어느 쪽에도 없어요
나에게 두 사람이 탈 수 있는 배를 주세요
그리고 둘이 노를 저어갈 수 있도록, 내 사랑하는 사람과 내가

오, 사랑은 온유하며 사랑은 친절해요
처음 시작되었을 때에는 가장 향기로운 꽃이에요
하지만 사랑은 세월이 지나면 차갑게 식어가다가
그리고 아침 이슬처럼 사라져요

배가 한 척 있고 그 배는 바다로 항해를 해요
그 배는 짐이 실릴만큼 깊게 잔뜩 실렸어요
하지만 내가 빠진 사랑의 깊이만큼 가득 실려 있지 않아요
나는 가라앉는 방법과 수영하는 방법을 알지 못해요

바다가 넓어요, 내가 건널 수 없어요
그리고 날기 위한 날개가 어느 쪽에도 없어요
나에게 두 사람이 탈 수 있는 배를 주세요
그리고 둘이 노를 저어갈 수 있도록, 내 사랑하는 사람과 내가
그리고 둘이 노를 저어갈 수 있도록, 내 사랑하는 사람과 내가

* 영어 발음 제대로 듣거나 말하기

1) 이어지는 소리(연음)의 경우

(1) 약모음 이동

me a, fade**s a**way, i**s a**

me a에서 a는 약모음 [ə]가 되어 앞 낱말 끝부분에 가서 붙어 '미어'로 발음된다. is a도 마찬가지 경우이다. fade**s a**way에서 away의 a는 약모음 [ə]가 되어 앞 낱말 끝부분에 가서 붙어 '훼이드저 웨이'에 가깝게 발음된다.

(2) 자음 이동

cro**ss o**ver, ha**ve I**, a**nd I**, lo**ve i**s, firs**t i**t's, ol**d a**n, no**t a**s, dee**p a**s, I'**m i**n, sin**k o**r

cro**ss o**ver에서 cross의 자음 ss가 뒤에 있는 낱말 앞부분에 가서 붙어 '크로서브'로 발음된다. ha**ve I**에서 have의 e는 낱말 끝에 있기 때문에 약화되고 그 앞에 있는 v가 뒤에 있는 낱말 앞부분에 가서 붙어 '해바이'로 발음된다. a**nd I**에서 and의 d는 앞의 콧소리 n을 닮아서 n으로 되었다가 n이 겹쳐서 나오기 때문에 앞의 n이 탈락된다. 따라서 남은 자음 n이 뒤에 있는 낱말 앞부분에 가서 붙어 '앤아이'로 발음된다. lo**ve i**s에서 love의 e는 낱말 끝에 있기 때문에 약화되고 그 앞에 있는 v가 뒤에 있는 낱말 앞부분에 가서 붙어 '러비즈'로 발음된다. firs**t i**t's에서 first의 자음 t가 뒤에 있는 낱말 앞부분에 가서 붙어 '훠스팃'에 가깝게 발음된다. ol**d a**n에서 old의 자음 d가 뒤에 있는 낱말 앞부분에 가서 붙어 '올댄'으로 발음된다. no**t a**s에서 not의 자음 t가 뒤에 있는 낱말 앞부분에 가서 붙어 '나러저'에 가깝게 발음된다. dee**p a**s도 마찬가지 경우이다. I'**m i**n에서 I'm의 자음 m이 뒤에 있는 낱말 앞부분에 가서 붙어 '아이민'으로 발음된다. sin**k o**r에서 sink의 자음 k가 뒤에 있는 낱말 앞부분에 가서 붙어 '싱커'로 발음된다.

2) 없어지는 소리(탈락)의 경우

can't cross, cross, And neither, boat that, carry, And both, shall, and love, But love, and fades, and she, loaded deep

can't cross에서 can't의 t는 자음 n과 cross의 자음 c 사이에 놓이기 때문에 탈락되어 '캔크로스'로 발음된다. 이와 같이 자음과 자음 사이에 놓이는 여섯 개의 파열음인 철자—k/g, p/b, t/d—가 탈락되는 예로 And neither, And both, and love, But love, and fades와 and she가 해당된다.

cross에서 ll의 l은 같은 철자이기 때문에 앞의 l이 탈락되어 '크로스'로 발음된다. carry와 shall이 해당된다.

boat that에서 boat의 t가 that의 th[ð]와 비슷한 발음이기 때문에 앞에 있는 t가 탈락되어 '보우 댓'에 가깝게 발음된다.

loaded deep에서 loaded의 ed 발음 [d]가 그 앞에 있는 자음 d와 deep의 자음 d 사이에 놓이기 때문에 탈락된다. 그리고 ed 앞에 있는 d와 deep의 d가 같은 철자로 겹쳐서 나오기 때문에 앞의 d가 탈락되어 '로우 딥'으로 발음된다.

3) 닮는 소리(동화)의 경우

(1) 단타음화

not as, water

not as에서 not의 t가 강모음과 약모음 사이에 놓이면 단타음(單打音)으로 되어 t도, d도, r도 아닌 발음이 된다. little은 '나러즈'에 가깝게 발음된다. 이 소리는 한글로 표기할 수 없으며 오직 소리로만 익힐 수밖에 없다. 특히 미국영어(American English)에서 두드러진 현상이다. water도 마찬가지 경우이다.

(2) 비음화

And, gentle

미국영어(American English)의 경우 And에서 d가 바로 앞에 있는 콧소리[비음] n을 닮아서 n으로 되었다가, n이 겹치기 때문에 앞의 n이 탈락되어 '앤'으로 발음된다. 그런데 영국영어(British English)에서는 d를 그대로 발음하는 경우가 대부분이다.

미국영어(American English)의 경우 gentle에서 t가 바로 앞에 있는 콧소리[비음] n을 닮아서 n으로 되었다가, n이 겹치기 때문에 앞의 n이 탈락되어 '제늘'로 발음 된다. 그런데 영국영어(British English)에서는 t를 그대로 발음하는 경우가 대부분이다.

(3) 역행동화

give me

그런데 카아러는 천천히 노래를 불러 이런 현상이 나타나지 않는다. Can you give me his phone number?에서 give me의 경우에는 give에서 끝에 있는 모음 e는 본래 소리가 약해 잘 들리지 않습니다. 그래서 give의 'v'가 me에 있는 'm'의 영향을 받아 'gim'으로 변합니다. 따라서 gimme로 변하는 현상 입니다. 이 상태에서 표기되기도 하지만, 소리는 'mm'이 겹치기 때문에 앞의 'm' 이 탈락되어 '기미'에 가깝게 발음됩니다.

4) 줄어진 소리(축약)의 경우

it'**s**, She'**s**, I'**m**

be 동사의 경우인 it'**s**, She'**s**와 I'**m**이 있다.

5) 주의해야 할 발음

can't, **can**, **wh**en

can't와 can은 도우미동사로 기능낱말이기 때문에 약하게 발음한다. 그런데 can't 다음에 자음이 나오기 때문에 탈락되는 경우가 대부분이어서 can은 [kən]으로 can't는 [kæn]으로 발음하기로 약속이 되어 있다. 그런데 can이 문장 가운데 들어가는 경우가 [kən]으로 주로 발음되고 문장의 끝에 들어가는 경우에는 [kæn]으로 발음되는 경우가 대부분이다. can't는 기본적으로 [kæn]으로 발음되면서 can 보다 약간 길게 발음되는 경향이 있다.

when에서 wh~로 시작되는 낱말은 'w' 뒤에 있는 'h'의 소리가 보통 들리지 않는다. 그러니까 when은 '휀'이라기 보다 '웬'에 가깝게 발음된다. 그러나 사람과 관련된 who, whose와 whom은 예외로 'h' 소리가 그대로 난다.

* 팝송에 들어 있는 쓸모 있는 영어 표현들

1. The water is wide, I can't cross over: **cross over**는 '건너다, 건너가다'라는 뜻이다. 예문들은 다음과 같다.

I **crossed over** the bridge.
(나는 다리를 건너갔다.)
I waved and she crossed over.
(내가 손을 흔들자 그녀는 횡단하여 건너왔다.)
He crossed over the road and joined me.
(그가 도로를 건너와 나와 합류했다.)

2. The sweetest flower when first it's new: sweet는 명사로 '사탕'이란 뜻을 갖고 있지만, 형용사 **sweet**는 1) '달콤한, 단', 2) '달콤한 향기가 나는, 향기로운', 3) '사랑스러운, 귀여운'과 4) '(소리가) 듣기 좋은, 감미로운'이란 뜻이다. 그리 이 노래에서는 2) 의 뜻으로 쓰이고 있다.
1)의 예문들은 다음과 같다.

It is a **sweet** and juicy fruit.
(달콤하고 즙이 많은 과일이다.)
This wine is too sweet for me.
(이 포도주가 내겐[내 입에는] 너무 달다.)

Add more honey if you have a sweet tooth.

(단 것을 좋아하신다면 꿀을 더 넣으세요.)

2)의 예문들은 다음과 같다.

The air was **sweet** and pure.

(공기는 달콤하고 깨끗했다.)

They have a lovely sweet scent.

(그것은 감미롭고 달콤한 향기가 난다.)

The air was faint with sweet scent.

(주위의 공기는 들큼한 냄새로 꽉 차 있어서 기분이 답답하였다.)

3)의 예문들은 다음과 같다.

His sister's a **sweet** young thing.

(그의 여동생은 앙증맞은 아이이다.)

She had a sweet, lively personality.

(그녀는 사랑스럽고 활발한 성격을 지니고 있다.)

What a sweet little dog. Is it a he or a she?

(정말 귀엽게 생긴 강아지로군요. 수캐예요 암캐예요?)

4)의 예문들은 다음과 같다.

Her voice was soft and **sweet**.

(그녀의 목소리는 부드럽고 감미로웠다.)

Don't let him fool you with sweet talk.

(그의 달콤한 말에 속지 마.)

His phone calls to his girlfriend are full of sweet talk.

(그는 여자 친구와 전화통화를 할 때 달콤한 말을 많이 한다.)

3. But love grows old and waxes cold: **grow old**는 '차차 나이들다, 나이를 먹다, 늙다'라는 뜻이다. 이 노래에서는 grow old가 글자 그대로의 뜻이 아니라 비유적인 뜻으로 쓰이고 있다. 예문들은 다음과 같다.

As she **grew older** she gained in confidence.

(그녀는 나이가 들면서 자신감이 커졌다.)

She was a woman grown old before her time.

(그녀는 실제 나이보다 빨리 늙어 버린 여자였다.)

The prospect of growing old fills me with dread.

(늙을 것을 생각하면 나는 정말 두렵다.)

wax는 동사로 '밀랍[왁스]을 먹이다[바르다], 왁스로 닦다, 밀랍으로 굳히다'라는 뜻으로 쓰이지만, 그리고 **wax**는 문어체로 '점점 (…이) 되다'라는 뜻으로도 쓰인다. 이 노래에서는 이런 뜻으로 쓰이고 있다.

4. And fades away like morning dew: **fade away**는 1) '(모습 ·자취 등이) 사라지다, 꺼지다'(=disappear)와 2) '(열정·외모 등이) 시들다'(=wane, wither), 3) '시름시름 하다[앓다] 죽다'라는 뜻이다. 이 노래에서는 1)의 뜻으로 쓰이고 있다.

1)의 예문들은 다음과 같다.

But radiation **fades away** with years.

(하지만 방사능은 시간이 지나면서 사라집니다.)

As the years passed the rumor faded away.

(해가 감에 따라 그 소문은 사그라졌다.)

Fears of mad cow disease will not fade away among consumers.

(광우병에 대한 두려움은 소비자들 사이에서 가시지 않을 거에요.)

2)의 예문들은 다음과 같다.

The laughter **faded away**.

(웃음소리가 점점 희미해졌다.)

Hopes of reaching an agreement seem to be fading away.

(합의에 이르리라는 희망이 서서히 사라지는 것 같다.)

The joys of paradise are not like the joys of the earth, which fade away or cloy.

(낙원의 즐거움은 지상의 즐거움과 달라서 사라지거나 싫증나지 않는다.)

3)의 예문들은 다음과 같다.

His physical strength is **fading away**.

(그의 체력은 쇠미해 가고 있다.)

She became ill and slowly faded away.

(그녀는 병이 들어 차차 쇠약해져 갔다.)

In the last weeks of her life she simply faded away.

(그녀는 마지막 몇 주 동안 그냥 시름시름 하다가 죽었다.)

5. She's loaded deep as deep can be: load가 명사로 '짐, 적재량, 무게, 중량, 짐, 주중압, 고생, 근심 등'이란 뜻으로 쓰이지만, 여기서는 동사로 **load**는 몇 가지 뜻 가운데 '(짐을) 싣다, (동물·승객을) 실어넣다, 태우다, (화물을) 싣다, 실어넣다'라는 뜻이다. 예문들은 다음과 같다.

The airplane is being **loaded**.

(비행기에 짐을 싣고 있다.)

He loaded all the groceries into the car.

(그는 모든 식료품을 차에 실었다.)

A seemingly endless line of trucks waits in vain to load up.

(끝없이 이어진 것처럼 보이는 화물차들이 짐을 싣기 위해 헛되이 기다린다.)

6. But not as deep as the love I'm in: **the love I'm in**는 I'm in the love가 기본 어순인데, 뒤집어져 있다.

기억할 만한 영어 문장

1. Love is gentle and love is kind.
   (사랑은 온유하며 사랑은 친절해요.)
2. She's loaded deep as deep can be.
   (그 배는 짐이 실릴만큼 깊게 잔뜩 실렸어요.)
3. Give me a boat that can carry two
   (나에게 두 사람이 탈 수 있는 배를 주세요.)

* 팝송 에세이

우리가 바다를 바라보면서 넓다는 생각을 먼저 하게 될 것이다. 저 넓은 바다를 건널 수 있는 여러 가지 방법에 대해 생각해 볼 수 있다. 배를 타고 바다를 건너 갈 수도 있고, 비행기를 타고 바다를 넘어갈 수도 있다. 이 모든 것이 직접 바다를 건너는 방법은 아니다. 그렇지만 저 넓은 바다를 직접 건너는 방법을 생각해 보게 되면 직접 노로 저어서 가야 할 배가 있어야 할 것이다. 노를 저어가는 배는 혼자서 갈 수 없을 수도 있다. 그렇지만 그 배를 사랑하는 사람과 함께 노를 저어간다면 저 넓은 바다도 거뜬히 건널 수 있다는 믿음을 갖게 된다. 바다는 어려움이고 고통이고 힘듬이고 고난이다. 그런 것들을 극복할 수 있는 방법은 사랑의 힘이다. 사랑의 힘을 발휘할 수 있는 조건은 사랑하는 사람과 함께 했을 때 가능한 일이다.

사랑의 속성은 온유하며 친절한 것이다. 온유하고 친절한 사랑의 시작은 누구에게나 향기로운 꽃과 같은 것이다. 여기에는 선택적으로 사랑을 선택하는 것이 아니다. 지위고하를 막론하고 있고 없음을 막론하고 나이 듦과 젊음과 상관없이 누구나 누릴 수 있는 사랑은 누구에게나 열려 있다. 활짝 열려 있는 사랑은 그만큼 제대로 사랑을 나누기가 쉽지 않다는 것을 의미한다. 열려 있다는 것은 누구나 사랑을 마주할 수는 있어도 그 사랑을 지속적으로 이어간다는 것은 쉽지 않음을 의미한다. 사랑을 유지하기 위한 노력은 그 어떤 노력 보다 시간, 정성과 열정이 필요하기 때문이다. 이런 시간, 정성과 열정을 꾸준히 기울이지 않으면 시간이 지남에 따라 사랑은 식게 마련이다.

배를 저어 바다를 건널 수 있는 힘은 육체적인 힘이 아니라 사랑의 힘이라는 것을 배에 잔뜩 실린 짐과 사랑의 깊이를 비교하는데서 알 수 있다. 사랑의 힘은 어떤 의미에서 우리의 삶에 있어서 기적을 만들어낼 수 있는 신기한 그 무엇일지 모른다.

★ 덧붙이는 글 ★

이 노래의 원곡은 아일랜드 민요이다.

Moonlight Flower

Sung by Michael Cretu

Come with me in the silence of darkness
I want to show you secrets of life
I will guide you where dreams couldn't take you
She seldom flew away in the night
You're the moonlight flower
You're the voice of the night
When you call I'll follow.
We'll leave on the trip of delight

I have been to the heights of my senses
Feeling the touch of your caress
I have seen the magic things under night skies
Until the sunrise ended the spell
You're the moonlight flower
You're the voice of the night
When you call I'll follow
We'll leave on the trip of delight

You're the moonlight flower
You're the voice of the night
When you call I'll follow
We'll leave on the trip of delight

You're the moonlight flower
You're the voice of the night
When you call I'll follow
We'll leave on the trip of delight

You're the moonlight flower
You're the voice of the night

When you call I'll follow
We'll leave on the trip of delight

You're the moonlight flower
You're the voice of the night
When you call I'll follow
We'll leave on the trip of delight

달빛 아래 피어나는 꽃

마이클 크레투의 노래

어둠의 침묵 속으로 나와 같이 가요
내가 당신에게 삶의 비밀을 보여주고 싶어요
내가 꿈속에서도 당신을 데려갈 수 없었던 그런 곳으로 당신을 안내해 드릴 게요
그녀는 한 밤에 좀처럼 날아가지 않았어요
당신은 달빛 아래 피어나는 꽃이에요
당신은 밤의 목소리이에요
당신이 부를 때 나 따라갈 거예요
우리는 환희의 여행을 떠날 거예요

나는 관능의 극치를 경험했어요
당신의 아늑한 포옹올 느끼면서
나는 밤하늘 아래서 신비한 것들을 보았어요
아침 해가 마법의 주문을 거두어갈 때까지
당신은 달빛 아래 피어나는 꽃이에요
당신은 밤의 목소리이에요
당신이 부를 때 나 따라갈 거예요
우리는 환희의 여행을 떠날 거예요

당신은 달빛 아래 피어나는 꽃이에요
당신은 밤의 목소리이에요
당신이 부를 때 나 따라갈 거예요
우리는 환희의 여행을 떠날 거예요

당신은 달빛 아래 피어나는 꽃이에요
당신은 밤의 목소리이에요
당신이 부를 때 나 따라갈 거예요
우리는 환희의 여행을 떠날 거예요

당신은 달빛 아래 피어나는 꽃이에요
당신은 밤의 목소리이에요
당신이 부를 때 나 따라갈 거예요
우리는 환희의 여행을 떠날 거예요

당신은 달빛 아래 피어나는 꽃이에요
당신은 밤의 목소리이에요
당신이 부를 때 나 따라갈 거예요
우리는 환희의 여행을 떠날 거예요

* 영어 발음 제대로 듣거나 말하기

1) 이어지는 소리(연음)의 경우

(1) 약모음 이동

flew away

flew away에서 away의 a는 약모음 [ə]가 되어 앞 낱말 끝부분에 가서 붙어 '후루어웨이'에 가깝게 발음된다.

(2) 자음 이동

silence of, secrets of, voice of, leave on, trip of, heights of, touch of

silence of에서 silence의 e는 낱말 끝에 있기 때문에 약화되고 그 앞에 있는 k가 자음 c가 뒤에 있는 낱말 앞부분에 가서 붙어 '사이런서브'로 발음된다. voice of, trip of와 touch of도 마찬가지 경우이다, secrets of에서 secrets의 자음 ts가 뒤에 있는 낱말 앞부분에 가서 붙어 '시크리쳐브'로 발음된다. heights of도 마찬가지 경우이다. leave on에서 leave의 e는 낱말 끝에 있기 때문에 약화되고 그 앞에 있는 v가 뒤에 있는 낱말 앞부분에 가서 붙어 '리번'으로 발음된다.

2) 없어지는 소리(탈락)의 경우

want to, couldn't take, moonlight flower, call, night skies, ended the

want to에서 want의 t와 to의 t는 같은 철자이기 때문에 앞의 t가 탈락되어 '완터'로 발음된다. couldn't take와 call도 마찬가지 경우이다.

moonlight flower에서 moonlight의 t는 자음 h와 flower의 자음 f 사이에 놓이기 때문에 탈락되어 '문라잇 훠라우어'에 가깝게 발음된다. 이와 같이 자음과 자음 사이에 놓이는 여섯 개의 파열음인 철자—k/g, p/b, t/d—가 탈락되는 예로 night skies가 해당된다.

ended the에서 ended의 ed 발음 [d]가 the의 th[ð]와 비슷한 발음이기 때문에 앞에 있는 ed가 탈락되어 '엔더'에 가깝게 발음된다.

3) 줄어진 소리(축약)의 경우

couldn't, You're, I'll, We'll

부정형인 couldn't, be 동사의 경우인 You're, 도우미동사(조동사)의 경우인 I'll과 We'll이 있다. 이 가운데 I'll과 We'll에서 'll이 한국인이 발음하기에 가장 힘든 예이다. 그 이유는 'll은 will의 줄인 형태인데 'll'이 한국어에 없는 발음으로, 'l'은 혀를 입천장에 붙여서 소리를 내야 하는데, 한국어에는 이렇게 소리를 내는 것이 없기 때문이다.

4) 주의해야 할 발음

where, dreams, When, trip, skies

where와 When에서 wh~로 시작되는 낱말은 'w' 뒤에 있는 'h'의 소리가 보통 들리지 그러니까 where는 '훼어'라기 보다 '웨어'에 가깝게, When은 '휀'이라기 보다 '웬'에 가깝게 발음된다. 그러나 사람과 관련된 who, whose와 whom은 예외로 'h' 소리가 그대로 난다.

dreams에서 'dr~'의 발음은 '드'와 '주'의 중간쯤 되는 소리로 '쥬'에 가깝게 발음된다. 따라서 dreams는 '드림즈'라기 보다 '쥬림즈'에 가깝게 발음된다.

trip에서 'tr~'의 발음은 '츠'와 '추'의 중간쯤 되는 소리로 '츄'에 가깝게 발음된다. trip은 '트립'이라기 보다 '츄립'에 가깝게 발음된다.

skies에서 s+k/p/t가 되면 된소리에 가깝게 소리가 난다. 대부분 k/p/t가 들어간 낱말은 h가 들어가는 소리를 내게 되는데, s+k/p/t의 경우는 h 소리가 들어가지 않고 된소리에 가깝게 발음된다. 그러니까 skies는 '스까이즈'에 가깝게 발음된다.

* 팝송에 들어 있는 쓸모 있는 영어 표현들

1. She seldom flew away in the night: **seldom**은 '좀처럼 …않는'이란 뜻이다. seldom은 rarely와 마찬가지로 횟수와 관련이 있고, '거의 …않는'의 뜻인 hardly, scarcely와 barely는 정도나 양과 관련이 있다. 이 모두 글에서의 위치는 일반동사의 앞에 놓이고, 도우미동사나 be 동사 다음에 놓인다. 예문들은 다음과 같다.

I've **seldom** felt so happy.
(나는 그렇게 행복한 적이 별로 없었다.)
She was a severe woman who seldom smiled.
(그녀는 거의 웃는 법이 없는 엄격한 여자였다.)
He had seldom seen a child with so much talent.
(그는 그처럼 재능이 많은 아이는 좀처럼 보지 못했었다.)

fly away는 '날아서 가다'라는 뜻이다. 이 노래에서는 그녀가 날 수 없기 때문에 그녀가 사라지거나 없어지지 않음을 나타낸다. 예문들은 다음과 같다.

The parrot squawked and **flew away**.
(앵무새가 꽥꽥 울더니 날아가 버렸다.)
Have you ever seen geese flying away?
(기러기들이 날아가는 것을 본 적이 있니?)
The bird flapped its wings and flew away.
(그 새는 날개를 퍼덕이며 날아가 버렸다.)

in the night는 '야간에, 밤중에'(=by night, during the night)라는 뜻이다. 예문들은 다음과 같다.

The temperature fell sharply **in the night**.
(밤에 기온이 급격히 떨어졌다.)
The ship had slipped its moorings in the night.
(그 배는 밤에 계류 장치가 풀려 버렸던 것이었다.)

The pain had lessened in the night, but so had his lucidity.

(밤새 고통은 덜해졌으나 그의 의식도 덜 맑아졌다.)

2. You're the moonlight flower: **moonlight flower**는 '달맞이꽃', '월광화(月光花)', '달빛아래 피는 꽃', '밤에 피어나는 꽃; '문라이트 플라워' 또는 '밤에 피는 꽃'으로 옮기고 있다. 노래 전체 가사를 생각해보면 모두 해석이 가능할 것이다. 그래서 이 책에서는 '달빛 아래 피어나는 꽃'으로 옮기고 있다.

3. We'll leave on the trip of delight: **leave on a trip**은 '여행을 가다[출발하다]'라는 뜻이다. 예문들은 다음과 같다.

Tomorrow I **leave on a** business **trip**.

(나는 내일 출장을 떠날 거야.)

I am leaving on a trip this coming Sunday.

(나는 이번 다가오는 일요일에 여행을 떠날 것이다.)

My mom left on a trip to Hong Kong without me.

(내 엄마가 절 놔두고 혼자 홍콩으로 여행을 떠나셨어요.)

4. I have been to the heights of my senses: **height**는 1) '높음, 높이, 키, 고도', 2) (주로 복수 형태로) 고지, 언덕'과 3) '극치, 절정, 한창'(=utmost degree, culmination, acme)라는 뜻으로 쓰인다. 이 노래에서는 3)의 뜻으로 쓰이고 있다.
1)의 예문들은 다음과 같다.

Please state your **height** and weight.

(신장과 체중을 말씀해 주세요.)

Her height and weight are normal for her age.

(그녀의 키와 몸무게는 그녀의 나이에 맞게 정상이다.)

She admits that her height is intimidating for some men.

(그녀는 자기의 큰 키가 어떤 남자들에게는 위협적이라는 것을 인정한다.)

2)의 예문들은 다음과 같다.

He's scared of **heights**.

(그는 높은 곳을 무서워한다.)

The walk in the mountains confirmed his fear of heights.

(산악 지역을 걸어 보니 그의 고소 공포증이 더 분명해졌다.)

Nobody thinks he is a character in *Wuthering Heights*.

(아무도 그가 『폭풍의 언덕』에 등장하는 인물이라고 생각하지 않는다.)

3)의 예문들은 다음과 같다.

She is still at the **height** of her powers.

(그녀는 아직 권력의 절정에 있다.)

The fire reached its height around 2 a.m.

(그 화재는 새벽 두 시쯤에 극에 달했다.)

At the height of his fame, his every word was valued.

(그의 명성이 최고조에 이르렀을 때, 그의 말 한마디 한마디가 가치를 지녔다.)

기억할 만한 영어 문장

1. You're the voice of the night.

   (당신은 밤의 목소리이에요.)

2. We'll leave on the trip of delight.

   (우리는 환희의 여행을 떠날 거예요.)

3. I want to show you secrets of life.

   (내가 당신에게 삶의 비밀을 보여주고 싶어요.)

* 팝송 에세이

밤은 낮에 이루어질 수 없는 일들이 일어날 수 있는 시간대이다. 사람들이 낮에 대부분의 일을 하고 밤에 휴식을 갖거나 재충전의 시간을 갖는다. 밤에 떠나는 여행은 어둠과 함께 시간을 보내는 것이다. 어둠은 밝음과는 대조적이지만 낮에 이루어질 수 없는 그 무엇이 이루어질 수 있는 시간대이다. 누군가가 말한 '역사는 밤에 이루어진다'는 뜻의 정확한 의미는 알 수 없지만 낮에 이루어지지 못한 아니 낮에 이룰 수 없었던 사건들이 일어날 수 있다고 볼 수 있다. 그렇지만 어둠 속에서 제대로 어떤 일을 해낼 수 없다.

밤의 어둠을 걷어낼 수 있는 아니 어둠을 밝혀줄 수 있는 빛이 달빛일 것이다. 달빛은 태양의 빛과는 달리 모든 사물이나 상황을 훤히 밝혀주지 않는다. 달빛은 그저 은은하게 사물들이나 상황의 윤곽만을 드러낼 뿐이다. 대부분의 꽃이 낮에 햇빛을 받아 피어나 자신의 자태를 뽐낸다면 밤에 필 수 있는 꽃은 특별할 식물인 것이다. 아무도 관심을 가지지 않는 밤에 달빛을 받아 피어나는 꽃, '달빛 아래 피어나는 꽃' 또는 '달맞이 꽃'은 어쩌면 밤의 세계에서 식물로서는 희귀한 그러면서 귀중한 존재가 될 것이다.

'달빛 아래 피어나는 꽃'이 귀한 존재이듯이 그 꽃이 하는 역할 또한 눈여겨 볼만하다. 한 밤에 조용히 피어나서 목소리를 내며 환희의 여행을 떠날 수 있도록 손짓을 하는 그 꽃은 예사로운 꽃이 아니다. 이미 이 꽃은 밤을 자기 뜻대로 끌고 가는 오케스트라의 지휘자이자 연극의 연출가와 견줄 수 있다. 그 꽃이 이끄는대로 따라가야 하는 여행은 밤새도록 이어져 아침 햇살이 퍼질 때까지 계속된다. 그 긴 여행에 관능의 극치도 맛보고, 포옹도 하고 신비한 것들도 보게 되는 것이다. 그것도 둘 만이 독점하고 있는 긴 밤을 함께 여행을 하면서 말이다.

★ 덧붙이는 글 ★

이 노래의 제목 Moonlight Flower를 '달맞이꽃', '월광화(月光花)', '달빛 아래 피는 꽃', '밤에 피어나는 꽃' 또는 '문라이트 플라워'로 옮기고 있다. 노래 전체 가사를 생각해보면 모든 해석이 가능할 것이다. 그래서 이 책에서는 '달빛 아래 피어나는 꽃'으로 옮기고 있다.

첫째 연 네 번째 행의 가사 소개를 She seldom flew away in the night(그녀는 밤에 좀처럼 날아가지 않았어)와 She said and flew away in the night(그녀는 말하고서 밤에 날아가 버렸어요)로 소개하고 있다. 그렇지만 문맥상 그리고 노래를 직접 들어보면 She seldom flew away in the night이 맞다. 그 이유는 '당신은 달빛 아래 피어나는 꽃'이고 '밤의 목소리'라고 말하기 때문에 밤에 날아가거나 사라질 수 없는 존재로 묘사되고 있기 때문이다.

Do You Believe In Love

Sung by Craig David

Mmmmm no ohhh ah yeah
Just one day
If I could hold you in my arms
Close to my heart where you belong
Love of my life you really are
Still be showering you with kisses like snow in winter
Remember back in the day we were like best of friends
But we were falling in love we never could pretend
Night after night we used to talk about me and you
The things we'd do together forever

Do you believe in love?
And the promise that it brings
That you'll never grow apart
Well that's what she said to me
Why did you have to go?
We were inseparable
You and me will always be together for eternity

Just one day
If I could touch your face again
Words can't describe how I'm feeling
If I could turn back the hands of time
I'd still be holding on wishes that you left behind
Remember moments when there was nothing better than
A stroll in the park walking hand in hand
I'll never forget the times we talked about me and you
The things we do together forever

Do you believe in love?

And the promise that it brings
That you'll never grow apart
Well that's what she said to me
Why did you have to go?
We were inseparable
You and me will always be together for eternity

The words you said to me before you slipped away (you slipped away)
Are still with me girl to this very day (this very day) yeah
In everything I do to everything I say
You'll always be the sunshine in my life
And yes I believe in love

Do you believe in love?
And the promise that it brings
That you'll never grow apart
Well that's what she said to me
Why did you have to go?
We were inseparable
You and me will always be together for eternity

Do you believe in love?
And the promise that it brings
That you'll never grow apart
Well that's what she said to me
Why did you have to go?
We were inseparable
You and me will always be together for eternity

당신은 사랑을 믿나요

크레이그 데이비드의 노래

음 아니 오 아 그래요
단지 언젠가
당신을 내 품에 안을 수 있다면
당신이 속한 내 심장 가까이 둘 수 있다면
당신은 정말로 내 평생의 사랑이지요
겨울에 내리는 눈처럼 입맞춤으로 당신을 여전히 덮고 싶어요
우리가 가장 좋은 친구처럼 지냈던 그날을 기억해봐요
하지만 우리가 사랑에 빠지기 시작한 후로 우리는 결코 가식적으로 행동할 수 없었어요
매일 밤 우리는 나와 당신에 대한 얘기를 하곤 했어요
우리가 영원히 함께 할 것들에 대해

당신은 사랑을 믿나요?
그리고 그에 따라 하게 되는 약속
당신이 결코 헤어지지 않겠다던
글쎄요 그건 그녀가 나에게 말한 것이었는데
왜 당신은 떠나야만 했나요?
우린 언제나 떨어질 수 없는 사이였잖아요
당신과 나는 항상 영원히 함께 있을 거예요

단지 언젠가
내가 다시 당신의 얼굴을 가볍게 만질 수 있다면
말로는 내가 어떻게 느끼고 있는지를 설명할 수 없어요
만약 내가 과거로 돌아갈 수 있다면
당신이 남기고 간 소원들을 나는 여전히 이루려고 노력하고 있겠죠
그 보다 더 좋은 때는 없었을 순간들을 기억해요
손을 잡고 걷는 공원에서의 산책보다도
나는 당신과 나에 대한 얘기를 했던 때를 결코 잊지 못할 거예요
우리가 영원히 함께 할 것들에 대해

당신은 사랑을 믿나요?
그리고 그에 따라 하게 되는 약속
당신이 결코 헤어지지 않겠다던
글쎄요 그건 그녀가 나에게 말한 것이었는데
왜 당신은 떠나야만 했나요?
우린 떨어질 수 없는 사이였잖아요
당신과 나는 항상 영원히 함께 있을 거예요

당신이 떠나기 전에 당신이 내게 한 말은 (당신은 떠났어요)
바로 오늘까지도 여전히 나에게 남아있어요 (바로 오늘)
내가 하는 모든 행동에서 내가 말하는 모든 것까지
당신은 내 삶에 있어서 햇빛이 항상 될 거예요
그리고 그래요 저는 사랑을 믿고 있어요

당신은 사랑을 믿나요?
그리고 그에 따라 하게 되는 약속
당신이 결코 헤어지지 않겠다던
글쎄요 그건 그녀가 나에게 말한 것이었는데
왜 당신은 떠나야만 했나요?
우린 언제나 떨어질 수 없는 사이였잖아요
당신과 나는 항상 영원히 함께 있을 거예요

당신은 사랑을 믿나요?
그리고 그에 따라 하게 되는 약속
당신이 결코 사이가 멀어지지 않겠다던
글쎄요 그건 그녀가 나에게 말한 것이었는데
왜 당신은 떠나야만 했나요?
우린 언제나 떨어질 수 없는 사이였잖아요
당신과 나는 항상 영원히 함께 있을 거예요

* 영어 발음 제대로 듣거나 말하기

1) 이어지는 소리(연음)의 경우

(1) 약모음 이동

talk**ed** **a**bout, gro**w** **a**part, fa**ce** **a**gain, slipp**ed** **a**way

talk**ed** **a**bout에서 about의 a는 약모음 [ə]가 되어 앞 낱말 끝부분에 가서 붙어 '토크터 바웃'으로 발음된다. gro**w** **a**part에서 apart의 a는 약모음 [ə]가 되어 앞 낱말 끝부분에 가서 붙어 '그로우어 파트'로 발음된다. fa**ce** **a**gain에서 again의 는 약모음 [ə]가 되어 앞 낱말 끝부분에 가서 붙어 '훼이서 겐'으로 발음된다. again의 발음은 미국영어와 영국영어에서 다르게 발음된다. again의 미국영어 발음은 어겐[əgen]이고, 영국영어 발음은 어게인[əgein]이다. slipp**ed** **a**way에서 away의 a는 약모음 [ə]가 되어 앞 낱말 끝부분에 가서 붙어 '스립터 웨이'로 발음된다.

(2) 자음 이동

If I, Lo**ve** **o**f, bac**k** **i**n, bes**t** **o**f, belie**ve** **i**n, hand**s** **o**f, stro**ll** **i**n, han**d** **i**n

If I에서 If의 자음 f가 뒤에 있는 낱말 앞부분에 가서 붙어 '이화이'에 가깝게 발음된다. Lo**ve** **o**f에서 Love의 e는 낱말 끝에 있기 때문에 약화되고 그 앞에 있는 v가 뒤에 있는 낱말 앞부분에 가서 붙어 '러브버'로 발음된다. best of와 hands of도 마찬가지 경우이다. bac**k** **i**n에서 back의 자음 k가 뒤에 있는 낱말 앞부분에 가서 붙어 '배킨'으로 발음된다. stro**ll** **i**n과 han**d** **i**n도 마찬가지 경우이다. belie**ve** **i**n에서 believe의 e는 낱말 끝에 있기 때문에 약화되고 그 앞에 있는 v가 뒤에 있는 낱말 앞부분에 가서 붙어 '빌리빈'으로 발음된다.

2) 없어지는 소리(탈락)의 경우

could hold, heart where, really, Still, kisses, friends, falling, could pretend, we'd do, And the, Well, said to, and me, Words, can't describe, could turn, back the, hands, still, left behind, moments, stroll, forget the, slipped, And yes

could hold에서 could의 d는 자음 l과 hold의 자음 h 사이에 놓이기 때문에 탈락되어 '쿠홀드'로 발음된다. 이와 같이 자음과 자음 사이에 놓이는 여섯 개의 파열음인 철자—k/g, p/b, t/d—가 탈락되는 예로 heart where, friends, could pretend, and me, Words, can't describe, could turn, back the, hands, left behind, moments와 And yes가 해당된다.

really에서 ll의 l은 같은 철자이기 때문에 앞의 l이 탈락되어 '리어리'로 발음된다. Still, kisses, falling, we'd do, Well, still, stroll, slipped도 마찬가지 경우이다.

And the에서 And의 d가 the의 th[ð]와 비슷한 발음이기 때문에 앞에 있는 d가 탈락e 되어 '앤더'에 가깝게 발음된다.

said to에서 said의 d가 to의 t와 같은 위치에서 소리가 나기 때문에 앞에 있는 d가 탈락되어 '세터'로 발음된다.

forget the에서 forget의 t가 the의 th[ð]와 비슷한 발음이기 때문에 앞에 있는 t가 탈락되어 '호겟더'에 가깝게 발음된다.

3) 닮는 소리(동화)의 경우

(1) 단타음화

Night after, that it, better

Night after에서 t(t)가 강모음과 약모음 사이에 놓이면 단타음(單打音)으로 되어 t도, d도, r도 아닌 발음이 된다. Night after는 '나이래훠터'에 가깝게 발음된다. 이 소리는 한글로 표기할 수 없으며 오직 소리로만 익힐 수밖에 없다. 특히 미국영어 (American English)에서 두드러진 현상이다. that it과 better도 마찬가지 경우이다.

(2) 구개음화

hold you, That you'll, did you, that you

hold you에서 hold의 d[d]와 you의 y[j]가 합쳐지면 서로 닮아서 [ʤ]로 바뀌어 '홀쥬'에 가깝게 발음된다. 발음된다. 이런 현상은 영국영어(British English) 보다 미국영어(American English)에서 자주 나타나는 현상이다. did you도 마찬가지 경우이다, That you'll에서 That의 t[t]와 you'll의 y[j]가 합쳐지면 서로 닮아서 [ʧ]로 바뀌어 '대츄일'에 가깝게 발음된다. 따라서 이런 현상은 영국영어(British English) 보다 미국영어(American English)에서 자주 나타나는 현상이다. that you도 마찬 가지 경우이다.

(3) 비음화

winter, and, hand

미국영어(American English)의 경우 winter에서 t가 바로 앞에 있는 콧소리[비음] n을 닮아서 n으로 되었다가, n이 겹치기 때문에 앞의 n이 탈락되어 '위너'로 발음 된다. 그런데 영국영어(British English)에서는 t를 그대로 발음하는 경우가 대부분 이다.

미국영어(American English)의 경우 and에서 d가 바로 앞에 있는 콧소리[비음] n을 닮아서 n으로 되었다가, n이 겹치기 때문에 앞의 n이 탈락되어 '앤'으로 발음된다. 그런데 영국영어(British English)에서는 d를 그대로 발음하는 경우가 대부분이다. hand도 마찬가지 경우이다.

4) 줄어진 소리(축약)의 경우

we'd, you'll, that's, can't, I'm, I'd, I'll

도우미동사(조동사)의 경우인 we'd, I'd, you'll과 I'll, be 동사의 경우인 that's와 I'm, 부정형인 can't가 있다. 이 가운데 you'll과 I'll에서 'll이 한국인이 발음하기에 가장 힘든 예이다. 그 이유는 'll은 will의 줄인 형태인데 'll'이 한국어에 없는 발음으로,

'l'은 혀를 입천장에 붙여서 소리를 내야 하는데, 한국어에는 이렇게 소리를 내는 것이 없기 때문이다.

5) 주의해야 할 발음

where, **used to**, **what**, **Why**, **have to**, **can't**, **when**

where, what, Why와 when에서 wh~로 시작되는 낱말은 'w' 뒤에 있는 'h'의 소리가 보통 들리지 않는다. 그러니까 where는 '훼어'라기 보다 '웨어'에 가깝게, what은 '홧' 이라기 보다 '왓'에 가깝게, Why는 '화이'라기 보다 '와이'에 가깝게, when은 '휀'이 라기 보다 '웬'에 가깝게 발음된다. 그러나 사람과 관련된 who, whose와 whom은 예외로 'h' 소리가 그대로 난다.

used to, **have to**는 '~해야 한다'라는 뜻으로 have to는 우리가 보통 발음하는 '해브투'가 아닌 '해후터'([hæftə])에 가깝게 발음된다.

can't는 can과 마찬가지로 도우미동사로 기능낱말이기 때문에 약하게 발음한다. 그런데 can't 다음에 자음이 나오기 때문에 탈락되는 경우가 대부분이어서 can은 [kən]으로 can't는 [kæn]으로 발음하기로 약속이 되어 있다. 그런데 can이 문장 가운데 들어가는 경우가 [kən]으로 주로 발음되고 문장의 끝에 들어가는 경우에는 [kæn]으로 발음 되는 경우가 대부분이다. can't는 기본적으로 [kæn]으로 발음되면서 can 보다 약간 길게 발음되는 경향이 있다.

* 팝송에 들어 있는 쓸모 있는 영어 표현들

1. Still be showering you with kisses like snow in winter: **be showering with kisses**는 글자 그대로는 '입맞춤으로[키스로]을 샤워를 하고 있다'는 뜻이지만 비유적으로 '입맞춤을 퍼붓고 있다'로 이해하면 될 것이다. 샤워를 할 때의 물을 입맞춤에 견주어 표현하고 있다고 볼 수 있다.

2. But we were falling in love we never could pretend: **fall in love**는 '사랑에 빠지다, …와 사랑을 하다, 반하다'라는 뜻이다. 예문들은 다음과 같다.

She **fell in love** with him.
(그녀는 그 남자에게 반했다.)
He fell in love with her the moment he saw her.
(그는 그녀를 본 순간 사랑에 빠졌다.)
I suppose Carolyn went off with some man she'd fallen in love with.
(나는 캐롤린이 사랑에 빠진 어떤 남자와 함께 떠났다고 생각한다.)

pretend는 1) '…인 척하다[것처럼 굴다], 가식적으로 행동하다', 2) '…라고 가장하다' 와 3) '(사실이 아닌 것을) 주장하다'라는 뜻이다. 이 노래에서는 1)의 뜻으로 쓰이고 있다.
1)의 예문들은 다음과 같다.

I'm tired of having to **pretend** all the time.
(나는 언제나 가식적으로 행동해야 하는 것에 질렸다.)
Don't be surprised if I pretend not to recognise you.
(내가 당신을 못 알아본 척 해도 놀라지 말아요.)
I don't like people who pretend to be a man of altruism.
(난 다른 사람들을 위하는 척 하는 사람을 싫어해.)

2)의 예문들은 다음과 같다.

I know you can **pretend** a banana is a gun.
(네가 바나나를 총인 것처럼 가장할 수도 있다는 걸 알아.)
You cannot pretend there's no evil in the world.
(이 세상에 악이란 없는 것처럼 가장할 수는 없다.)
It is idle to pretend that their marriage is a success.
(그들의 결혼 생활이 성공적인 것처럼 가장해 봐야 소용없다.)

3)의 예문들은 다음과 같다.

You know what this is about. Why **pretend** otherwise?

(넌 이게 무슨 얘긴지 알고 있어. 왜 딴청이니?)

The book doesn't pretend to be a great work of literature.

(그 책은 위대한 문학 작품이라고 주장하지 않는다.)

I do not pretend to have produced a work without mistakes.

(나는 틀림이 없는 책을 만들었다고 생각하지는 않는다.)

3. Night after night we used to talk about me and you: **night after night**는 '매일 밤, 밤마다'라는 뜻이다. 예문들은 다음과 같다.

She lay awake worrying **night after night**.

(그녀는 밤마다 걱정하느라 잠을 이루지 못했다.)

He is now hospitalized after drinking night after night.

(매일 밤 술을 마시더니 이제 병원 신세를 지고 있다.)

If you burn the midnight oil night after night, you'll probably become ill.

(당신이 매일 밤 밤샘을 하면서 일하면 병 난다구.)

used to는 '…하곤 했다; 과거 한때는 …이었다'라는 뜻이다. 예문들은 다음과 같다.

I **used to** live in London.

(나는 과거 한때 런던에 살았다.)

I used to belong to a youth club.

(나는 전에 청년 단체에 속해 있었다.)

They used to visit her grave twice a year.

(그들은 일 년에 두 번 그녀의 묘를 찾곤 했다.)

4. Do you believe in love?: **believe in**은 '~이 존재함을 믿다'라는 뜻으로 쓰인다. 예문들은 다음과 같다.

Do you **believe in** a cosmic plan?

(넌 우주를 지배하는 절대적인 힘이란 게 있다고 믿니?)

I believe in the institution of marriage.

(나는 결혼 제도를 믿는다.)

Don't you believe in equality between men and women?

(당신은 남녀평등이라는 것을 믿지 않나요?)

'~을[를] 믿다'라는 뜻을 갖고 있는 경우는 대개 전치사 in과 함께 한다. 그 예로 **have faith in**(…을[를] 믿고 있다[신앙하다])이 있다. 예문들은 다음과 같다.

People **have** lost **faith in** the government.

(국민들은 정부를 더 이상 믿지 않게 되었다.)

Children usually have faith in their parents.

(어린이들은 보통 부모에 대한 믿음이 있다.)

I have great faith in you—I know you'll do well.

(난 널 단단히 믿어. 네가 잘 하리란 걸 난 알아.)

'~에 자신이 있다, ~에 자신감을 갖다, ~을[를] 신뢰한다'라는 뜻을 갖고 있는 경우에도 대개 전치사 in과 함께 한다. 그 예로 **have confidence in**이 있다. 예문들은 다음과 같다.

I **have** every **confidence in** you.

(나는 너를 전적으로 신뢰해.)

I didn't have any confidence in myself at school.

(나는 학교 다닐 때 자신감이 하나도 없었다.)

The players all have confidence in their manager.

(그 선수들은 모두 자기들 감독을 신뢰한다.)

5. That you'll never grow apart: **grow apart**는 '(~와) 사이가 멀어지다'라는 뜻이다. 예문들은 다음과 같다.

He and his wife **grew apart**.

(그와 그의 부인은 소원해졌다.)

Their jealousies to each other made them grow apart.

(서로의 대한 질투심이 그들을 멀어지게 하였다.)

Sadly, after eight years of marriage they had grown apart.

(애석하게도, 팔 년의 결혼 생활이 지난 뒤 그들은 점점 사이가 멀어졌다.)

6. We were inseparable: **inseparable**은 1) '불가분한'과 2) '(사람 사이를) 갈라놓을 수 없는'라는 뜻이다. 이 노래에서는 2)의 뜻으로 쓰이고 있다.

1)의 예문들은 다음과 같다.

Money and power are **inseparable**.

(돈과 권력은 불가분의 관계에 있다.)

He firmly believes liberty is inseparable from social justice.

(그는 자유와 사회 정의는 분리될 수 없다고 굳게 믿는다.)

Our economic fortunes are inseparable from those of Europe.

(우리의 경제적 운명[성쇠]은 유럽의 그것과 불가분하다[불가분의 관계에 있다].)

2)의 예문들은 다음과 같다.

She and Kristin were **inseparable**.

(그녀와 크리스틴은 떨어질 수 없는 사이였다.)

Those two are inseparable friends.

(저 둘은 뗄래야 뗄 수 없는 단짝이다.)

When we were kids, Zoe and I were inseparable.

(어린 아이였을 때 조와 나는 뗄 수 없는 사이였다.)

7. You and me will always be together for eternity: **for eternity**는 '평생, 영원히'라는 뜻이다. 예문들은 다음과 같다.

I said I'd love her **for eternity**.

(나는 그녀를 영원히 사랑하겠다고 말했다.)

And finally we can leave here for eternity.

(그리고 결국 우리는 여기를 영원히 떠날 수 있다.)

There will be rich and poor for all eternity.

(부자와 빈자는 영원히[아무리 세월이 가도] 없어지지 않을 것이다.)

8. If I could turn back the hands of time: **turn back**은 '(갔던 길을) 되돌아오다/~을[를] 되돌리다[되돌려 보내다]'라는 뜻이다. 예문들은 다음과 같다.

Police attempted to **turn back**.

(경찰은 되돌려 보내려고 시도했다.)

The weather became so bad that they had to turn back.

(날씨가 너무 안 좋아져서 그들은 되돌아와야 했다.)

The Senate has now endorsed the bill and can't turn back.

(상원은 이제 그 법안을 승인했기 때문에 돌이킬 수가 없다.)

그런데 **turn back the hands of time**은 '과거로 돌아가다'라는 뜻이다. 예문들은 다음과 같다.

Sadly, there is no way to **turn back the hands of time**.

(애석하게도 시계 바늘을 되돌릴 방법은 없다.)

We could turn back the hands of time like it was nothing.

(우리가 그게 아무것도 아닌 것처럼 과거로 돌아갈 수 있어요.)

One morning I heard a song on the radio - Turn Back The Hands of Time.

(어느 날 아침 나는 라디오에서 '과거로 돌아갈 수 있다면'이라는 노래를 들었다.)

9. I'd still be holding on wishes that you left behind: **hold on**은 1) '(명령문 형태로 쓰여) 기다려[멈춰]', 2) '(곤경 · 위험을) 견뎌[참아] 내다', 3) '(수동태로는 안 씀) (~을) 계속 잡고 있다', 4) '(자기에게 유리한 것을) 고수하다[지키다]; (팔거나 주지 않고) 계속 보유하다', 5) '~을[를] (제자리에) 고정시키다'와 6) '기다리다'라는 뜻으로 쓰인다. 이 노래에서는 6)의 뜻으로 쓰이고 있다.

1)의 예문들은 다음과 같다.

Let me check my phone book. **Hold on**.

(전화번호 수첩에서 찾아볼 게. 잠깐만 기다려봐.)

Hold on please, I'm trying to connect you.

(잠깐 기다리세요. 연결해 드리겠습니다.)

Hold on a minute while I get my breath back.

(내가 숨을 돌릴 때까지 잠깐 기다려.)

2)의 예문들은 다음과 같다.

Hold on, even if hurts!

(참아요, 아프더라도!)

I can't hold on much longer.

(난 더 이상 버틸 수 없어.)

I'm just too sleepy to hold on.

(저는 졸려서 못 견디겠어요.)

3)의 예문들은 다음과 같다.

Hold on, this is a bad road!

(꽉 잡아, 길이 안 좋아!)

Hold on and don't let go until I say so.

(내가 그러라고 할 때까지 놓지 말고 계속 잡고 있어.)

I hold on to the rail when I go down steep stairs.

(나는 가파른 계단을 내려갈 때 난간을 꼭 붙잡는다.)

4)의 예문들은 다음과 같다.

If you **hold on** to your dream, you can do it!

(당신이 꿈을 잃지 않으면 이룰 수 있어요.)

I'd buy a few shares now, and just hold on to them.

(저라면 지금 몇 주 사서 보유하겠습니다.)

I told him how we had fought to hold on to the company.

(나는 우리가 회사를 지켜 내기 위해 어떻게 분투해 왔는지 그에게 알려 줬다.)

5)의 예문들은 다음과 같다.

It's **held on** with tape.

(테이프로 고정되어 있습니다.)

This pin holds the wheel on.

(이 핀으로 바퀴가 빠지지 않다.)

These nuts and bolts hold the wheels on.

(이 너트와 볼트들 덕분에 바퀴가 제자리에 붙어 있게 된다.)

6)의 예문들은 다음과 같다.

Would you **hold on** a second?

(잠시만 기다리시겠어요?)

Can you hold on until this baseball game is finished?

(이 야구 경기가 끝날 때까지 기다리면 안 돼?)

There are several people ahead of you. Just hold on.

(당신 앞에 여러 사람이 기다리고 있어요. 그러니 기다리세요.)

leave behind는 1) '버리다', 2) '…을[를] 추월하다, 앞지르다, …을[를] 훨씬 앞서다'(=overtake)와 3) '[사건 등이](기록·흔적을) 남기다, …을[를] 놓아 둔 채 잊고 오다, 뒤에 남기다'라는 뜻이다. 이 노래에서는 3)의 뜻으로 쓰이고 있다.

1)의 예문들은 다음과 같다.

We scavenge the stuff they **leave behind**.

(우리는 그들이 버리고 간 것을 뒤진다.)

Leave your problems behind and just have a good time.

(근심 걱정은 모두 털어 버리고 즐기세요.)

While we dance, we leave behind sorrows, humiliation, pain.

(춤추는 동안 우리는 슬픔, 굴욕, 고통을 잊어버립니다.)

2)의 예문들은 다음과 같다.

He was **left behind** on the final lap.

(그는 마지막 바퀴에서 추월당했다.)

Britain is being left behind in the race for new markets.

(영국이 신흥 시장들을 차지하기 위한 경쟁에서 크게 뒤떨어지고 있다.)

It is our mission that nobody will be left behind for financial reasons.

(재정적인 이유로 누구를 뒤처지게 해서는 안 된다는 것이 우리의 사명이다.)

3)의 예문들은 다음과 같다.

I don't want to **leave** anything **behind**.

(난 아무 것도 남겨 두고 싶지 않아.)

The bears leave behind a smell on their tracks.

(그 곰들은 그들의 발자국에 냄새를 남깁니다.)

I must have left my wallet behind, it's not in my pocket.

(지갑이 내 주머니에 없는 것을 보니 나는 그것을 잊고 갔음에 틀림이 없다.)

10. Remember moments when there was nothing better than: **nothing better than**은 '~보다 더 좋은 것은 없는, ~이 최고인'라는 뜻이다. 예문들은 다음과 같다.

There is **nothing better than** having lots of money.

(돈이 많은 것보다 좋은 것은 없다.)

Having said that there is nothing better than home.

(그래도 역시 집이 최고다.)

There's nothing better than a long soak in a hot bath.

(따뜻한 목욕물 속에 몸을 푹 담그고 있는 것보다 더 좋은 것은 없다.)

11. A stroll in the park walking hand in hand: **hand in hand**는 1) '(두 사람이) 서로 손을 잡고, 손에 손을 잡고'와 2) '(두 가지 일이) 밀접히 연관된, 친밀한, 협력[제휴]한'이란 뜻이다. '(두 가지 일이) 밀접히 연관된'으로 쓰이는 경우에는 go hand in hand의 형태가 된다. 이 노래에서는 1)의 뜻으로 쓰이고 있다.

1)의 예문들은 다음과 같다.

The girls danced **hand in hand**.

(그 소녀들은 손에 손을 잡고 춤췄다.)

Couples walked hand in hand along the front.

(커플들이 손에 손을 잡고 해안 도로를 걸었다.)

I saw them making their way, hand in hand, down the path.

(나는 그들이 손을 잡고 그 길로 내려가는 것을 보았다.)

2)의 예문들은 다음과 같다.

She goes **hand in hand** with that spy.

(그녀는 스파이와 관련되어 있다.)

Poverty and poor health often go hand in hand.

(가난과 좋지 못한 건강은 흔히 밀접한 관련이 있다.)

For us, research and teaching go hand in hand.

(우리에게 있어서 연구하는 것과 가르치는 것은 밀접한 관련이 있다.)

기억할 만한 영어 문장

1. Do you believe in love?

   (당신은 사랑을 믿나요?)

2. Words can't describe how I'm feeling.

   (말로는 내가 어떻게 느끼고 있는지를 설명할 수 없어요.)

3. You and me will always be together for eternity.

   (당신과 나는 항상 영원히 함께 있을 거예요.)

* 팝송 에세이

우리가 사랑에 대한 믿음을 확인할 수 있을까? 사랑에 대한 믿음은 무엇으로 확인될 수 있을까? 어쩌면 우리는 사랑에 대한 믿음을 확인하고 싶어 계속 어떤 행동을 하게 되는 것이다. 사랑은 변하지 않는 속성을 지닌 그 무엇이 아니기 때문에 우리가 사랑을 확인하고 싶은 마음을 떨쳐 버릴 수 없다. 사랑의 가변성은 그 자체로 사랑하는 사람으로 하여금 흥분하게 만들고 사랑을 확인하려는 행동을 자아내게 된다. 친구처럼 지내는 것이 사랑이 되기엔 아직 부족한 부분이 많기 때문에 친구 이상이 되기 위한 행동이 필요하다. 이런 행동은 어쩌면 사랑을 확인하는 작업이 될 수 있는 것이다.

사랑을 확인하는 과정에서 일어나는 입맞춤이나 포옹은 그 출발점이 될지 모른다. 친구와의 입맞춤이나 포옹은 느낌이 없거나 적지만 사랑하는 사이의 입맞춤과 포옹은 그 행위만으로도 느낌이 전해지는 것이다. 서로에 대한 믿음 때문에 가식적으로 행동할 수 없고 서로를 위한다는 마음 때문에 거짓말을 할 수 없다. 이제 남아 있는 것은 '우린 언제나 떨어질 수 없는 사이였잖아요'라며 함께라는 생각을 하게 되고, '당신과 나는 항상 영원히 함께 있을 거예요'라며 사랑의 영속성에 대한 기대를 하게 되는 것이다. 그렇지만 세상에 변하지 않는 것이 있을까? 그렇게 믿고 있었던 사랑도 가변성 때문에 철저한 약속을 지키지 못하고 헤어지게 되는 경우가 많다. 그 때 사랑했던 당사자들은 사랑을 믿는가 믿지 않는가에 대한 질문을 던지게 된다. '당신이 결코 헤어지지 않겠다던 / 글쎄요 그건 그녀가 나에게 말한 것이었는데 / 왜 당신은 떠나야만 했나요?'라며 물어보면서 사랑의 믿음에 대한 의문을 제기한다. 그렇지만 정작 본인은 여전히 '당신은 내 삶에 있어서 햇빛이 항상 될 거예요 / 그리고 그래요 저는 사랑을 믿고 있어요'라며 사랑의 믿음을 확신하고 있다. 사랑에 대한 믿음을 확인하지 못하고 의문을 제기할 때 이미 사랑에 대한 믿음은 저 멀리 물러나 있는 것이다. 본인의 생각과는 상관 없이.

I Dreamed a Dream

Sung by Ruthie Henshall

There was a time when men were kind
When their voices were soft
And their words inviting
There was a time when love was blind
And the world was a song
And the song was exciting
There was a time
Then it all went wrong

I dreamed a dream in time gone by
When hope was high and life worth living
I dreamed that love would never die
I dreamed that God would be forgiving

Then I was young and unafraid
And dreams were made and used and wasted
There was no ransom to be paid
No song unsung, no wine untasted

But the tigers come at night
With their voices soft as thunder
As they tear your hope apart
And they turn your dream to shame

He slept a summer by my side
He filled my days with endless wonder
He took my childhood in his stride
But he was gone when autumn came

And still I dream he'll come to me
That we will live the years together
But there are dreams that cannot be
And there are storms we cannot weather

I had a dream my life would be
So different from this hell I'm living
So different now from what it seemed
Now life has killed the dream I dreamed.

나는 꿈을 꾸었어요

루시 헨셀의 노래

남자들이 친절하던 때가 있었어요.
그들은 부드러운 목소리로
그리고 내 마음을 끄는 이야기를 하곤 했죠.
사랑이 전부이던 때가 있었어요
세상은 하나의 노래였고
그 노래는 날 설레게 했죠.
그런 때가 있었어요.
그리고는 모든 게 잘못되어 버렸네요

지나가버린 시간 속에서 나는 꿈을 꾸었어요
희망이 가득하고 삶은 살만한 가치가 있었을 때
나는 사랑은 결코 사라지지 않으리라 꿈꾸었어요
나는 신은 자비로울 거라고 꿈꾸었어요

그 때 난 젊고 겁이 없었어요
그리고 꿈은 만들어지고 버려지고 낭비되었어요
지불해야 할 대가는 없었죠
모든 노래를 부르고 모든 술을 마셨죠

하지만 호랑이들은 한밤중에 찾아와요
그 목소리는 천둥처럼 부드럽지만
그것들은 당신의 희망을 갈갈이 찢어놓기 때문에
그리고 당신의 꿈을 수치심으로 바꿔버리죠

그는 내 곁에서 여름을 보냈어요
그는 나의 하루하루를 끝없는 놀라움으로 가득 채웠어요
그는 나의 어린 시절을 수월하게 헤쳐 나갔어요
하지만 가을이 오자 그는 떠나가 버렸어요

그리고 아직도 난 언젠가 그가 나에게 돌아올 거라 꿈꾸어요
우리가 앞으로 계속 함께 살 거라고
하지만 이루어지지 않는 꿈도 있어요
그리고 헤쳐 나갈 수 없는 폭풍도 있구요

나는 내 삶을 어떻게 되었으면 좋겠다는 꿈을 꾸었어요
지금 내가 살고 있는 이런 지옥과는 아주 다른 모습일거라고
보였던 것과는 지금 아주 다른 모습일거라고
이제 삶이 내가 꿈꾸었던 꿈을 죽여버렸어요

* 영어 발음 제대로 듣거나 말하기

1) 이어지는 소리(연음)의 경우

(1) 약모음 이동

was a, dreamed a, hope apart, slept a, had a

was a에서 a는 약모음 [ə]가 되어 앞 낱말 끝부분에 가서 붙어 '워저'로 발음된다, dreamed a, slept a와 had a도 마찬가지 경우이다. hope apart에서 apart의 a는 [ə]가 되어 앞 낱말 끝부분에 가서 붙어 '호퍼 팟'으로 발음된다.

(2) 자음 이동

Then I, made and, used and, soft as

Then I에서 Then의 자음 n이 뒤에 있는 낱말 앞부분에 가서 붙어 '데나이'에 가깝게 발음된다. made and에서 made의 e는 낱말 끝에 있기 때문에 약화되고 그 앞에 있는 d가 뒤에 있는 낱말 앞부분에 가서 붙어 '메이댄'으로 발음된다. used and에서 used의 ed 발음 [d]는 뒤에 있는 낱말 앞부분에 가서 붙어 '유즈댄'으로 발음된다. soft as에서 soft의 자음 t가 뒤에 있는 낱말 앞부분에 가서 붙어 '소프 터즈'로 발음된다.

2) 없어지는 소리(탈락)의 경우

And their, words, And the, went wrong, and life, dreamed that, would never, would be, And dreams, and wasted, But the, With their, voices soft, And they, summer, filled, filled my, endless, And still, still, will, But there, And there, different, killed. killed the

And their에서 And의 d가 their의 th[ð]와 비슷한 발음이기 때문에 앞에 있는 d가 탈락되어 '앤데어'에 가깝게 발음된다. And the, And they와 And there도 마찬가지 경우이다.

words에서 d는 자음 r과 자음 d 사이에 놓이기 때문에 탈락되어 '워즈'로 발음된다. 이와 같이 자음과 자음 사이에 놓이는 여섯 개의 파열음인 철자—k/g, p/b, t/d—가 탈락되는 예로 went wrong, and life, would never, would be, And dreams, and wasted, endless와 And still이 해당된다.

dreamed that에서 dreamed의 ed 발음 [d]가 that의 th[ð]와 비슷한 발음이기 때문에 앞에 있는 ed가 탈락되어 '쥬림 댓'에 가깝게 발음된다. killed the도 마찬가지 경우이다.

But the에서 But의 t가 the의 th[ð]와 비슷한 발음이기 때문에 앞에 있는 t가 탈락되어 '벗 덴'에 가깝게 발음된다. But there도 마찬가지 경우이다.

With their에서 With의 th 발음 [ð]가 their의 th[ð]와 같기 때문에 앞에 있는 th가 탈락되어 '위데어'에 가깝게 발음된다.

voices soft에서 ss의 s는 같은 철자이기 때문에 앞의 s가 탈락되어 '보이스 소훠트'에 가깝게 발음된다. summer, filled, still, will, different와 killed도 마찬가지 경우이다.

filled my에서 filled의 ed 발음 [d]가 그 앞에 있는 자음 l과 뒤에 있는 my의 자음 m사이에 놓이기 때문에 탈락되어 '휠 마이'에 가깝게 발음된다. 이것은 자음과 자음 사이에 놓이는 여섯 개의 파열음인 철자—k/g, p/b, t/d—나 같은 발음이 되면 탈락되는 경우이다.

3) 닮는 소리(동화)의 경우

(1) 단타음화

inviting, exciting, But he, what it

inviting에서 t가 강모음과 약모음 사이에 놓이면 단타음(單打音)으로 되어 t도, d도, r도 아닌 발음이 된다. inviting은 '인바이링'에 가깝게 발음된다. 이 소리는 한글로 표기할 수 없으며 오직 소리로만 익힐 수밖에 없다. 특히 미국영어(American English)에서 두드러진 현상이다. exciting, But he와 what it도 마찬가지 경우이다.

(2) 비음화

And

미국영어(American English)의 경우 And에서 d가 바로 앞에 있는 콧소리[비음] n을 닮아서 n으로 되었다가, n이 겹치기 때문에 앞의 n이 탈락되어 '앤'으로 발음된다. 그런데 영국영어(British English)에서는 d를 그대로 발음하는 경우가 대부분이다. hand도 마찬가지 경우이다.

4) 줄어진 소리(축약)의 경우

he'**ll**, I'**m**

도우미동사(조동사)의 경우인 he'll과 be 동사의 경우인 I'm이 있다.

5) 주의해야 할 발음

when, **dr**eamed, **dr**eam, **st**ride, **dr**eams, **st**orms, **wh**at

when과 **wh**at에서 wh~로 시작되는 낱말은 'w' 뒤에 있는 'h'의 소리가 보통 들리지 않는다. 그러니까 when은 '휀'이라기 보다 '웬'에 가깝게, what은 '홧'이라기 보다 '왓'에 가깝게 발음된다. 그러나 사람과 관련된 who, whose와 whom은 예외로 'h' 소리가 그대로 난다.

dreamed, **dr**eam과 **dr**eams에서 'dr~'의 발음은 '드'와 '주'의 중간쯤 되는 소리로 '쥬'에 가깝게 발음된다. 따라서 dreamed는 '드림드'라기 보다 '쥬림드'에 가깝게, dream은 '드림'이라기 보다 '쥬림'에 가깝게, dreams는 '드림즈'라기 보다 '쥬림즈'에 가깝게 발음된다.

stride와 **st**orms에서 s+k/p/t가 되면 된소리에 가깝게 소리가 난다. 대부분 k/p/t가 들어간 낱말은 h가 들어가는 소리를 내게 되는데, s+k/p/t의 경우는 h 소리가 들어가지 않고 된소리에 가깝게 발음된다. 그러니까 stride는 '스뜨라이드'에 가깝게, storms는 '스똠즈'에 가깝게 발음된다.

* 팝송에 들어 있는 쓸모 있는 영어 표현들

1. Then it all went wrong: **go wrong**은 1) '실수를 하다[잘못하다]', 2) '고장나다[망가지다]'와 3) '(일이) 잘못되다[문제를 겪다]'라는 뜻이다. 이 노래에서는 3)의 뜻으로 쓰이고 있다.

   1)의 예문들은 다음과 같다.

   This is where a lot of parents **go wrong**.
   (이 부분이 많은 부모들이 길을 잘못 드는 지점이다.)

   Where did we go wrong with those kids?
   (우리가 그 아이들에 대해 뭘 잘못한 거죠[우리가 어떻게 잘못했기에 아이들이 그렇게 빗나갔을까요]?)

   Where did I go wrong in my calculations?
   (내가 어디에서[어떤 부분에서] 계산이 잘못되었지?)

   2)의 예문들은 다음과 같다.

   My watch keeps **going wrong**.
   (내 시계가 자꾸 고장이 난다.)

   The motor-car has gone all wrong.
   (자동차에는 큰 고장이 생겼다.)

   Something went wrong with the machine.
   (기체에 고장이 났다.)

   3)의 예문들은 다음과 같다.

   Naturally, I get upset when things **go wrong**.
   (물론 일이 잘못되면 나는 화가 난다.

I try not to stress out when things go wrong.

(나는 일이 잘못되어 갈 때 스트레스를 받지 않으려고 노력한다.)

Things can easily go wrong when people are under stress.

(사람이 스트레스를 받고 있으면 일이 쉽게 잘못될 수가 있다.)

2. I dreamed a dream in time gone by: **dream a dream**은 '꿈을 꾸다'라는 뜻이다. **go by**는 1) '지나가다[흐르다]', 2) '~을[를] 따르다[길잡이로 삼다]; ~에 의거해서 판단하다'라는 뜻으로 쓰인다. 이 노래에서는 1)의 뜻으로 쓰인다. in time gone by는 '지나가버린 시간에서'는 '옛날' 또는 '과거에'라고 볼 수 있다.

1)의 예문들은 다음과 같다.

Things will get easier as time **goes by**.

(시간이 지나면 상황이 더 수월해질 것이다.)

The older I get, the faster the years go by.

(나이가 들면 들수록 세월이 빨리 지나간다.)

We sat outside a cafe, watching the world go by.

(우리는 카페 밖에 앉아 사람들을 구경했다.)

2)의 예문들은 다음과 같다.

That's a good rule to **go by**.

(저것은 길잡이로 삼기에 좋은 규칙이다.)

How can I believe those who don't go by his word?

(자기 약속을 지키지 않는 사람들을 내가 어떻게 믿을 수 있겠나?)

If past experience is anything to go by, they'll be late.

(만약 과거의 경험을 기준으로 판단한다면 그들은 늦을[지각할] 것이다.)

3. When hope was high and life worth living: **be worth 동명사(-ing)**는 '~할 가치가 있다, ~할 만하다'(=be worthy of –ing)라는 뜻이다. 예문들은 다음과 같다.

The game **was worth watching** for another reason.

(그 게임은 또 다른 이유로 볼만한 가치가 있었다.)

It's not worth bothering with an umbrella—the car's just outside.

(우산 가지고 신경 쓰지 않아도 돼. 차가 바로 밖에 있으니.)

He's decided to get a look at the house and see if it might be worth buying.

(그는 그 집을 한 번 보고 구매할 만한 가치가 있는지 알아보기로 결정했다.)

4. There was no ransom to be paid: **ransom**은 '(납치 유괴된 사람에 대한) 몸값, 몸값을 지불하다'라는 뜻인데, 여기서는 명사로 쓰이면서 비유적인 의미로 쓰인 것이다. 이 글은 '지불되어야 할 몸값이 없었다'는 비유적인 의미로 '지불해야 할 대가는 없었다'로 이해하면 될 것이다. 예문들은 다음과 같다.

The kidnappers are demanding a **ransom** of $1 million.

(납치범들이 100만 달러의 몸값을 요구하고 있다.)

The kidnapper demanded ransom for the hostage's release.

(납치범은 인질을 풀어 주는 조건으로 몸값을 요구했다.)

They are holding her prisoner and demanding a large ransom.

(그들은 그녀를 포로로 잡고 많은 몸값을 요구하고 있다.)

5. No song unsung, no wine untasted: 이 가사는 '부르지 못한 노래는 없었고, 맛을 보지 않은 포도주는 없었다'라는 것은 '모든 노래를 불렀고 모든 술을 마셨다'는 뜻이다.

6. But the tigers come at night: **at night**는 '야간에, 밤에'라는 뜻이다. the tigers come at night는 '호랑이들은 밤에 와요'라는 것은 호랑이가 낮에 나오게 되면 급한대로 대비할 수 있지만, 밤에 마주치게 대면 대처하기가 매우 힘든 상황을 비유적으로 표현하고 있다. 그러니까 어려운 형편이나 처지는 우리가 미처 생각하지 못한 상황에서 일어날 수 있음을 이야기하고 있다.

7. As they tear your hope apart: **tear apart**는 1) tear sth apart로 쓰여 '을[를] 갈가리 찢어[뜯어] 버리다', 2) '(국가 · 조직 등을) 서로 물어뜯게 만들다[분열시키다]', 3) '(무엇을 찾느라고) ~을[를] 마구 뒤적이다[헤집어 놓다]', 4) tear sb apart로

쓰여 '(불행 · 걱정으로) ~의 가슴이 찢어지게[미어지게] 하다', 5) tear sb/sth apart, to shreds, to bits, etc.으로 쓰여 '~을[를] 완전히 쳐부수다; ~를[을] 마구 헐뜯다[혹평하다]'와 6) '허물다, 해체하다'는 뜻으로 다양하게 쓰인다. 이 노래에서는 1)의 뜻으로 쓰이고 있지만 비유적인 뜻으로 쓰이고 있다. 이 경우 tear의 발음은 [tiə] 아니라 [teə]이다.

8. He filled my days with endless wonder: **fill** A **with** B는 'A를 B로 채우다'라는 뜻이다. 예문들은 다음과 같다.

Hollow out the cake and **fill** it **with** cream.
(케이크 속을 파내고 거기에 크림을 채워라.)
Fill small holes with wood filler in a matching color.
(작은 구멍들을 색깔이 맞는 나무 조각들로 메워라.)
Fill a bowl with water and gently sponge your face and body.
(대야에 물을 채우고 스펀지로 얼굴과 몸을 부드럽게 닦으세요.)

9. He took my childhood in his stride: **stride**는 명사로 1) '걸음, 걸음걸이, 달음박질, 보폭, 발전, 진전, 성큼성큼'이란 뜻으로 동사로 2) '성큼성큼 걷다'라는 뜻이다. 이 노래에서는 명사로 쓰이고 있다.
1)의 예문들은 다음과 같다.

He set off with a loping **stride**.
(그가 성큼성큼 큰 보폭으로 출발했다.)
He took the ridiculous accusation in stride.
(그는 터무니없는 비난에 침착하게 대처했다.)
I was gaining on the other runners with every stride.
(나는 한 발 한 발 달릴 때마다 그만큼 다른 주자들을 앞섰다.)

2)의 예문들은 다음과 같다.

We **strode** across the snowy fields.

(우리는 눈 덮인 들판을 가로질러 성큼성큼 걸어갔다.)

They strode across the grassy field.

(그들은 풀로 덮인 들판을 가로질러 성큼성큼 걸어갔다.)

He pulled his arm free, and strode for the door.

(그는 팔을 빼내고 문 쪽으로 성큼성큼 걸어갔다.)

take ... in one's stride는 '…을[를] 수월하게 뛰어넘다; …을[를] 손쉽게 해내다[헤쳐 나가다], 쉽게 <장애물 등을> 뛰어넘다[뚫고 나가다], …을[를] 차분히 처리하다'라는 뜻이다. 예문들은 다음과 같다.

I can't **take** the task **in my stride**.

(나는 이 일을 손쉽게 해낼 수 없다.)

It seems like you take everything in stride, you know?

(넌 모든 일을 쉽게 해결해 가는 것 같아, 알아?)

Her break with Lynch is something that she takes in stride.

(린츠와의 이별은 그녀에게 당연하게 받아들여진다.)

10. And there are storms we cannot weather: weather는 명사로 보통 '날씨, 일기, 기상, 일기 예보, 기상 통보'라는 뜻이다. **weather**는 동사로 1) '햇빛[비바람]에 변하다[변하게 되다]'와 2) '(역경 등을) 무사히 헤쳐 나가다[견디다]'라는 뜻이다. 이 노래에서는 weather가 동사로 2)의 뜻으로 쓰이고 있다.

1)의 예문들은 다음과 같다.

Her face was **weathered** by the sun.

(그녀의 얼굴은 햇볕에 그을려 있었다.)

Unpainted wooden furniture weathers to a gray color.

(칠을 하지 않은 나무 가구는 풍상을 맞아 회색으로 변한다.)

This brick weathers to a warm pinkish-brown colour.

(이 벽돌은 햇빛에 변색이 되면 분홍빛이 도는 따뜻한 갈색이 된다.)

2)의 예문들은 다음과 같다.

The company has **weathered** the recession.

(그 회사는 불경기를 견디어 냈다.)

She refuses to resign, intending to weather the storm.

(그녀는 사임을 거부하고 어려움을 견디려고 작정하고 있다.)

We managed to weather the storm of the Asian financial crisis well.

(우리는 외환 위기라는 풍랑을 잘 헤쳐 나왔다.)

11. I had a dream my life would be: **would be**는 '…되기를'이란 뜻으로 쓰인다.

기억할 만한 영어 문장

1. I had a dream my life would be.

   (나는 내 삶을 어떻게 되었으면 좋겠다는 꿈을 꾸었어요.)

2. I dreamed that love would never die.

   (나는 사랑은 결코 사라지지 않으리라 꿈꾸었어요.)

3. He filled my days with endless wonder.

   (그는 나의 하루하루를 끝없는 놀라움으로 가득 채웠어요.)

* 팝송 에세이

꿈과 현실은 영원한 대립관계이고 갈등 관계이다. 호턴(Norris Houghton)이 말하기를 드라마는 갈등을 바탕에 깔고 있는데, 갈등의 핵심은 '꿈과 현실'이라고 말한다. 현실에서 이루어질 수 없는 것을 꿈으로 제시할 수 있다. 꿈은 환상으로 대체할 수도 있다. 꿈과 현실 또는 환상과 현실은 정말 다른 세계일까? 시간의 전후로 따지면 꿈과 현실, 환상과 현실은 다른 세계이지만, 시간의 동시 개념으로 보면 꿈과 현실, 환상과 현실은 한 몸이라고 볼 수 있다. 마치 손등과 손바닥과의 관계처럼 말이다. 현실은 꿈을 실현시켜나가는 과정이고, 제대로 현실이 제대로 실현될 때 꿈은 조금씩 실현되는 것이다. 그런 일부분들이 합쳐지게 되면 꿈이라는 실체를 형성하게 된다. 단지 궁극적으로 꿈은 존재하는가라고 했을 때, 꿈은 조금 더 멀리 손짓을 하면서 멀어지면서 자리를 잡기 때문에 꿈은 그야말로 환상이고 신기루와 같은 것이다. 이것은 최종적인 의미의 꿈을 일컫는 것이다.

꿈은 인간의 바람이 이루어질 수 있는 속성을 지니고 있다. 그래서 꿈을 꾸게 되면 '희망이 가득하고 삶은 살만한 가치가 있다'는 것을 알게 되고, 꿈꾸는 동안에는 '사랑을 결코 사라지지 않으리라 꿈꾸게' 된다. 한창 젊을 때 꾸는 꿈을 생각하게 되면 그 때의 꿈은 이상적인 꿈의 내용들로 가득 차 있을 것이다. 그렇지만 시간이 지나면서 이상적인 꿈도 고통이 뒤따르고 기대했던 희망도 무너져 내리면서 '꿈이 수치심'으로 바뀌기도 하는 것이다. 젊었을 때의 사랑 그리고 꿈은 이별을 통해 쓰디쓴 현실을 맛보게 되는 것이다.

설령 '내 삶을 어떻게 되었으면 좋겠다는 꿈을 꾸고' 눈앞에 마주하는 현실과 아주 다를 것이라고 믿어왔지만 그렇지 않게 될 수도 있는 것이다. 그렇지만 꿈은 꿈을 꾸는 자의 몫이듯이 꿈을 꾸는 것은 꿈을 꾸지 않는 것 보다 훨씬 삶을 활기차고 적극적으로 살아갈 수 있는 방편이고 위안은 충분히 된다.

★ 덧붙이는 글 ★

『레미제라블』(*Les Miserables*)에 나오는 노래이다.

Angel On My Shoulder

Sung by Gareth Gates

My life was flashing before my eyes
A second later, I walked and realized
My heart had crashed and burned in shame
You pulled me from the flames

I took your hand and you helped me upon my feet
I confessed but you had forgiven me
There's courage in the truth you said
Our love will never end
You shield me from danger, you're my shelter
You are my hiding place

There's an Angel on my shoulder, here tonight
Making sure that I'm alright
When I'm falling fast, you rescue me,
You love unconditionally
And when I'm cold and so alone
Back in your arms I feel at home
I pray that you will always be
A Guardian Angel sent for me

My dream comes between us every now and then
I make mistakes, get in trouble, time and again
I ain't proud of who I am
When I'm down you understand
Blinded you can always seem to show the way
You're the light
You're the reason I'm here today
If you cry, I will cry, So dry your eyes

There's an Angel on my shoulder, here tonight
Making sure that I'm alright
When I'm falling fast, you rescue me,
You love unconditionally
And when I'm cold and so alone
Back in your arms I feel at home
I pray that you will always be
A Guardian Angel sent for me

There's an Angel on my shoulder, here tonight
Making sure that I'm alright
When I'm falling fast, you rescue me,
You love unconditionally
And when I'm cold and so alone
Back in your arms I feel at home
I pray that you will always be
A Guardian Angel sent for me

There's an Angel on my shoulder, here tonight
Making sure that I'm alright
When I'm falling fast, you rescue me,
You love unconditionally
And when I'm cold and so alone
Back in your arms I feel at home
I pray that you will always be
A Guardian Angel sent for me

There's an Angel on my shoulder, here tonight
Making sure that I'm alright
When I'm falling fast, you rescue me,
You love unconditionally
And when I'm cold and so alone
Back in your arms I feel at home
I pray that you will always be
A Guardian Angel sent for me

내 어깨 위의 천사

가러스 게이더스의 노래

내 인생이 내 눈앞에서 빛나고 있었어요
잠시 후 난 떠나버렸고 그리고 깨달았죠
내 심장이 부끄러워서 박살이 나고 타 버렸어요
당신이 그 화염에서 날 꺼집어 내주었어요

난 당신의 손을 잡았고 당신은 내게 설 수 있도록 도와주었어요
난 고백했죠 하지만 당신은 이미 날 용서했어요
당신이 말한 진실에는 용기가 있어요
우리의 사랑은 결코 끝나지 않을 거예요
당신의 위험으로부터 날 보호해주고, 당신은 나의 안식처이에요
당신은 나의 은신처이에요

여기 오늘 밤 내 어깨 위에 천사가 있어요
내가 괜찮은지 확인하면서
내가 빨리 떨어질 때 당신이 나를 구해주어요
당신은 무조건적으로 사랑해요
그리고 내가 춥고 아주 외로울 때
당신의 품으로 돌아가면 난 마음이 편안해요
난 기도해요 당신이 언제나 되어주길
나를 위해 보내진 수호천사로

가끔 내 꿈이 우리 사이를 갈라 놓아요
난 되풀이해서 실수하고, 곤경에 처하고 있어요
난 내 자신의 모습이 자랑스럽지가 않아요
내가 우울할 때 당신은 이해해요
내가 앞이 막히면 당신이 항상 길을 보여줄 수 있을 것 같아요
당신은 빛이에요
당신이 내가 오늘 여기에 있는 이유에요
당신이 울게 되면 나도 울 거예요 그러니 눈물을 닦아요

여기 오늘 밤 내 어깨 위에 천사가 있어요
내가 빨리 떨어질 때 당신이 나를 구해주어요
당신은 무조건적으로 사랑해요
그리고 내가 춥고 아주 외로울 때
당신의 품으로 돌아가면 난 마음이 편안해요
난 기도해요 당신이 언제나 되어주길
나를 위해 보내진 수호천사로

여기 오늘 밤 내 어깨 위에 천사가 있어요
내가 빨리 떨어질 때 당신이 나를 구해주어요
당신은 무조건적으로 사랑해요
그리고 내가 춥고 아주 외로울 때
당신의 품으로 돌아가면 난 마음이 편안해요
난 기도해요 당신이 언제나 되어주길
나를 위해 보내진 수호천사로

여기 오늘 밤 내 어깨 위에 천사가 있어요
내가 빨리 떨어질 때 당신이 나를 구해주어요
당신은 무조건적으로 사랑해요
그리고 내가 춥고 아주 외로울 때
당신의 품으로 돌아가면 난 마음이 편안해요
난 기도해요 당신이 언제나 되어주길
나를 위해 보내진 수호천사로

여기 오늘 밤 내 어깨 위에 천사가 있어요
내가 빨리 떨어질 때 당신이 나를 구해주어요
당신은 무조건적으로 사랑해요
그리고 내가 춥고 아주 외로울 때
당신의 품으로 돌아가면 난 마음이 편안해요
난 기도해요 당신이 언제나 되어주길
나를 위해 보내진 수호천사로

* 영어 발음 제대로 듣거나 말하기

1) 이어지는 소리(연음)의 경우

(1) 약모음 이동

There's an, I'm alright, so alone, and again

There's an에서 an의 a는 약모음 [ə]가 되어 앞 낱말 끝부분에 가서 붙어 '데어전'으로 발음된다. I'm alright에서 alright의 a는 약모음 [ə]가 되어 앞 낱말 끝부분에 가서 붙어 '아이머 라이트'로 발음된다. so alone에서 alone의 a는 약모음 [ə]가 되어 앞 낱말 끝부분에 가서 붙어 '소어 론'으로 발음된다. and again에서 again의 a는 약모음 [ə]가 되어 앞 낱말 끝부분에 가서 붙어 '애너겐'으로 발음된다. again의 미국영어 발음은 어겐[əgen]이고, 영국영어 발음은 어게인[əgein]이다. and에서 d는 콧소리로서 앞의 콧소리 n을 닮은 후 탈락된다.

(2) 자음 이동

walked and, crashed and, burned in, hand and, courage in, cold and, Back in, proud of

walked and에서 walked의 ed의 발음 [t]가 뒤에 있는 낱말 앞부분에 가서 붙어 '워코탠'에 가깝게 발음된다. crashed and도 마찬가지 경우이다. burned in에서 burned의 ed의 발음 [d]는 뒤에 있는 낱말 앞부분에 가서 붙어 '번딘'으로 발음된다. hand and에서 hand의 자음 d가 뒤에 있는 낱말 앞부분에 가서 붙어 '핸댄'으로 발음된다. cold and도 마찬가지 경우이다, courage in에서 courage의 e는 낱말 끝에 있기 때문에 약화되고 그 앞에 있는 g가 뒤에 있는 낱말 앞부분에 가서 붙어 '커리진'으로 발음된다. Back in에서 Back의 자음 k가 뒤에 있는 낱말 앞부분에 가서 붙어 '배킨'으로 발음된다. proud of에서 proud의 자음 d가 뒤에 있는 낱말 앞부분에 가서 붙어 '프라우더브'로 발음된다. 이 경우 of는 기능어이기 때문에 [əv]나 [ə]로 발음된다.

2) 없어지는 소리(탈락)의 경우

and realized, heart had, pulled, pulled me, helped me, confessed, confessed but, will, shield me, falling, unconditionally, And when, and so, sent for, and then, ain't proud

and realized에서 and의 d는 자음 n과 realized의 자음 r 사이에 놓이기 때문에 탈락되어 '앤 리어라이즈드'로 발음된다. 이와 같이 자음과 자음 사이에 놓이는 여섯 개의 파열음인 철자—k/g, p/b, t/d—가 탈락되는 예로 heart had, shield me, And when, and so, sent for와 ain't proud가 해당된다.

pulled me에서 pulled의 ed 발음 [d]가 그 앞에 있는 자음 l과 me의 자음 m 사이에 놓이기 때문에 탈락되어 '풀미'로 발음된다. helped me와 confessed but도 마찬가지 경우이다. 이것은 자음과 자음 사이에 놓이는 여섯 개의 파열음인 철자—k/g, p/b, t/d —나 같은 발음이 되면 탈락되는 경우이다.

pulled에서 ll의 l은 같은 철자이기 때문에 앞의 l은 탈락되어 '풀드'로 발음된다. falling과 unconditionally도 마찬가지 경우이다.

and then에서 and의 d가 then의 th[ð]와 비슷한 발음이기 때문에 앞에 있는 d가 탈락되어 '앤 덴'에 가깝게 발음된다.

3) 닮는 소리(동화)의 경우

(1) 단타음화

later, hiding, get in

later에서 t가 강모음과 약모음 사이에 놓이면 단타음(單打音)으로 되어 t도, d도, r도 아닌 발음이 된다. later는 '레이러'에 가깝게 발음된다. 이 소리는 한글로 표기 할 수 없으며 오직 소리로만 익힐 수밖에 없다. 특히 미국영어(American English)에서 두드러진 현상이다. get in도 마찬가지 경우이다.

hiding,에서 d가 강모음과 약모음 사이에 놓이면 단타음(單打音)으로 되어

t도, d도, r도 아닌 발음이 된다. hiding은 '하이링'에 가깝게 발음된다. 이 소리는 한글로 표기할 수 없으며 오직 소리로만 익힐 수밖에 없다. 특히 미국영어(American English)에서 두드러진 현상이다.

(2) 구개음화

but you, that you, Blinded you

but you에서 but의 t[t]와 you의 y[j]가 합쳐지면 서로 닮아서 [ʧ]로 바뀌어 '버츄'에 가깝게 발음된다. 따라서 이런 현상은 영국영어(British English) 보다 미국영어(American English)에서 자주 나타나는 현상이다. hat you도 마찬가지 경우이다.

Blinded you에서 Blinded의 ed 발음 d[d]와 you의 y[j]가 합쳐지면 서로 닮아서 [ʤ]로 바뀌어 '브라린쥬'에 가깝게 발음된다. 이런 현상은 영국영어(British English) 보다 미국영어(American English)에서 자주 나타나는 현상이다.

4) 줄어진 소리(축약)의 경우

There's, you're, I'm

be 동사의 경우인 There's, you're와 I'm이 있다.

5) 주의해야 할 발음

truth, When, dream, trouble, can, dry

truth와 trouble에서 'tr~'의 발음은 '츠'와 '추'의 중간쯤 되는 소리로 '츄'에 가깝게 발음된다. truth는 '트루스'라기 보다 '츄루스'에 가깝게, trouble은 '트러블'이라기보다 '츄러블'에 가깝게 발음된다.

When에서 wh~로 시작되는 낱말은 'w' 뒤에 있는 'h'의 소리가 보통 들리지 않는다. 그러니까 When은 '휀'이라기 보다 '웬'에 가깝게 발음된다. 그러나 사람과 관련된 who, whose와 whom은 예외로 'h' 소리가 그대로 난다.

dream과 dry에서 'dr~'의 발음은 '드'와 '주'의 중간쯤 되는 소리로 '쥬'에 가깝게 발음된다. 따라서 dream은 '드림'이라기 보다 '쥬림'에 가깝게, dry는 '드라이'라기 보다 '쥬라이'에 가깝게 발음된다.

can은 can't와 마찬가지로 도우미동사로 기능낱말이기 때문에 약하게 발음한다. 그런데 can't 다음에 자음이 나오기 때문에 탈락되는 경우가 대부분이어서 can은 [kən]으로 can't는 [kæn]으로 발음하기로 약속이 되어 있다. 그런데 can이 문장 가운데 들어가는 경우가 [kən]으로 주로 발음되고 문장의 끝에 들어가는 경우에는 [kæn]으로 발음되는 경우가 대부분이다. can't는 기본적으로 [kæn]으로 발음되면서 can 보다 약간 길게 발음되는 경향이 있다.

* 팝송에 들어 있는 쓸모 있는 영어 표현들

1. My heart had crashed and burned in shame: **in shame**은 '부끄러워하여'라는 뜻이다. 이것은 전치사+추상명사의 형태로 부사로 되는 경우이다. 그러니까 in shame은 shamefully와 같은 뜻이 된다. 예문들은 다음과 같다.

   She hid her face **in shame**.
   (그녀는 부끄러워 얼굴을 가렸다.)
   He hung his head in shame.
   (그는 부끄러워서 고개를 숙였다.)
   She bowed her head in shame.
   (그녀는 수치심에 고개를 떨구었다.)

2. You shield me from danger, you're my shelter: shield는 명사로 '방패, 방패 역할을 하는 것, 보호자'라는 뜻이다. **shield**는 동사로 '보호하다, 가리다, (기계 등에) 보호 장치를 하다'라는 뜻이다. 여기서는 동사로 쓰이고 있다. 예문들은 다음과 같다.

   I **shielded** my eyes against the glare.
   (나는 그 눈부신 빛에 내 눈을 가렸다.)

He shielded his head from the sun with an old sack.

(그는 낡은 자루를 가지고 햇빛으로부터 머리를 보호했다.)

He shielded his eyes against the dazzling declining sun.

(그는 지는 해가 눈부셔서 눈을 가렸다.)

3. You are my hiding place: **hiding place**는 '은신처, 은폐 장소, 숨은 장소'라는 뜻이다.

4. Making sure that I'm alright: **make sure**는 1) '반드시 (…하도록) 하다[(…을[를]) 확실히 하다]'m 2) '(…임을) 확인하다, 다짐하다, 확보하다'라는 뜻이다. 이 노래에서는 2)의 뜻으로 쓰이고 있다.

   1)의 예문들은 다음과 같다.

   Just **make sure** you shut the gate.

   (대문을 꼭 닫아 주세요.)

   Make sure you get a good look at their faces.

   (반드시 그들의 얼굴을 잘 살펴보세요.)

   Make sure you swot up on the company before the interview.

   ((취업) 면접을 보기 전에 반드시 그 회사에 대해 열심히 공부를 하라.)

   2)의 예문들은 다음과 같다.

   You have to **make sure** you're comparing like with like.

   (비슷한 대상끼리 비교하고 있는지 반드시 확인해 보아야만 한다.)

   Make sure your water butt has a top to exclude sunlight.

   (큰 물통에 햇빛을 차단할 수 있는 뚜껑이 있는지 확인하세요.)

   He looked in the bathroom to make sure that he was alone.

   (그는 자기 혼자뿐인지 확인하기 위해 목욕탕 안을 들여다보았다.)

   alright는 all right로 '괜찮은, 받아들일 만한, 무사한, 알겠니, 됐니 등' 다양하게 쓰인다.

5. Back in your arms I feel at home: **feel at home**은 '마음이 편안하다, 편안한 마음을 갖다, 마음의 여유가 있다'라는 뜻이다. 예문들은 다음과 같다.

Will you ever **feel at home** here?
(당신이 여기서 편하게 느낄 날이 있을까요?)
I feel at home when I'm with you.
(나는 당신과 함께 있으면 편안해요.)
He had a genius for making people feel at home.
(그는 사람을 편하게 해 주는 데 특별한 재능이 있었다.)

6. A Guardian Angel sent for me: **Guardian Angel**은 '수호천사'라는 뜻이다.

7. My dream comes between us every now and then: **every now and then**은 '때로는, 때때로, 가끔'이란 뜻이다. 예문들은 다음과 같다.

Every now and then he regretted his decision.
(그는 때때로 자신의 결정을 후회했다.)
Stir the batter every now and then to keep it from separating.
(반죽이 분리되지 않도록 가끔 저어 주세요.)
My father has a collection of magazines to which I return every now and then.
(내가 이따금 뒤져 보는 잡지 모음을 아버지께서 가지고 계셔.)

'가끔 내 꿈이 우리 사이에 와요'라는 것은 '가끔 내 꿈이 우리 사이를 갈라놓아요' 또는 '가끔 내 꿈이 우리 사이를 힘겹게 만들어요'라고 이해하면 될 것이다.

8. I make mistakes, get in trouble, time and again: **make a mistake**는 '실수하다, 잘못 생각하다'라는 뜻이다. make는 자주 쓰이는 동사(common verb)이다. 여기서는 복수이기 때문에 부정관사 a가 빠진 것이다. 따라서 make a mistake가 아닌 make mistakes인 것이다.
get in trouble은 '곤란에 처하다, 곤란하게 되다'라는 뜻이다. 예문들은 다음과 같다.

When we do something bad, we **get in trouble**.

(우리는 뭔가 나쁜 일을 하면 곤란에 처한다.)

Sometimes people get in trouble because they do not know the rules.

(때로는 사람들이 규칙에 대해 알지 못하면 문제가 생기기도 한다.)

So many people get in trouble when they disparage your spouse's values.

(많은 사람들이 배우자의 가치관을 낮춰볼 때 문제에 부딪힌다.)

time and (time) again은 '몇 번이고, 되풀이해서'(=again and again)라는 뜻이다. 예문들은 다음과 같다.

The same thing happens **time and again**.

(같은 일이 되풀이되어 일어나고 있다.)

The same theme emerges time and again.

(같은 주제가 몇 번이고 되풀이되어 나왔다.)

Generic advice is a term that crops up time and again.

(일명 상식적인 충고는 반복적으로 발생하는 말이다.)

9. I ain't proud of who I am: **ain't**는 be+not(am/are/is+not의 줄인형(단축형)이거나 have/has+not의 줄인형이다. 이 노래에서 ain't는 am not과 같다. 예문들은 다음과 같다.

I **ain't**[=am not] ready.

(난 준비가 되지 않았다.)

You ain't[=are not] coming.

(너는 오지 않을 게다.)

Things ain't[=are not] what they used to be.

(사정이 이전과는 다르다.)

I **ain't**[=haven't] done it.(나는 그것을 하지 못했다.)

Pick up the speed we ain't got all day!

(속도 좀 내라 시간이 없어!)

Takin' me places I ain't never been.

(한 번도 가보지 못한 곳에 날 데려가 주기도 했으니까요.)

be proud of는 1) '…을[를] 자랑으로 여기다, 의기양양해 하다, ~가 자랑스럽게 여기다, …을[를] 자랑스러워하다, …이 믿음직하다, 미덥다'라는 뜻이다. 예문들은 다음과 같다.

It's something you'll **be** mighty **proud of**.
(그것은 너가 대단히 자랑스러워할 만한 것이다.)

Your achievements are something to be proud of.
(당신의 업적은 자랑스러운 것입니다.)

The university can be justifiably proud of its record.
(그 대학은 자신들의 기록을 충분히 자랑스러워 할 만하다.)

who I am은 '나는 누구인가, 나의 정체'라는 뜻이다. 예문들은 다음과 같다.

Do you know **who I am**?
(여러분은 제가 누구인지 알고 있나요?)

"Don't you know who I am?" she stormed.
("내가 누군지 몰라?" 그녀가 호통을 쳤다.)

I don't expect anyone will know who I am anyway.
(어쨌든 아무도 내 정체를 모르기를 바란다.)

10. When I'm down you understand: **be down**은 여러 가지 뜻 '내려오다, 내려가다, 작동하지 않다, ~하는 데 흥미가 있다. ~의 책임이다. ~ 때문에 생기다 등'라는 뜻이 있지만, 여기서는 '풀이 죽다, 기분이 좋지 않다, 우울하다'라는 뜻이다. 예문들은 다음과 같다.

He **is down** in the dumps.
(그는 기분이 맑지 않다.)

You seem to be down this morning.
(오늘 아침 기분이 좀 안 좋아 보이네요.)

The boss seems to be down this morning.
(사장님이 오늘 아침 저기압인 것 같다.)

11. Blinded you can always seem to show the way: **show the way**는 '길을 알려주다' 라는 뜻이다. 예문들은 다음과 같다.

Do you want me to **show the way**?

(저가 당신에게 길을 알려 드릴까요?)

Follow me please. I'll show you the way.

(따라오세요. 길을 알려 드릴게요.)

She drew a sketch map of the area to show us the way.

(그녀가 우리에게 길을 알려 주려고 그 지역의 약도를 그렸다.)

기억할 만한 영어 문장

1. Our love will never end.

   (우리의 사랑은 결코 끝나지 않을 거예요.)

2. You're the reason I'm here today.

   (당신이 내가 오늘 여기에 있는 이유에요.)

3. There's courage in the truth you said.

   (당신이 말한 진실에는 용기가 있어요.)

* 팝송 에세이

천사는 신성한 영역과 시간 · 공간 · 인과 등에 의해 지배되는 세속적 영역을 매개하는 존재이다. 천사와 같은 존재를 그려볼 수 있고, 천사와 같은 역할을 기대해 볼 수 있다. 현실에서는 그런 존재를 찾기가 쉽지 않기 때문이다. 이런 천사는 특별한 능력을 가지고 있다고 볼 수 있다. 세속적 영역인 인간 세계에서 일어나는 여러 가지 어려움을 해결해 줄 수 있는 능력은 어쩌면 천사는 갖고 있을 것이라고 믿고 있다. 우리는 천사를 가정해 볼 수 있어도 실제 우리가 눈으로 그 존재를 확인할 수 없기 때문에 천사와 같은 역할을 할 수 있는 사람을 현실에서 기대하고 있는 것이다.

이 노래에서는 수호천사와 같은 역할은 하는 사람이 할 수 있는 능력이 자세하게 제시되고 있다. 타락하지 않도록 추락할 때 구해 주고, 무조건적으로 사랑하고, 춥고 외로울 때 가슴으로 품어준다. 이런 내용이 반복적으로 나오기 때문에 수호천사의 역할 가운데 중요한 것이 된다. 그런데 이런 존재가 현실에서 존재할 수 있을까에 대한 의문 또한 제기되는 것이 사실이다. 그렇지만 누구나 마음이나 머릿속으로 그려볼 수는 있는 것이다. 그 이유는 이런 존재는 고통을 받고, 타락하고, 사랑이 결핍되고, 외로워하는 사람을 구원해 줄 수 있기 때문이다.

이런 수호천사의 역할을 사랑하는 당신이 담당하고 있기 때문에 우리가 기대해 볼 수 있는 가능성 또는 희망을 가져볼 수 있는 것이다. 사랑하는 사람이 수호천사로서 '위험으로부터 보호해주고' 그리고 '안식처'나 '은신처'가 되고, '빛'이기 때문에 가히 수호천사의 역할을 수행하고 있다고 볼 수 있는 것이다. 실수를 해도 용서하고 곤경이나 위험에 빠져도 구해주고 우울해 할 때도 이해해 주는 존재는 이미 수호천사 역할을 수행하고 있는 것이다. 그렇지만 과연 현실에서 이런 존재를 찾아볼 수 있을 것인가에 대한 판단은 유보될 수밖에 없다.

Fly Me To the Moon

Sung by Angelina Jordan

Fly me to the moon
And let me play among the stars
Let me see what spring is like on Jupiter and Mars

In other words hold my hand
In other words darling kiss me

Fill my heart with song
And let me sing for ever more
You are all I long for all I worship and adore

In other words please be true
In other words I love you

Fly me to the moon
And let me play among the stars
Let me see what spring is like on Jupiter and Mars

In other words hold my hand
In other words darling kiss me

Fill my heart with song
And let me sing for ever more
You are all I long for all I worship and adore

In other words please be true
In other words I love you

나를 달로 데려가 주세요

엔제리나 조던의 노래

나를 달로 데려가 주세요
그리고 그 별들 사이에서 내가 놀게 해 주세요
저가 목성과 화성에서의 봄은 어떤 모습인지 내가 보게 해줘요

바꾸어 말하면 나의 손을 잡아주세요
바꾸어 말하면 그대여 나에게 입맞춤을 해 주세요

내 마음을 노래로 채워 주세요
그리고 내가 영원히 노래를 부르게 해 주세요
당신은 내가 갈망하고 내가 숭배하며 그리고 동경하는 전부예요

바꾸어 말하면 제발 솔직해주세요
바꾸어 말하면 나는 당신을 사랑한다는 거예요

나를 달로 데려가 주세요
그리고 그 별들 사이에서 내가 놀게 해 주세요
저가 목성과 화성에서의 봄은 어떤 모습인지 내가 보게 해줘요

바꾸어 말하면 나의 손을 잡아주세요
바꾸어 말하면 그대여 나에게 입맞춤을 해주세요

제 마음을 노래로 채워 주세요
그리고 내가 영원히 노래를 부르게 해주세요
당신은 내가 갈망하고 내가 숭배하며 그리고 동경하는 전부예요

바꾸어 말하면 제발 솔직해주세요
바꾸어 말하면 나는 당신을 사랑한다는 거예요

* 영어 발음 제대로 듣거나 말하기

1) 이어지는 소리(연음)의 경우

(1) 약모음 이동

a**nd** **a**dore

a**nd** **a**dore에서 adore의 a는 약모음 [ə]가 되어 앞 낱말 끝부분에 가서 붙어 '애너도어'로 발음된다. and의 d는 앞의 콧소리 n과 닮아서 n으로 되었다가 n이 겹치기 때문에 앞의 n이 탈락된다. 그러니까 남은 n으로 adore의 약모음 a가 이동하여 발음된다.

(2) 자음 이동

li**ke** **o**n, lo**ve** **y**ou

li**ke** **o**n에서 like의 e는 낱말 끝에 있기 때문에 약화되고 그 앞에 있는 k가 뒤에 있는 낱말 앞부분에 가서 붙어 '라이컨'으로 발음된다. lo**ve** **y**ou에서 love의 e는 낱말 끝에 있기 때문에 약화되고 그 앞에 있는 v가 뒤에 있는 낱말 앞부분에 가서 붙어 '러뷰'로 발음된다.

2) 없어지는 소리(탈락)의 경우

An**d** let, an**d** Mars, wor**ds**, hol**d** my, ki**s**s, Fi**l**l, hear**t** with, a**l**l

An**d** let에서 And의 d는 자음 n과 let의 자음 l 사이에 놓이기 때문에 탈락되어 '앤렛'으로 발음된다. 이와 같이 자음과 자음 사이에 놓이는 여섯 개의 파열음인 철자—k/g, p/b, t/d—가 탈락되는 예로 an**d** Mars, wor**d**s, hol**d** my와 hear**t** with도 마찬가지 경우이다.

ki**s**s에서 ss의 s는 같은 철자이기 때문에 앞의 s가 탈락되어 '키스'로 발음된다. Fi**l**l과 a**l**l도 마찬가지 경우이다.

3) 닮는 소리(동화)의 경우

(1) 단타음화

Jupiter

Jupiter에서 t가 강모음과 약모음 사이에 놓이면 단타음(單打音)으로 되어 t도, d도, r도 아닌 발음이 된다. Jupiter는 '주피러'에 가깝게 발음된다. 이 소리는 한글로 표기할 수 없으며 오직 소리로만 익힐 수밖에 없다. 특히 미국영어(American English)에서 두드러진 현상이다. part of도 마찬가지 경우이다.

(2) 역행동화

let me

Let me에서 Let의 t는 바로 뒤에 나온 me의 m을 닮아 t가 m으로 바뀌어 Lemme로 표기하기도 하지만, 발음은 대부분 '레미'로 발음된다.

4) 주의해야 할 발음

stars, what, true

stars에서 s+k/p/t가 되면 된소리에 가깝게 소리가 난다. 대부분 k/p/t가 들어간 낱말은 h가 들어가는 소리를 내게 되는데, s+k/p/t의 경우는 h 소리가 들어가지 않고 된소리에 가깝게 발음된다. 그러니까 stars는 '스따즈'에 가깝게 발음된다.

what에서 wh~로 시작되는 낱말은 'w' 뒤에 있는 'h'의 소리가 보통 들리지 않는다. 그러니까 what은 '홧'이라기 보다 '왓'에 가깝게 발음된다. 그러나 사람과 관련된 who, whose와 whom은 예외로 'h' 소리가 그대로 난다.

true에서 'tr~'의 발음은 '츠'와 '추'의 중간쯤 되는 소리로 '츄'에 가깝게 발음된다. true는 '트루'라기 보다 '츄루'에 가깝게 발음된다.

* 팝송에 들어 있는 쓸모 있는 영어 표현들

1. Fly me to the moon: 이 가사 '나를 달로 날아가게 해줘요'라는 것은 '나를 달에 데려가 주세요' 또는 '나를 달나라로 데려다 주세요'라고 이해하면 될 것이다.

2. And let me play among the stars: **let me play**에서 let 다음에 목적어(me)가 나오고 그 뒤에 to 부정사가 나와야 하는데 let가 허용이나 허락을 하는 경우 알몸동사(원형동사; bare infinitive)가 쓰여 to play가 아니라 play로 된다. 이 아래 가사 Let me see~나 let me sing~도 마찬가지 경우이다.

3. In other words hold my hand: **in other words**는 '다시 말해서, 즉, 다른 말로 하면, 바꾸어 말하면'이란 뜻이다. 예문들은 다음과 같다.

In other words, we can't see her any more.
(바꾸어 말하면 우리는 더 이상 그녀를 볼 수가 없습니다.)

In other words, it is very hard to enter the school.
(바꿔 말하면, 이 학교에 들어가는 것은 정말 어렵습니다.)

They asked him to leave—in other words he was fired.
(그들이 그에게 떠나라고 했다. 다시 말해서 그는 해고당했던 것이다.)

4. Fill my heart with song: **Fill my heart with**는 fill A with B의 형태로 'A를 B로 채우다'라는 뜻이다. 예문들은 다음과 같다.

Fill the glass to the top **with** warm water.
(유리컵에 따뜻한 물을 가득 채운다.)

We fill up our lives with meaningless tasks.
(우리는 우리의 삶을 의미 없는 일들로 가득 채운다.)

I fill up the tank with gasoline about once a week.
(나는 일주일에 한 번 정도씩 기름 탱크를 가득 채운다.)

5. And let me sing for ever more: **for ever more**는 '영원히, 영구히'(=evermore)라는 뜻이다. 예문들은 다음과 같다.

I will be with you, and stand by your side **for ever more**.

(난 너와 항상 함께 하고 영원히 너의 편에 서 있을 거야.)

They will bitterly regret what they have done for ever more.

(그들이 해 온 행위를 그들은 영구히 몹시 후회할 것이다.)

Certainly I do not want my name to be associated with it for ever more.

(정말로, 나는 더는 내 이름이 그것과 연관되는 것은 영원히 바라지 않아.)

6. You are all I long for all I worship and adore: **long for**는 '열망하다, 갈망하다. 동경하다'라는 뜻이다. 예문들은 다음과 같다.

We **long for** freedom and peace.

(우리는 자유와 평화를 열망한다.)

As time goes on, I long for home more and more.

(시간이 갈수록 나는 고향이 그리워진다.

After years of war, the people long for a lasting peace.

(수년간의 전쟁을 치른 후인지라 국민들이 지속적인 평화를 염원하고 있다.)

7. In other words please be true: **be true**는 '참되다, 사실이다'라는 뜻이다. 예문들은 다음과 같다.

That may or may not **be true**.

(그것은 사실일 수도 있고 사실이 아닐 수도 있다.)

That can't be true! You're winding me up.

(그게 사실일 리가 없어! 넌 날 약올리고 있는 거야.)

This may be true but it is only part of the story.

(이것이 사실일지도 모르지만 전체 내용의 일부분에 불과하다.)

기억할 만한 영어 문장

1. Fill my heart with song

(내 마음을 노래로 채워 주세요.)

2. Let me sing for ever more

(내가 영원히 노래를 부르게 해 주세요.)

3. Let me see what spring is like on Jupiter and Mars

(저가 목성과 화성에서의 봄은 어떤 모습인지 내가 보게 해줘요.)

* 팝송 에세이

달나라로의 여행은 멀지 않았을까? 지구가 아닌 다른 행성을 제대로 알 수 없기 때문에 인간은 끊임없이 새로운 행성을 찾아 나선다. 달나라의 존재 또는 달의 존재는 우리가 살고 있는 지구의 세계와는 다른 것이라는 전제를 깔고 있다. 물론 지구와의 유사성부터 확인하고자 하는 노력은 출발점이 되겠지만, 여기서 우리는 달이라는 행성은 지구에서 이루어질 수 없는 그 무엇이 이루어질 수 있는 가상의 곳을 상징하는 매개물이다. 달리 말하면 '객관적 상관물'이다. 따라서 우리가 충분히 우리의 삶 또는 사랑과 달은 관련지어 생각해 볼 수 있고 비유적으로 표현할 수도 있다.

어쩌면 이 노래는 소박한 의미의 사랑을 떠올리게 한다는 생각이 든다. 달로 데려갈 수 있는 대상이 사랑하는 사람이고 그 사람은 '내가 갈망하고 내가 숭배하며 그리고 동경하는 전부'인 존재인 것이다. 화자가 이야기하는 대상을 사랑하고 있기 때문에 솔직하고 진실되게 말하게 되면 모든 것이 술술 풀릴 수 있음을 이야기한다. 현실에서는 복잡하고 어렵게 요구하는 것이 아니다. 그저 '나의 손을 잡아주세요'와 '나에게 입맞춤을 해 주세요' 정도이다. 그 정도면 '목성과 화성에서의 봄은 어떤 모습인지 내가 보게 해줘요'라는 요구처럼 다른 행성에서 놀 수 있다는 것이다. 사랑의 행위는 복잡하게 이루어지는 것이 아닐 것이다. 그저 따뜻한 손길로 손을 잡아 주고, 관심을 갖고 빤히 눈망울을 바라보며, 가끔 입술에 입맞춤을 해 준다면 사랑은 시작이 되고 이어질 것이고 제대로 진행만 된다면 사랑의 행위는 완성될 것이다. 이 모든 것이 상대방에 대한 호기심 단계를 넘어 관심에서 비롯되는 것이다. 자기의 세계를 떠나 자기 아닌 타인에 대한 관심과 애정은 단순한 것 같지만 단순하지 않은 가치 있는 마음씀씀이라고 할 수 있다. 이런 관심과 애정으로 더 넓은 인간 세계를 경험할 수 있기 때문에 사랑은 어쩌면 꼭 필요한 것일지도 모른다.

★ 덧붙이는 글 ★

이 노래는 Angelina Jordan, Olivia Ong, Frank Sinatra와 Jason Mraz & Colbie 등의 많은 가수들이 불렀다. 가사 가운데 Let me see what spring is like on Jupiter and Mars에서 Jupiter and Mars 대신에 moon으로 노래를 부르는 경우도 있다.

I Just Called To Say I Love You

Sung by Stevie Wonder

No New Year's Day to celebrate
No chocolate covered candy hearts to give away
No first of spring
No song to sing
In fact here's just another ordinary day

No April rain
No flowers bloom
No wedding Saturday within the month of June
But what it is, is something true
Made up of these three words that I must say to you

I just called to say I love you
I just called to say how much I care
I just called to say I love you
And I mean it from the bottom of my heart

No summer's high
No warm July
No harvest moon to light one tender August night
No autumn breeze
No falling leaves
Not even time for birds to fly to southern skies

No Libra sun
No Halloween
No giving thanks to all the Christmas joy you bring
But what it is, though old so new
To fill your heart like no three words could ever do

I just called to say I love you
I just called to say how much I care, I do
I just called to say I love you
And I mean it from the bottom of my heart

I just called to say I love you
I just called to say how much I care, I do
I just called to say I love you
And I mean it from the bottom of my heart

I just called to say I love you
I just called to say how much I care, I do
I just called to say I love you
And I mean it from the bottom of my heart

내가 당신을 사랑해요라고 말하기 위해 단지 전화했어요

스티비 원더의 노래

새해 인사를 하려는 것도 아니에요
초콜릿 입힌 사랑의 사탕을 주려는 것도 아니에요
봄을 알리는 첫날이 온 것도 아니고
부르고 싶은 노래가 있는 것도 아니랍니다
사실 오늘은 여느 날과 다름없는 그저 평범한 날이에요

사월의 봄비가 내리는 것도 아니에요
꽃이 활짝 핀 것도 아니구요
결혼식이 있는 유월의 어느 토요일도 아니에요
하지만 무엇인가 하면, 정말 진실한 것인
당신에게 말해야 할 세 마디의 말이랍니다

내가 당신을 사랑해요라고 말하기 위해 단지 전화했어요
내가 당신을 얼마나 아끼고 있는지 말하기 위해 단지 전화했어요
내가 당신을 사랑해요라고 말하기 위해 단지 전화했어요
그리고 내 가슴 깊숙한 곳에서 우러나오는 나의 진심이에요

한창 더운 여름도 아니에요
따뜻한 칠월도 아니에요
감미로운 팔월의 밤을 밝혀주는 한가위 보름달이 뜬 것도 아니에요
가을의 산들바람이 부는 것도 아니에요
낙엽이 지는 것도 아니에요
심지어 새들이 남쪽 하늘로 날아가는 그런 때도

저울자리에 해가 뜬 것도 아니에요
할로윈 축제일도 아니에요
당신 덕분에 즐겁게 보낸 성탄절에 대해 감사하려는 것도 아니에요
하지만 무언인가 하면, 오래됐긴 하지만 아주 새로운 것
다른 어떤 세 마디 말로도 이제껏 당신의 마음을 채워줄 수 없었던

내가 당신을 사랑해요라고 말하기 위해 단지 전화했어요
내가 당신을 얼마나 아끼고 있는지 말하기 위해 단지 전화했어요, 내가 얼마나 아끼고 있는지
내가 당신을 사랑해요라고 말하기 위해 단지 전화했어요
그리고 내 가슴 깊숙한 곳에서 우러나오는 나의 진심이에요

내가 당신을 사랑해요라고 말하기 위해 단지 전화했어요
내가 당신을 얼마나 아끼고 있는지 말하기 위해 전화했어요, 내가 얼마나 아끼고 있는지

내가 당신을 사랑해요라고 말하기 위해 단지 전화했어요
그리고 내 가슴 깊숙한 곳에서 우러나오는 나의 진심이에요

내가 당신을 사랑해요라고 말하기 위해 단지 전화했어요
내가 당신을 얼마나 아끼고 있는지 말하기 위해 단지 전화했어요. 내가 얼마나 아끼고 있는지
내가 당신을 사랑해요라고 말하기 위해 단지 전화했어요
그리고 내 가슴 깊숙한 곳에서 우러나오는 나의 진심이에요

* 영어 발음 제대로 듣거나 말하기

1) 이어지는 소리(연음)의 경우

(1) 약모음 이동

give away, just another

give away에서 away의 a는 약모음 [ə]가 되어 앞 낱말 끝부분에 가서 붙어 '기버웨이'로 발음된다.

just another에서 another의 a는 약모음 [ə]가 되어 앞 낱말 끝부분에 가서 붙어 '저스터 나더'에 가깝게 발음된다.

(2) 자음 이동

first of, month of, up of, love you, much I, mean it

first of에서 first의 자음 t가 뒤에 있는 낱말 앞부분에 가서 붙어 '훠스터브'로 발음된다. 이 경우 of는 기능어이기 때문에 [əv]나 [ə]로 발음된다. month of와 up of도 마찬가지 경우이다. love you에서 love의 e는 낱말 끝에 있기 때문에 약화되고 그 앞에 있는 v가 뒤에 있는 낱말 앞부분에 가서 붙어 '러뷰'로 발음된다. much I에서 much의 자음 ch가 뒤에 있는 낱말 앞부분에 가서 붙어 '머챠이'로 발음된다. mean it에서 mean의 자음 n이 뒤에 있는 낱말 앞부분에 가서 붙어 '미닛'으로 발음된다.

2) 없어지는 소리(탈락)의 경우

covered candy, fact here's, wedding, is something, words, must say, just called, called, called to, bottom, summer, August night, falling, birds, Halloween, thanks, all, Christmas, old so, fill, heart like

covered candy에서 covered의 ed 발음 [d]가 그 앞에 있는 자음 r과 candy의 자음 c 사이에 놓이기 때문에 탈락되어 '카버 캔디'로 발음된다.

fact here's에서 fact의 t는 자음 c와 here의 자음 h 사이에 놓이기 때문에 탈락되어 '홱 히어즈'에 가깝게 발음된다. 이와 같이 자음과 자음 사이에 놓이는 여섯 개의 파열음인 철자—k/g, p/b, t/d—가 탈락되는 예로 words, must say, just called, August night, birds, thanks, Christmas, old so와 heart like가 해당된다.

wedding에서 dd의 d는 같은 철자이기 때문에 앞의 d가 탈락되어 '웨딩'으로 발음된다. is something, called, bottom, summer, falling, Halloween, all과 fill도 마찬가지 경우이다.

called to에서 called의 ed 발음 [d]가 to의 t와 같은 위치에서 소리가 나기 때문에 앞의 d가 탈락되어 '콜터'에 가깝게 발음된다.

3) 닮는 소리(동화)의 경우

(1) 단타음화

Saturday, Made up, that I, bottom, Not even

Saturday에서 t(t)가 강모음과 약모음 사이에 놓이면 단타음(單打音)으로 되어 t도, d도, r도 아닌 발음이 된다. Saturday는 '새러데이'에 가깝게 발음된다. 이 소리는 한글로 표기할 수 없으며 오직 소리로만 익힐 수밖에 없다. 특히 미국영어(American English)에서 두드러진 현상이다. that I, bottom과 Not even도 마찬가지 경우이다.

Made up에서 Made의 e는 약화되고 그 앞에 있는 d가 강모음과 약모음 사이에 놓이면 단타음(單打音)으로 되어 t도, d도, r도 아닌 발음이 된다. Made up은 '메이럽'에 가깝게 발음된다. 이 소리는 한글로 표기할 수 없으며 오직 소리로만 익힐 수밖에 없다. 특히 미국영어(American English)에서 두드러진 현상이다. part of도 마찬가지 경우이다.

4) 줄어진 소리(축약)의 경우

Year's, here's, summer's

be 동사의 경우인 Year's, here's와 summer's가 있다.

5) 주의해야 할 발음

hearts, what, true, skies

hearts에서 ts는 '츠'에 가깝게 발음된다. 따라서 hearts는 '하터스'가 아닌 '하츠'에 가깝게 발음된다.

what에서 wh~로 시작되는 낱말은 'w' 뒤에 있는 'h'의 소리가 보통 들리지 않는다. 그러니까 what은 '홧'이라기 보다 '왓'에 가깝게 발음된다. 그러나 사람과 관련된 who, whose와 whom은 예외로 'h' 소리가 그대로 난다.

true에서 'tr~'의 발음은 '츠'와 '추'의 중간쯤 되는 소리로 '츄'에 가깝게 발음된다. true는 '트루'라기 보다 '츄루'에 가깝게 발음된다.

skies에서 s+k/p/t가 되면 된소리에 가깝게 소리가 난다. 대부분 k/p/t가 들어간 낱말은 h가 들어가는 소리를 내게 되는데, s+k/p/t의 경우는 h 소리가 들어가지 않고 된소리에 가깝게 발음된다. 그러니까 skies는 '스까이즈'에 가깝게 발음된다.

* 팝송에 들어 있는 쓸모 있는 영어 표현들

1. No New Year's Day to celebrate: **New Year's Day**는 새해가 시작되는 '설날'이다. 참고로 미국의 기념일로는 St. Valentine's Day(성 발렌타인 데이; 2월 14일), Washington's Birthday(워싱턴 탄생 기념일; 2월 22일), St. Patrick's Day (성 패트릭스 데이; 3월 17일), Easter(부활절; 3월 22일부터 4월 24일 사이), Mother's Day (어머니날; 5월 둘째 일요일), Memorial Day(현충일; 5월 마지막 월요일), Father's Day (아버지날; 6월 셋째 일요일), Independence Day(독립기념일; 7월 4일),

Labor Day (노동절; 9월 첫째 월요일), Veterans Day(재향군인의 날; 11월 11일), Thanksgiving Day (추수 감사절; 11월 넷째 월요일), Christmas Day(성탄절; 12월 25일)이 있다.

2. No chocolate covered candy hearts to give away: **give away**는 1) '~을[를] 선물로 주다[기부하다], 2) '(상 등을) 수여하다, 주다', 3) '(신부를) 신랑에게 인도하다', 4) '(비밀을) 누설하다[드러내다]'와 5) '배반하다'라는 뜻으로 쓰인다. 이 노래에서는 1)의 뜻으로 쓰이고 있다.
1)의 예문들은 다음과 같다.

He **gave away** most of his money to charity.
(그는 자기 돈 대부분을 자선단체에 기부했다.)
He's giving away money left, right and centre.
(그는 돈을 온 데다 뿌려 댄다.)
Girls give away chocolates to the boys that they like on St. Valentine's Day.
(성 발렌타인 데이에 여자들은 그들의 좋아하는 남자들에게 초코렛을 선물로 준다.)

2)의 예문들은 다음과 같다.

The mayor **gave away** the prizes at the school sports day.
(학교 운동회 날에 시장이 상을 수여했다.)
I didn't expect that he would give away his umbrella.
(그가 그의 우산을 선뜻 내놓을 것이라고는 나는 기대하지 않았다.)
We're giving away lots of free goodies—T-shirts, hats and CDs!
(저희는 티셔츠, 모자와 시디 같은 많은 매력적인 물건들을 무료로 드리고 있습니다!)

3)의 예문들은 다음과 같다.

The bride was **given away** by her father.
(신부는 아버지가 신랑에게 인도했다.)
Is it true that you're giving away the bride?
(당신이 신부를 인도하고 있다는 사실입니까?)

Can the father of the groom give the bride away?

(신랑의 아버지가 신부를 인도할 수도 있나요?)

4)의 예문들은 다음과 같다.

Don't **give** the secret **away**.

(비밀을 누설하지 말라.)

She gave away state secrets to the enemy.

(그녀가 적에게 국가 비밀을 누설했다.)

She wouldn't give away any details of the plan.

(그녀는 그 계획의 세부사항을 말하려 하지 않았다.)

5)의 예문들은 다음과 같다.

He'll never **give** me **away**.

(그는 절대 나를 배반하지 않을 겁니다.)

He was given away by one of his accomplices.

(그는 공범 중 한 사람에게 배반당했다.)

Each and every single day, I know I'm going to have to eventually give you away.

(매일, 매 순간, 언젠가 나는 그대를 배반하리라는 것을 알아요.)

3. In fact here's just another ordinary day: **in fact**는 '사실은[실은], 실제로는(방금 한 말에 대해 자세한 내용을 덧붙일 때 씀)'(=as a matter of fact, really, actually) 이란 뜻이다. 예문들을 다음과 같다.

I didn't fail the exam; **in fact** I did rather well!

(나는 그 시험에 떨어지지 않았어. 사실은 상당히 잘 봤다구!)

That sounds rather simple, but in fact it's very difficult.

(그게 꽤 간단한 것처럼 들리지만 사실은 아주 어려워.)

I used to live in France; in fact, not far from where you're going.

(전 예전에 프랑스에 살았어요. 사실은 당신이 가려고 하는 곳에서 멀지 않은 곳이에요.)

4. Made up of these three words that I must say to you: **made up of**는 '~로 구성 된, ~으로 이루어진, 만들어진'(=composed, formed or constituted of something)이란 뜻인데, 보통 be made up of(~으로 구성되어 있다, ~으로 구성된다)으로 쓰인다. 이 노래에서는 made 앞에 that is 또는 which is가 생략된 구문이다. 예문들은 다음과 같다.

The course is **made up of** 12 two-hour sessions.
(그 강좌는 두 시간짜리 수업 12개로 이뤄져 있다.)
Each atomic cluster is made up of neutrons and protons.
(개별 원자군은 중성자와 양성자로 구성되어 있다.)
The shoreline was made up of a jumble of huge boulders.
(그 해안선은 마구 뒤섞인 거대한 바위들로 이뤄져 있었다.)

5. I just called to say how much I care: **care**가 동사로 쓰일 때는 1) '어떤 것을 걱정하거나 관심을 가지다'(=be worried, concerned about something)와 2) '돌보다, 사랑하다'라는 뜻으로 쓰인다.
1)의 예문들은 다음과 같다.

He assumed, wrongly, that she did not **care**.
(그는 그녀가 신경을 쓰지 않는다고 추정했는데 그것은 잘못이었다.)
Quite honestly, I couldn't care less what they do.
(아주 솔직히 말하면 난 그들이 뭘 하든 신경 쓸 필요도 없다고 봐.)
I don't care if they respect me. I could care less.
(나는 그들이 나를 존중하는지에 대해서는 신경쓰지 않아. 전혀 관심 없어.)

2)의 예문들은 다음과 같다.

I **care** a lot about you.
(난 널 아주 좋아해.)
I care about a lot of people.
(저는 많은 사람들을 돌봅니다.)

But, deep in my heart I still care about you.

(하지만 여전히 널 마음 깊이 사랑해.)

그런데 **care for**는 1) ' ~를[을] 보살피다[돌보다]'와 2) '~을[을] (대단히) 좋아하다[사랑하다]'라는 뜻으로 쓰인다.

1)의 예문들은 다음과 같다.

We have a duty to **care for** the refugees.

(우리에게는 그 난민들을 보살필 의무가 있다.)

I had a strong desire to help and care for people.

(나는 사람들을 도와주고 돌보고 싶은 마음이 간절했다.)

She moved back home to care for her elderly parents.

(그녀는 연로한 부모님을 보살피기 위해 다시 집으로 이사를 했다.)

2)의 예문들은 다음과 같다.

Would you **care for** another drink?

(한잔 더 드시지요?)

He didn't much care for her friends.

(그는 그녀의 친구들을 별로 좋아하지 않았다.)

I don't really care for that kind of music.

(난 그런 종류의 음악은 사실 별로 좋아하지 않아.)

care는 명사로 '돌봄, 보살핌, 조심, 주의, 걱정, 염려'로 쓰이기도 한다. 예문들은 다음과 같다.

The child was left in the **care** of friends.

(그 아이는 친구들의 보살핌에 맡겨져 있었다.)

We aim to maintain high standards of customer care.

(저희는 높은 고객 관리 수준을 유지하는 것을 목표로 합니다.)

The horses were exercised and groomed with special care.

(그 말들은 특별히 세심한 주의를 기울여 운동시키고 손질되었다.)

6. And I mean it from the bottom of my heart: **I mean it**는 '나 진심입니다, 나 진심이에요, 나 정말이야, 나 진짜야'라는 뜻이다. 예문들은 다음과 같다.

I mean it definitely.
(나 확실히 그렇다.)
Look, I'm sorry. I didn't mean it.
(저, 있잖아. 미안해. 나 진심이 아니었어.)
I didn't mean it. I was only kidding.
(내가 진심으로 그런 게 아냐. 농담한 것뿐이야.)

7. No summer's high: **high**는 '(사물의 바닥에서 꼭대기까지가) 높은, 높이가 …인'으로 주로 쓰인다, 그런데 이 노래에서는 high가 '때가 한창'(=(of time) fully reached)이란 뜻으로 쓰이고 있다. high summer는 '한여름'(=in the middle of summer)이란 뜻이다. 이 외에 high noon은 '정오', high living은 '사치스러운 생활', have a high time은 '유쾌한 시간을 보내다'라는 뜻이다.

8. No Libra sun: **Libra**는 '천칭좌, 저울자리'이다. 우리가 흔히 따지는 '띠'처럼 서양에서는 열두 별자리(the sings of the zodiac)인 Capricorn(염소자리), Aquarius(물병자리), Pisces(물고기자리), Aries(양자리), Taurus(황소자리), Gemini(쌍둥이자리), Cancer(게자리), Leo(사자자리), Virgo(처녀자리), Libra(저울자리), Scorpio(전갈자라) 와 Sagittarius(사수자리) 가 있는데, Libra(저울자리)는 구월 이십삼일부터 시월 이십이일까지를 일컫는다.

9. No Halloween: **Halloween**은 보통 Halloween Day라고 일컫는데 시월 삽십일일로 만성절 전야를 말한다. 여름의 끝남과 동시에 수확을 축하하는 기념일로서, 고대 켈트족 (the Celt)들이 한 해를 마무리 짓는 날로 이 날을 기념하기 위해 시작했다고 한다. 이때는 유령이나 악마들이 잔치를 벌인다고 생각해서 사람들이 문밖 출입을 삼갔는데, 십팔세기 말, 십구 세기 초에 접어들면서는 아예 유령이나 귀신의

모습으로 직접 차려 입고 밤거리를 헤매는 풍습이 생기기 시작했다. 이런 관습은 오늘날 어린이들 사이에 가장놀이 형태로 전해지고 있다. 귀신이나 유령의 모습을 한 아이들이 문밖에서 "Trick or treat"(놀려줄까요 대접해 주실래요)라고 외치면, 어른들은 그들에게 사탕이나 비스킷 등을 주어 보낸다.

기억할 만한 영어 문장

1. I just called to say I love you.
   (내가 당신을 사랑해요라고 말하기 위해 단지 전화했어요.)
2. I just called to say how much I care.
   (내가 당신을 얼마나 아끼고 있는지 말하기 위해 단지 전화했어요.)
3. I mean it from the bottom of my heart
   (내 가슴 깊숙한 곳에서 우러나오는 나의 진심이에요.)

* 팝송 에세이

상대방에 대한 관심을 갖고 좋아하게 되고 사랑하게 되고 함께 있고 싶어 하고 함께 하는 시간이 영원하기를 바라는 마음 그것이 사랑의 과정이자 사랑의 목표일지 모른다. 그 외의 다른 것들은 이런 것들을 뒷받침 해주는 보조적인 역할을 한다고 볼 수 있다. 사랑한다는 것이 그렇게 복잡하지 않음을 누구나 생각하고 있을 것이다. 그렇지만 사랑하면 굉장히 복잡한 것이 아닌가라고 선입관이나 선입견을 갖게 되는 것 또한 사실이다. 사실 사랑한다는 행위의 속을 들여다보면 한없이 간단하게 표현할 수 있을 것이다.

사랑은 '나는 당신을 사랑해요'라는 세 마디 말이면 모든 것이 표현된다고 볼 수 있다. '나'가 대상 '당신'을 행위 '사랑해요'로 나타내면 두 사람이 하나의 세계가 아닌 두 개의 세계가 있게 되고 그 세계에서 사랑이라는 퍼포먼스가 이루어지기 때문에 이 세 마디 말에 함축적으로 표현되고 있다고 볼 수 있다. 그래서 이 노래는 여러 가지 이야기를 하기 위해서가 아닌 단지 '내가 당신을 사랑해요라고 말하기 위해 단지 전화했어요 / 내가 당신을 얼마나 아끼고 있는지 말하기 위해 단지 전화했어요 / 내가 당신을 사랑해요라고 말하기 위해 단지 전화했어요 / 그리고 내 가슴 깊숙한 곳에서 우러나오는 나의 진심이에요'라는 말을 하기 위해 전화를 한다는 점이다. 이것으로 사랑하는 사람에게 할 수 있는 간결하면서 자신의 진심을 제대로 전하는 방법이 또 있을까?

이제 남아 있는 숙제는 이런 전화를 받은 상대방의 반응일 것이다. 이런 전화에 대한 긍정적인 반응이 이 노래의 마무리 지점이겠지만 결과는 미리 예측할 수 없는 그 무엇이다. 그렇지만 진심은 통한다고 했던가. 통하지 않는 진심은 없을 터이니 우리는 아름다운 그림을 그려볼 수밖에 없을 것이다.

The Way Back Into Love

Sung by Hugh Grant & Drew Barrymore

I've been living with a shadow overhead
I've been sleeping with a cloud above my bed
I've been lonely for so long
Trapped in the past, I just can't seem to move on

I've been hiding all my hopes and dreams away
Just in case I ever need them again someday
I've been setting aside time
To clear a little space in the corners of my mind

All I want to do is find a way back into love
I can't make it through without a way back into love
Oh oh oh ohh

I've been watching but the stars refuse to shine
I've been searching but I just don't see the signs
I know that it's out there
There's got to be something for my soul somewhere

I've been looking for someone to shed some light
Not just somebody just to get me through the night
I could use some direction
And I'm open to your suggestions

All I want to do is find a way back into love
I can't make it through without a way back into love
And if I open my heart again
I guess I'm hoping you'll be there for me in the end

There are moments when I don't know if it's real

Or if anybody feels the way I feel
I need inspiration
Not just another negotiation

All I want to do is find a way back into love
I can't make it through without a way back into love
And if I open my heart again
I guess I'm hoping you'll be there for me in the end

사랑으로 돌아갈 수 있는 방법

휴 그랜트와 쥬루 배리모어의 노래

난 내 머리 위로 그림자가 드리워진 채로 살았어요
난 내 침대 위로 구름이 드리워진 채로 잠을 잤어요
난 너무나 오랫동안 외로웠어요
과거에 갇힌 채, 난 단지 나아갈 수가 없었을 것 같았어요

난 내 꿈과 희망을 숨겨두고만 있었어요
혹시라도 내가 그것들이 언젠가 또 다시 필요할까봐서
난 시간을 챙겨두고 있었어요
내 머릿속의 작은 공간을 지워 버리기 위해

내가 하고자 오로지 원하는 것은 사랑으로 돌아 갈 수 있는 방법을 찾는 것이에요
내가 사랑으로 돌아 갈 수 있는 방법 없이는 이대로 이겨낼 수 없어요
오 오 오 오

내가 쳐다보아 왔지만 별들은 반짝이길 거절했어요
내가 찾아보아 왔지만 나는 단지 아무런 흔적도 찾을 수 없었어요
나는 바깥 그곳에 있다는 걸 알아요
저기 어딘가에 내 영혼을 위한 무언가가 될 수 있어야 하는데

나는 약간의 빛을 비춰줄 누군가를 찾아 왔어요
밤새도록 날 짜증나게 할 단지 그런 누군가가 아닌
난 누군가의 도움을 조금이나마 쓸 수 있을텐데
그리고 난 당신의 제안도 받아들일 수 있어요

내가 하고자 오로지 원하는 것은 사랑으로 돌아 갈 수 있는 방법을 찾는 것이에요
내가 사랑으로 돌아 갈 수 있는 방법 없이는 이대로 이겨낼 수 없어요
그리고 만약 내가 내 마음을 다시 연다면
결국 날 위해 당신이 내 곁에 있어 줄 거라고 나는 생각해요

진실인지 거짓인지 헷갈리는 순간들이 있어요
혹은 내가 느끼는 이 감정을 누군가도 느끼고 있을까
난 영감이 필요해요
또 하나의 협상이 아닌

내가 하고자 오로지 원하는 것은 사랑으로 돌아 갈 수 있는 방법을 찾는 것이에요
사랑 안으로 돌아갈 수 있는 방법 없이는 이대로 이겨낼 수 없어요
그리고 만약 내가 내 마음을 다시 연다면
결국 나를 위해 당신이 내 곁에 있어 줄 거라고 나는 생각해요

* 영어 발음 제대로 듣거나 말하기

1) 이어지는 소리(연음)의 경우

(1) 약모음 이동

with a, cloud above, dreams away, them again, setting aside, clear a, find a, without a, heart again, just another

with a에서 a는 약모음 [ə]가 되어 앞 낱말 끝부분에 가서 붙어 '위더'에 가깝게 발음된다. cloud above, dreams away, them again, setting aside, clear a, find a, without a, heart again과 just another도 마찬가지 경우이다. find a에서 find의 d는 바로 앞에 있는 콧소리 n을 닮아 n으로 된 후 두 개의 n이 겹치기 때문에 앞의 n이 탈락되고 남은 n으로 뒤에 있는 a는 약모음 [ə]가 되어 앞 낱말 끝부분 n 에 가서 붙어 '화이너'에 가깝게 발음된다.

(2) 자음 이동

move on, hopes and, Just in, corners of, All I, back into, make it, it's out, And I, if it's, need inspiration

move on에서 move의 e는 낱말 끝에 있기 때문에 약화되고 그 앞에 있는 자음 v가 뒤에 있는 낱말 앞부분에 가서 붙어 '무번'으로 발음된다. make it도 마찬가지 경우이다. hopes and에서 hopes의 자음 s는 뒤에 있는 낱말 앞부분에 가서 붙어 '호프 잰'으로 발음된다. Just in, All I, back into, it's out, if it's와 need inspiration도 마찬가지 경우이다. corners of에서 corners의 자음 s가 뒤에 있는 낱말 앞부분에 가서 붙어 '코너즈브'로 발음된다. 이 경우 of는 기능어이기 때문에 [əv]나 [ə]로 발음된다. And I에서 And의 d는 앞에 있는 콧소리 n의 영향을 받아 n을 닮아 n으로 된 후 두 개의 n이 겹치기 때문에 앞의 n이 탈락되고, 남은 n이 뒤에 있는 낱말 앞부분에 가서 붙어 '애나이'로 발음된다.

2) 없어지는 소리(탈락)의 경우

just can't, can't seem, all, need them, setting, aside time, little, want to, can't make, but the, just don't, don't see, out there, got to, just somebody, just to, suggestions, guess, moments, don't know, Not just

just can't에서 just의 t는 자음 s와 can't의 자음 c 사이에 놓이기 때문에 탈락되어 '저스 캔'으로 발음된다. 이와 같이 자음과 자음 사이에 놓이는 여섯 개의 파열음인 철자—k/g, p/b, t/d—가 탈락되는 예로 can't seem, can't make, just don't, don't see, just somebody, moments, don't know와 Not just가 해당된다.

need them에서 need의 d가 them의 th[ð]와 비슷한 발음이기 때문에 앞에 있는 d가 탈락되어 '니덥'에 가깝게 발음된다.

all에서 all에서 ll의 l은 같은 철자이기 때문에 앞의 l이 탈락되어 '올'로 발음된다.

setting, little, want to, got to, just to, suggestions와 guess도 마찬가지 경우이다.

aside time에서 aside의 e는 낱말 끝에 있기 때문에 약화되고 그 앞에 있는 자음 d가 뒤에 있는 낱말의 t와 발음이 비슷하기 때문에 d가 탈락되어 '어사이 타임'으로 발음된다.

but the에서 but의 t가 the의 th[ð]와 비슷한 발음이기 때문에 앞에 있는 t가 탈락되어 '버더'에 가깝게 발음된다. out there도 마찬가지 경우이다.

3) 닮는 소리(동화)의 경우

(1) 단타음화

setting, little, without a, but I, heart again

setting에서 t(t)가 강모음과 약모음 사이에 놓이면 단타음(單打音)으로 되어 t도, d도, r도 아닌 발음이 된다. setting은 '세링'에 가깝게 발음된다. 이 소리는 한글로 표기할 수 없으며 오직 소리로만 익힐 수밖에 없다. 특히 미국영어(American English)에서 두드러진 현상이다. little, without a, but I와 heart again도 마찬가지 경우이다.

(2) 비음화

find, And

미국영어(American English)의 경우 find에서 d가 바로 앞에 있는 콧소리[비음] n을 닮아서 n으로 되었다가, n이 겹치기 때문에 앞의 n이 탈락되어 '화인'에 가깝게 발음된다. 그런데 영국영어(British English)에서는 d를 그대로 발음하는 경우가 대부분이다. And도 마찬가지 경우이다.

4) 줄어진 소리(축약)의 경우

I've, can't, don't, it's, There's, I'm, you'll

setting에서 little, without a, but I, heart again

have 동사의 경우인 I've와 There's가, 부정형인 can't와 don't가, be 동사의 경우인 it's와 I'm이 도우미동사(조동사)의 경우인 you'll이 있다.

5) 주의해야 할 발음

Trapped, can't, stars, somewhere, when

Trapped에서 'Tr~'의 발음은 '츠'와 '추'의 중간쯤 되는 소리로 '츄'에 가깝게 발음된다. Trapped는 '트랩더'라기 보다 '츄랩터'에 가깝게 발음된다.

can't은 can과 마찬가지로 도우미동사로 기능낱말이기 때문에 약하게 발음한다. 그런데 can't 다음에 자음이 나오기 때문에 탈락되는 경우가 대부분이어서 can은 [kən]으로 can't는 [kæn]으로 발음하기로 약속이 되어 있다. 그런데 can이 문장 가운데 들어가는 경우가 [kən]으로 주로 발음되고 문장의 끝에 들어가는 경우에는 [kæn]으로 발음되는 경우가 대부분이다. can't는 기본적으로 [kæn]으로 발음되면서 can 보다 약간 길게 발음되는 경향이 있다.

stars에서 s+k/p/t가 되면 된소리에 가깝게 소리가 난다. 대부분 k/p/t가 들어간 낱말은 h가 들어가는 소리를 내게 되는데, s+k/p/t의 경우는 h 소리가 들어가지 않고 된소리에 가깝게 발음된다. 그러니까 stars는 '스따즈'에 가깝게 발음된다.

somewhere에서 somewhere에서 wh~로 시작되는 낱말은 'w' 뒤에 있는 'h'의 소리가 보통 들리지 않는다. 그러니까 somewhere은 '섬훼어'라기 보다 '섬웨어'로 발음된다. 그러나 사람과 관련된 who, whose와 whom은 예외로 'h' 소리가 그대로 난다. when도 마찬가지 경우이다.

* 팝송에 들어 있는 쓸모 있는 영어 표현들

1. Trapped in the past, I just can't seem to move on: **move on**은 1) '(새로운 일 · 주제로) 옮기다[넘어가다], 계속해서 다음에 …하다'와 2) '더 좋은 일자리[주거, 생활]로 옮기다, 성장하다'와 3) '(시간이) 지나가다'라는 뜻이다. 이 노래에서는 1)의 뜻으로 쓰이고 있다.

   1)의 예문들은 다음과 같다.

   Let's **move on** to the next topic.
   (다음 주제로 넘어가자.)
   I've been in this job long enough—it's time I moved on.
   (난 이 직장에 너무 오래 있었다. 이제 옮겨야 할 때이다.)
   If you get bored with something, you move on to something else.
   (만약 당신이 무언가에 싫증이 나면, 다른 것으로 옮겨갑니다.)

   2)의 예문들은 다음과 같다.

   Learn from it and **move on**.
   (그것에서 배우고 발전하세요.)
   You'll move on to higher[better] things.
   ((반농림으로) 승진[출세]하겠네.)
   If one employer doesn't want you, move on to someone else.
   (만약 고용주가 당신을 원하지 않는다면 다른 곳으로 가세요.)

3)의 예문들은 다음과 같다.

The hours moved on.

(시간이 자꾸만 지나갔다.)

2. I've been hiding all my hopes and dreams away: **dream away**는 '…을[를] 몽상하며 시간을 보내다'라는 뜻이다. 예문들은 다음과 같다.

The foolish young man is **dreaming away** his time.

(그 어리석은 청년은 시간을 허송하고 있다.)

We dreamed away the afternoon, watching the clouds.

(우리는 구름을 보며 멍하니 오후를 보냈다.)

She dreamt her life away, never really achieving anything.

(그녀는 결코 어떤 것도 정말로 성취하지 못하면서 그녀의 삶을 허송하고 있다.)

3. Just in case I ever need them again someday: **in case**는 '(혹시라도) (…할) 경우에 대비해서'라는 뜻이다. 예문들은 다음과 같다.

I'll stay around **in case** you need me.

(네가 날 필요로 할지도 모르니까 난 안 가고 있을게.)

In case you should need any help, here's my number.

((당신이) 무슨 도움이 필요하시면, 이거 제 전화번호예요.)

She's nervous about something, in case you didn't notice.

(네가 눈치 채지 못한 것 같은데, 그 여자 뭔가 걱정이 있어.)

4. I've been setting aside time: **set aside**는 1) '(다시 필요할 때까지) ~을[를] 한쪽으로 치워 놓다'와 2) '곁에 두다, 챙겨두다, 확보하다'라는 뜻이다. 이 노래에서는 2)의 뜻으로 쓰이고 있다.

1)의 예문들은 다음과 같다.

I **set aside** all my work to go see him.

(나는 나의 모든 일을 제쳐 두고 그를 찾아갔다.)

Both sides agreed to set aside the problem.

(양측은 그 문제는 제쳐 두기로 했다.)

Let's set aside my personal feelings for now.

(지금은 내 개인적인 감정은 무시하자.)

2)의 예문들은 다음과 같다.

We **set aside** some money for repairs.

(우리는 수리비로 쓰려고 돈을 좀 따로 떼어 놓았다.)

I set aside a little money in case of an emergency.

(나는 비상시를 대비해 돈을 좀 남겨 두었다.)

These areas are set aside for public recreational use.

(이들 지역은 공공 레크리에이션용으로 제쳐 놓은 것이다.)

5. All I want to do is find a way back into love: **all**로 시작되는 글에서 to 부정사가 보어로 쓰이는 경우에는 알몸동사를 쓴다. 여기서 all의 뜻은 '(~한) 오직 한 가지[전부]'라는 뜻이다. 여기서 all은 '어떤 것이 중요한 오직 한 가지'라는 것을 강조할 때 절 앞에서 쓰인다. 예문들은 다음과 같다.

All you need to do is complete this form.

(당신이 해야 할 것이라곤 이 양식을 작성하는 것뿐이다.)

All you have to do is learn how to take care of your skin.

(네가 해야 할 오직 한 가지는 피부를 관리하는 법을 배우는 것이야.)

All you need to do is upload the files on to your web space.

(당신의 웹 공간에 파일들을 올려놓기만 하면 됩니다.)

6. I can't make it through without a way back into love: **make it through**는 1) '~을[를] 성취하다, ~을[를] 해내다'와 2) '~을[를] 통과하다'라는 뜻이다. 이 노래에서는 1)의 뜻으로 쓰이고 있다.

1)의 예문들은 다음과 같다.

So, did you **make it through** college?

(그래서, 대학은 졸업하셨나요?)

I don't know how I made it through the week.

(내가 (그) 한 주를 어떻게 버텨 냈는지 모르겠다.)

They lack the social skills needed to make it through life.

(그들은 인생을 헤쳐 나가는데 필요한 사회적 기술이 부족하다.)

2)의 예문들은 다음과 같다.

Smuggled goods won't **make it through** customs.

(밀수품은 통관이 안 된다.)

I think you'd make it through the first round.

(내가 생각하기로 너는 일회전을 통과할 것 같아.)

I don't think this estimate will make it through conference.

(이 견적은 회의에서 통과되지 않을 거라고 나는 생각한다.)

7. There's got to be something for my soul somewhere: **There's got to**는 There has got to의 줄인 형태이다. has got to는 has to와 뜻이 같다. have/has got은 영국 영어에서 현재형의 된 긍정문, 부정문과 의문문에서 소유 등을 나타내기 위해 일상적으로 쓰이는 동사이다. 따라서 have/has got to는 '…하지 않으면 안 된다, …해야 한다.'라는 뜻으로 have/has to와 같은 뜻이다. 예문들은 다음과 같다.

Have you **got to** go?

(너 가야 하니?)

They have got to abide by the rules.

(그들은 규칙을 지켜야 한다.)

The decision has been made and I have got to stand by it.

(결정은 이미 내려졌고 나는 그것을 고수해야만 한다.)

8. I've been looking for someone to shed some light: **look for**는 1) '~을[를] 바라다[기대하다]'와 2) '찾다, 구하다'라는 뜻이다. 이 노래에서는 1)의 뜻으로 쓰이고 있다.

1)의 예문들은 다음과 같다.

What do you **look for** in a role?

(당신은 무슨 역할을 원하나요?)

Death steals upon us when we least look for it.

(죽음은 우리가 전연 원하지 않을 때 살며시 다가온다.)

We shall be looking for an improvement in your work this term.

(이번 학기에는 자네 성적이 나아지기를 기대하겠네.)

2)의 예문들은 다음과 같다.

She went around the market **looking for** bargains.

(그녀는 시장을 돌며 값싼 물건을 찾아다녔다.)

Which features do you look for when choosing a car?

(당신은 승용차를 고를 때 어떤 특성을 찾나요?)

We all need to look for ways to reduce our carbon footprint.

(우리 모두는 온실효과 유발 이산화탄소 배출량을 줄일 수 있는 방법을 찾아야 한다.)

shed some light에서 shed light는 '빛을 밝히다. 빛을 비추다'라는 뜻이다.

9. Not just somebody just to get me through the night: get은 여러 가지 뜻으로 쓰인다. **get me**에 있어서 get은 격식을 차리지 않는 표현으로 '짜증나게 만들다'라는 뜻이다. 예문들은 다음과 같다.

What **gets** me is, I don't know anything about her.

(내가 짜증나는 것은 내가 그녀에 관해 아무것도 모르는 것이야.)

What gets me is the attitude of so many of the people.

(내가 짜증나는 것은 굉장히 많은 사람들의 태도이다.)

What gets me is having to do the same thing all day long.

(내가 짜증나는 것은 하루 종일 똑같은 일만 해야 한다는 것이다.)

through the night는 '밤새, 밤새도록'이란 뜻이다. 예문들은 다음과 같다.

He will not live **through the night**.

(그가 밤을 못 넘길 것이다(아침이 되기 전에 사망할 것이라는 뜻).)

Since that evening I haven't once slept through the night.

(그날 저녁 이후로 나는 밤새 한숨도 자지 못했다.)

And I slept through the night for several nights in a row.

(그리고 며칠간 줄곧 밤 시간에 제대로 잠을 잤지요.)

10. I guess I'm hoping you'll be there for me in the end: **you'll be there**는 I'll be there와 마찬가지로 팝송에서 너무 많이 나오는 영어 표현이다. 글자 그대로 옮기면 '당신은 그곳에 있을 거예요'가 된다. 그런데 여기서 그곳인 there가 팝송에서는 다양한 의미로 쓰이고 있다. 가령 사랑하는 사람과 만나야 할 장소라면 장소가 될 수 있고, 사랑하는 사람이 바라는 것이면, 그 바라는 내용이 성취되는 것일 수도 있는 등 다양한 해석이 가능해진다. 따라서 You'll be there는 노래의 맥락에 맞추어 한글로 옮기거나 이해를 해야 될 것이다.

in the end는 '마침내, 결국[다 따지고 보면]'이란 뜻이다. 예문들은 다음과 같다.

In the end, wiser counsels prevailed.

(결국 더 현명한 충고가 우세했다.)

In the end I just couldn't kick Jimmy when he was down.

(결국 난 넘어진 지미에게 발길질을 할 수는 없었다.)

In the end, we all decided to organize a concert for Easter.

(결국, 우리 모두는 부활절 콘서트를 조직하기로 결정했다.)

기억할 만한 영어 문장

1. I've been lonely for so long.

   (나는 너무나 오랫동안 외로웠어요.)

2. All I want to do is find a way back into love.

   (내가 하고자 오로지 원하는 것은 사랑으로 돌아 갈 수 있는 방법을 찾는 것이에요.)

3. I've been looking for someone to shed some light.

   (나는 약간의 빛을 비춰줄 누군가를 찾아 왔어요.)

* 팝송 에세이

사랑은 되찾을 수 있을까? 사랑을 되찾기 위한 방법은 있는가? 사랑을 되찾으려는 바람은 언제나 아쉬움이 남아 있을 때 일어날 수 있는 감정이다. 아쉬움은 예전에 사랑할 때 미처 깨닫지 못했던 사랑 행위나 상대방의 장점을 찾지 못했을 때 일어난다. 시간이 지난 후 또는 헤어지게 된 후 사랑의 가치나 상대방의 가치를 알게 되어, 그 가치를 되찾고 싶은 마음의 바람이 아쉬움으로 나타난다. 이별 후의 만남이 쉽게 이루어질 수 없기 때문에 지난날을 회상하면서 사랑을 되찾기 위한 길을 찾게 된다.

마음의 문을 활짝 열어서 잃어버린 사랑을 찾으려 나서는 여정은 시작된 것이다. 자신에게 빛이 들어오지 않도록 늘 그림자가 드리워진 채로 살아오면서 외롭게 생활을 해 왔기 때문에 외로움을 열게 해주고 자신에게 비춰줄 빛이 될 수 있는 사람이면서 자신을 짜증나게 하지 않을 사람을 찾게 되면 사랑으로 돌아갈 수 있는 길을 찾게 되는 것이기 때문에 간절하게 누군가의 도움마저 받아서 '난 당신의 제안도 받아들일 수 있어요'라며 상대방의 의사를 존중하고 제안하는 내용을 기꺼이 받아들이겠다는 다짐도 한다.

사랑이 없는 삶은 영혼이 없는 육체이듯이, 사랑의 정수를 생각하기 이전에 가볍게라도 자신의 곁에 있어 줄 사람만 있어도, 이제 과거에 갇히지 않은 채 현재에 충실하고 미래로 나아갈 수 있는 방법을 적극적으로 찾을 수 있을 것이다.

나의 손길을 저 멀리서 느낄 수 있다면
나의 그리움이 바람결에 전해진다면
그대와 나는 내일을 다시 그려볼 수 있으리

사랑의 기술일까? 사랑은 예술일까? 많은 사람들이 사랑은 기술이라고 이야기하지만, 내 생각으로는 사랑의 시작은 기술 또는 방법과 관련이 있지만. 결국 사랑은 예술이라고 보여진다. 사랑에는 사랑과 관련된 모든 요소들의 총합이 아름다움이라는 사랑의 꽃으로 피어나기 때문이다.

찾아보기